유유의 귀향

조선의 상속

유유의 귀향, 조선의 상속

2021년 6월 23일 제1판 1쇄 인쇄
2021년 7월 2일 제1판 1쇄 발행

지은이   권내현
펴낸이   이재민, 김상미

편집   정진라
디자인   정계수, 정희정

종이   다올페이퍼
인쇄   천일문화사
제본   국일문화사

펴낸곳   너머북스
주소   서울시 서대문구 증가로20길 3-12
전화   02) 335-3366, 336-5131 팩스 02) 335-5848
등록번호 제313-2007-232호

ISBN 978-89-94606-66-8 03910

너머북스와 너머학교는 좋은 서가와 학교를 꿈꾸는 출판사입니다.
홈페이지 www.nermerbooks.com

이 도서는 한국출판문화산업진흥원의 '2021년 우수출판콘텐츠 제작 지원' 사업 선정작입니다.

이 연구는 2021학년도 고려대학교 사범대학 특별연구비 지원을 받아 수행되었습니다.

유유의

귀향

조선의 상속

권내현
지음

너머북스

　역사에서 영원한 것이란 없다. 영원한 것은 단지 그것을 염원하는 인간의 욕망뿐이다. 귀족이 사라지고 시민이 역사의 전면에 등장하였듯 영원할 것 같았던 양반 사회는 역설적으로 누구나 다 양반이 되면서 사라졌다. 한 사회를 지배했던 상류층은 자신이 가진 권력이나 부가 가능한 오래가기를, 그래서 될 수만 있다면 대대로 이어지기를 기대했다. 하지만 그 기대도 언젠가는 깨어지기 마련이었다. 늘어나는 후손만큼 한 가계의 경제력이 확장되지 않을 위험은 언제든지 있었다. 때로는 후손 간의 분쟁이 가계의 존속을 위태롭게 만들기도 하였다.

　유럽의 귀족은 일찍부터 부와 권력의 집중을 통해 자신들의 영광스러운 가계가 지속되기를 염원했다. 그리고 그 대상은 장남이었다. 반면에 조선의 양반은 부와 권위를 자녀에게 골고루 분배하였다. 그들은 균분 상속이 가문의 영속을 가로막는다고 판단했을 때 이를 포기하였다. 그러면서도 장남이 아닌 아들들을 상속에서 완전히 배제하지는 않았다. 조선 사회는 부계 공동체를 꿈꾸고 있었다.

조선의 장자 중심 질서와 상속상의 우대는 시간이 갈수록 강화되었다. 근래에 와서야 한국 사회는 균분이라는 과거의 관행을 되살려 놓았다. 이제 한국 사회는 가문의 영속을 염원하지도, 아들 특히 장남을 통해 그것이 이루어지기를 기대하지도 않는 것처럼 보인다. 그들의 조상이 기대했던 영속에 대한 갈망은 줄어들었지만 부와 권력, 그리고 문화 자본까지 자녀들에게 상속하려는 욕망은 달라지지 않았다. 다만 그마저도 유한하리라는 사실을 인정하지 않을 뿐이다.

이 책은 조선시대 한 집안에서 일어난 상속 갈등을 다루며 그것이 당대의 관행과 제도, 사람들의 인식은 물론 정치권력과도 연관되어 있음을 밝힌다. 아울러 긴 시간의 흐름 속에서 나타난 조선 상속제의 변화 양상과 유럽의 상속 현상까지 살펴보았다. 그 과정에서 고문서 연구자들의 손을 거쳐 간 다양한 상속 문서가 큰 도움이 되었다.

책의 일부 내용은 독일 튀빙겐 대학에 머물 때 집중적으로 작성되었다. 이 자리를 빌려 쉔부흐의 아름다운 숲에 기거하며 자유롭게 연구하고 강의할 기회를 준 튀빙겐 대학 이유재 교수님께 감사의 말을 전한다. 아울러 원고를 독려하고 한 권의 책으로 완성될 수 있도록 격려해 준 너머북스 이재민 사장님과 편집진에게도 감사드린다.

차례

적장자의 시대

유유와 마르탱 게르

19세기 실학자 정약용은 균분 상속 때문에 유력한 집안들마저 종가를 형성하기 어려웠다고 생각했다. 종가의 성립과 유지가 재산만으로 가능하지는 않았지만, 균분 상속은 세대를 거듭할수록 개별 가계의 재산 규모를 줄어들게 하였다. 물론 16세기까지 다수의 양반에게 큰 문제는 없었다. 부모로부터 공평하게 재산을 상속받은 그들은 결혼을 통해 재산 규모를 늘릴 수 있었다. 당시 인구는 증가했지만 사회 전체의 경제 규모도 커지고 있었다. 균분 상속이 유지되더라도 버틸 만한 여력이 있었던 것이다.

균분 상속 과정에서 미덕은 욕심을 부리지 않는 것, 나아가 형제, 자매에게 좋은 재산을 양보하는 것이었다. 하지만 대다수는 부모의 재산이 공평하게 나누어질 것이라고 기대하고 있었다. 그러한 기대가 무너지면 부모 사후에 소송도 마다하지 않았다. 딸에 대한 상속상의 차별이 없었으므로 양반 남성 가운데에는 처가의 재산 향배에 관심을 가지는 이들도 있었다. 처가의 상속에 무관심한 인물들을 높이 칭송했던 것으로 보아 그렇지 않은 남성도 많았던 것 같다.

딸에 대한 공평한 상속은 딸, 사위와 일상을 긴밀하게 보내도록 한 처가살이의 전통에서 비롯된 측면이 있었다. 딸과 사위는 아들과 마찬가지로 제사에 책임이 있었으며, 아들이나 친손자가 없으면 외손자가 집안의 제사를 이어 가기도 했다. 딸만이 아니라 큰며느리의 위상도 높았다. 장남이 자식 없이 죽었을 때 제사에 대한 책임과 가계 계승자의 선택 권한은 총부家婦로 불린 큰며느리에게 있었다. 이는 같은 상황에서 차남의 가계 계승 권한을 인정한 법전의 내용과 충돌을 일으키기도 했다.

법전에서는 가계 계승자에게 조금 더 많은 재산을 상속하도록 했고, 실제 부모들도 제사를 지내거나 가계를 계승하는 자식을 우대했다. 하지만 아들과 딸이 돌아가며 제사를 지내는 윤회봉사輪廻奉祀는 오랫동안 조선 사회에 남아 있었다. 더구나 가계가 반드시 장남과 장손으로 이어지는 것도 아니었다. 양반이 딸보다는 아들, 아들 가운데에서는 장남에게 더 큰 관심을 기울이게 된 것은 17세기 이후였다.

이 시기에는 자신들의 선조보다 재산의 규모가 크게 줄어든 집이 늘어나기 시작했다. 양반의 일상을 지배했던 '접빈객 봉제사接賓客奉祭祀'가 원만하지 않았던 집들도 생겨났다. 그들은 후세의 정약용이 그랬던 것처럼 균분 상속에서 그 원인을 찾기도 하였다. 상속에서 딸들은 서서히 배제되고, 제사의 책임에서도 멀어졌다. 아들들이 제사를 돌아가며 지내고 상속에서 우대를 받았지만, 그 대상은 다시 장남으로 좁혀졌다.

이 무렵 양반들은 알고는 있었으나 일상에서 적극적으로 실천하지는 않았던 종법宗法에도 큰 관심을 가졌다. 그들은 조상들의 계보를 정리하고 무덤을 찾아 정비하였다. 더불어 친족들을 규합하여 입향조入鄕祖나 가문을 대표할 만한 인물을 기리고 종가를 건립하였다. 종손이 가문의 중심에 서 있었듯이 개별 가계는 장남을 통한 가계 계승의 전통을 확립해 나갔다. 그렇지만 아들을 두지 못한 장남은 언제나 있기 마련이었다. 이 상황에서 차남은 더는 고려의 대상이 아니었다.

조선 사회는 아들이 없는 장남을 이을 인물로 양자를 선택했다. 차남의 아들이 일차적인 입양 대상이지만, 그것이 어려울 때는 조카 항렬의 다른 친족 구성원에게로 눈을 돌려야 했다. 그럼에도 불구하고 입양은 종법 질서의 공백을 메우면서 장남을 통한 가계 계승을 확립하는 데 이바지했다. 다만 양자를 가계 계승자로 받아들이기 위해서는 여러 장치가 필요했다. 양부모는 일상이나 상속에서 양자를 친아들로 대우하였다. 친딸이 있더라도 상속의 우선권은 양자에게 있었다. 마찬가지로 양자는 양부모를 친부모로 섬겨야 했다. 양자는 양부모의 상에 삼 년의 상복을 입었지만 친부모의 상에는 일 년의 상복을 입었다.

그가 친아들이건 양자이건 간에 장남을 통한 가계 계승이라는 명분이 중시되면서 장자 우대 상속은 거스를 수 없는 흐름이 되었다. 다만 장자 단독 상속은 아니어서 장남이 아닌 나머지 아들들이 상속에서 배제되지는 않았다. 조선과는 달리 일찍부터 장남 중심 상속이 확립된 유럽에서 장남이 아닌 귀족의 자제들은 새로운 생활 방편을 찾아 떠나야 했다. 반면 조선의 양반들은 농촌이라는 거주 공간에서 쉽게 벗어나지 않았다. 차남들도 일정 부분 상속을 받고 장남 주변에서 머무르고는 했다.

이 책은 일단 균분 상속에서 장자 우대 상속으로 넘어가기 전 가계 계승자의 몫이 늘어나고 있었던 16세기에 주목하였다. 주된 내용은 한 양반가에서 벌어진 가족 간의 갈등과 비극이다. 제목에서 연상할 수 있듯이 소재가 된 사건은 16세기 프랑스의 마르탱 게르Martin Guerre 사건과 비슷한 면이 있다. 유유柳游의 가출과 귀향, 이를 둘러싼 재판이라는 큰 흐름이 유사하기 때문이다.

장남 노릇을 해야 할 유유의 가출과 귀향, 실종은 남은 가족들의 일상에 큰 파문을 던졌다. 돌아온 유유의 진위는 명확하지 않았으며, 상속과 가계 계승을 둘러싸고 그의 부인과 동생 사이에는 미묘한 긴장이 흐르고 있었다. 여기에 처가의 재산 상속에 관심이 있었던 유유의 자형이 끼어들었다. 쉽게 해결될 것 같았던 사건은 인물들의 욕망과 이해관계가 얽힌 데다 훈척 대신이 재판을 편파적으로 이끌면서 뒤틀어졌다. 사건의 전개와 처리 과정에는 당대 조선 사회의 상속 관행과 그로 인한 갈등이 응축되어 있었다. 정치 세력의 변화도 사건의 처리에 영향을 미쳤다.

훗날 이항복李恒福은 「유연전」, 권득기權得己는 「이생송원록」을 통해 서로 다른 입장에서 이 사건을 재구성하였다. 그들 외에도 많은 관료와 지식인이 관련 기록을 남겼고, 조선왕조실록에도 사건의 처리 과정이 수록되어 있다. 어떤 기록은 억울한 희생에 주목하였고, 또 다른 기록은 재판의 공정성에 주목하였다. 이 책에서는 상속 갈등과 결과가 뒤바뀐 재판을 통해 당대의 일상과 욕망, 관행과 제도, 정치 현실까지 폭넓게 다루어 보려고 하였다.

아울러 유연 사건에 그치지 않고 시기를 확장하여 장자 우대 상속으로의 전환 과정과 그 실상에 대해서도 살펴보았다. 그 대상 시기는 17세기에서 20세기 초까지로 확장된다. 유연 사건은 장자 우대 상속이 정착되었던 시기에는 상상할 수 없는 일이었다. 오랜 상속 관행을 깨고 조선 사회가 장자 중심으로 재편되었던 배경과 차별을 감내해야 했던 나머지 아들들과 딸들의 상속 내용에 관해서도 확인해 보았다. 이러한 변화를 비교사적으로 이해하기 위해 일찍 장자 상속제를 선택한 유럽과 조선의 사회 구조 차이에 대해서도 추론하였다. 유연 사건이라는 흔하지 않은 소재를 중심으로 이야기를 풀어 나가지만 그 과정에서 조선의 상속 전반에 관한 흥미로운 여행이 이루어지기를 기대한다.

사라진 유유

유유가 일찍이 산에 들어가 글을 읽다가 갑자기 돌아오지 않으니
유예원과 백씨는 미쳐 달아났다고 말하였다. 말이 문밖으로 나갔으나
아비와 아내가 그렇다 하니 고향 사람들은 믿고 의심치 않았지만,
오직 유연만은 만날 수 없음을 슬퍼하였다.
_「유연전」

마음의 병

1556년 대구의 한 양반가에서 가출 사건이 일어났다. 주인공은
유유柳游로 백씨 성을 가진 아내가 있었으며, 아버지는 현감을 지낸
유예원柳禮源으로 역시 생존해 있었다. 그의 조부는 사간, 증조부는
승지를 역임하여 이 집안은 지역의 어엿한 양반가의 일원이었다. 유
유에게는 형인 치治와 아우 연㳖이 있었는데 치는 이미 죽어 유유가
사실상의 장남이었다. 이런 집안에서 가출이란 상상하기 어려운 일
이었다.

유유의 가출에 대해 아버지와 아내는 미치광이 병을 앓아서라

했고 동생 연은 집안의 변고 때문이라 했다. 유연은 형의 질병보다 가족 간의 불화를 원인으로 보았다. 「유연전柳淵傳」에서 유유는 가출 동기를 "결혼한 지 3년이 되도록 자식이 없자 아버지는 부부 사이가 나빠서라며 가까이 오지 못하게 했고 이 때문에 집을 나갔다."라고 하였다. 유유가 부자 사이는 물론 부부 사이도 원만하지 않았음을 암시하는 대목이다.

유유는 몸이 작고 허약했으며 수염이 없고 음성은 여성 같았다. 이런 신체 특성과 자식이 없다는 서술 때문에 성적 장애가 있는 것으로 추측하기도 한다.[1] 부부 사이의 내밀한 문제는 확인하기 어려운데, 겉으로 드러난 사실은 그의 정신 장애였다. 국가의 공식 기록인 조선왕조실록에서도 유유가 심질心疾, 즉 마음의 병을 앓고 있었다고 하였다.[2]

이문건李文楗의 『묵재일기默齋日記』에도 유유에 대한 간략한 언급이 있다. 조광조의 문인이었던 이문건은 기묘사화로 피해를 본 뒤 을사사화에 다시 연루되어 경상도 성주에 유배되어 있었다.[3] 유연은 이문건에게 학문을 익히도록 한 아버지의 뜻을 받들어 수시로 이문건을 찾아 독서와 강론에 참여하였다. 1556년 4월 19일 이문건의 일기에는 유유가 밤중에 몰래 사라져 그를 찾아 나선 동생 연에 관한 내용이 보인다.[4]

유연은 이문건의 종손자인 이치백의 말을 빌려 형을 찾아다녔고 다행히도 함께 돌아올 수 있었다. 당시에 유유는 이미 마음의 병을 앓고 있었던 것으로 보아 그에게 이상 증상은 그전부터 시작된 것

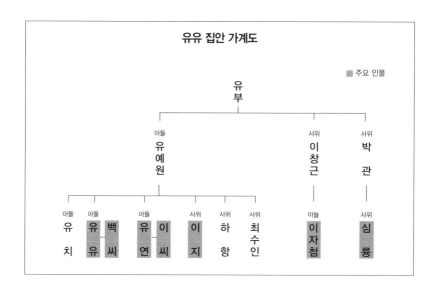

유유 집안 가계도

■ 주요 인물

유
부

아들
유예원

사위
이창근

사위
박관

아들
유치

아들
유유

백씨

아들
유연

이씨

사위
이지

사위
하항

사위
최수인

아들
이자첨

사위
심륭

임이 틀림없었다. 이날은 연이 유를 발견했지만 이후 유는 다시 가출하였고 오랫동안 발견되지 않았다. 장남 치가 이미 죽은 상황에서 그 아래 동생 유의 질병과 가출은 이 집안에 드리워진 긴 불운의 전조였다.

유의 가출에 이어 장남 치의 부인이 사망하였다.[5] 유치 부부에게는 아들이 없었다. 아버지 예원의 처지에서 보면 장남 부부는 죽었고 둘째는 자식도 없이 가출하였으니, 남은 아들은 셋째 연밖에 없었다.[6] 물론 예원에게는 세 아들 외에도 세 명의 딸이 더 있었다. 큰딸은 왕족인 달성령達城令 이지李禔와 혼인했고, 둘째는 같은 고을의 사족 최수인崔守寅[7]과 셋째는 진주의 사족 하항河沆과 혼인하였다.

하항은 후일 남명 조식의 제자로 이름이 높았고 남명을 모신 덕

21

천서원 건립에 앞장섰으며 이 서원의 원장을 지내기도 한 인물이다. 유예원은 딸들을 종친이나 지역의 유명 사족과 혼인시켜 가세를 지켜 나갔던 것이다. 아들 연도 참봉을 지낸 이관李寬의 딸과 혼인하였다. 다만 유의 부인인 백씨는 문인이 아닌 대구의 무인 백거추白巨鰍의 딸이었다. 백거추는 중종 대 여진인이 만포진 첨절제사였던 심사손沈思遜을 기습하여 죽일 때 즉시 구원하지 않았다고 하여 처벌을 받았던 인물이다.[8]

백거추는 무예가 뛰어났지만 이 사건으로 더 출세하지는 못하였다. 그에게는 서자와 딸 둘이 있었는데 그 가운데 한 사람이 유유와 혼인하였다. 백거추의 서자는 경상도 예천에서 수십 명이 작당하여 민가와 수령을 괴롭히고 다닐 때 그 무리의 일원이었다.[9] 이 일은 유유가 가출한 다음 해에 일어났으므로 부인 백씨의 처지에서 보면 시가와 친정 모두 어려움에 부닥쳤던 것이다.

유유가 앓았던 정신적 고통의 내용을 알 수는 없다. 심질이라는 마음의 병은 워낙 다양한 용례로 사용되고 누구나 겪을 수 있는 것이기도 했다. 국왕 명종은 심질이 있는 데다 궁궐에 크게 벼락이 친 뒤로는 마음이 안정되지 않아 신하들을 만날 수 없다고 토로한 적이 있다.[10] 선조 역시 신하들과 크게 마찰을 빚을 때 자신은 심질로 정사를 제대로 돌볼 수 없으니 제발 귀찮게 하지 말라고 여러 번 전교를 내리곤 하였다.[11]

심질은 마음이 불안한 상태에서부터 그로 인해 일어나는 발작까지 다양한 증상에 사용되었다. 때로는 국왕부터 일반인까지 번거롭고 고통스러운 현실을 회피하기 위한 명분으로 활용되기도 하였다. 이이나 유성룡 같은 이도 심질을 들어 사직을 요청한 일이 있었다. 그러므로 심질은 매우 주관적인 마음의 고통일 수 있었다. 문제는 그 증상이 심해 일상생활을 제대로 하기 어려운 경우였다. 관원들은 심질이 심하면 탄핵을 받거나 교체의 대상이 되었고, 범죄자는 심질이 인정되면 처벌이 경감되었다.[12]

그런데 유유는 관료도 범죄자도 아니었다. 그가 가진 마음의 병은 오직 가족 내부의 문제였다. 유유의 증상은 자신은 물론 가족 구성원들에게 다양한 형태의 고통이나 갈등을 초래할 수 있었다. 특히 상속 같은 이권이 달린 문제나 상장례, 제례와 같은 의례의 시행에서 나타날 수 있는 문제가 심각했다. 장남으로만 가계가 계승되었던 17세기 이후라면 유예원 이후 가계의 대표자는 장남 유치였다. 유치가 아들 없이 죽었더라도 양자를 세워 유예원-유치-양자로 이어지는 가계 계승권은 보장되었을 것이다.

물론 17세기에도 가계 계승자가 정신 질환을 앓으면 의례 시행의 대표자를 누구로 정할 것인지는 논란이 되었다. 1673년(현종 14) 교관을 지낸 민업閔業이 죽었을 때 상장례를 주관해야 하는 장남 민세익이 정신 질환이 있어 그의 아들 민신이 대신한 적이 있었다. 민세익의 병을 이유로 아들 민신이 상을 주관하도록 충고한 것은 당대 서인의 실력자였던 송시열과 그의 문인 민정중, 송시열의 손자를 사위로 삼은 박세채 등이었다.[13]

그런데 서인의 또 다른 실력자 김우명金佑明이 송시열과 민신의 태도를 비판하고 나섰다. 그는 민세익이 질병이 있더라도 자식을 낳고 아버지 상에 슬퍼할 정도의 지각이 있는데, 아들 민신이 그를 대신해 상을 주관한 것은 잘못이라고 보았다. 민신의 행위는 살아 있는 아버지를 죽은 것으로 여기고 할아버지를 아버지로 삼은 인륜의 커다란 변고라는 것이다. 의례의 주관자나 그 내용을 어떻게 확정할 것인가는 당대 조선 사회의 뜨거운 화두였다.

집안의 대표자

왜란과 호란이라는 큰 전쟁을 겪은 뒤 혼란한 사회의 정비가 필요했던 17세기는 부계 가족 질서가 새롭게 정착해 나가던 시기이기도 했다. 이러한 분위기에서 관료나 지식인 들은 저마다 예론을 펼쳤다. 효종과 효종비가 차례로 죽었을 때 아버지 인조의 계비인 자의대비가 얼마 동안 상복을 입을 것인가를 둘러싸고 벌어진 예송 논쟁은 정쟁으로 비화하기도 했다. 왕실의 예법과 관련된 예송 논쟁이나 민신과 같은 일반 양반가의 의례 논쟁은 모두 적장자를 통한 계승을 중시한 종법宗法 질서의 확립 과정에서 일어난 논란이었다.

송시열은 정신 질환을 앓는 아버지를 대신한 민신의 상례 주관을 불가피한 것으로 보았고 김우명은 의례에 어긋난다고 판단하였다. 민신 관련 논쟁은 현종을 넘어 숙종 대로 이어졌고 그사이에 여러 사람이 처벌받았으며 민신 본인도 삼천리 유배형에 처해졌다.[14] 다만 17세기에는 의례의 구체적 적용에 대한 논란은 있었지만 양반 사대부가에서 적장자를 통한 가계 계승은 돌이킬 수 없는 현실로 굳어져 나갔다.

다시 시간을 거슬러 백 년 전인 유유의 시대로 되돌아오자. 이 시기에는 장남을 통한 가계 계승이 보편적이지 않았다. 장남으로 가계가 이어지기 위해서는 장남이 아들이 없을 때를 대비한 장치가 마련되어야 한다. 그것을 가능하게 한 것은 양자를 들이는 입후立後, 즉 계후繼後를 목적으로 한 입양의 실천이었다. 하지만 16세기까지 조선 사회에서는 입양의 필요성을 크게 느끼지 않은 집이 많았다. 가계가 꼭 장남을 통해서만 계승될 필요는 없다고 생각했기 때문이다.

유예원 역시 결혼한 장자 유치에게 아들이 없었지만 입양을 하지는 않았다. 유치와 그의 부인이 모두 죽었어도 입양은 고려되지 않았다. 둘째인 유유가 장남 노릇을 하면 되었다. 그런데 유유는 가출하고 없었다. 민업이 죽고 장남 민세익이 병을 앓았을 때 상장례의 주관자는 장손인 민신이었다. 민업에게는 또 다른 아들이 있었으나 의례는 장손이 주관하였다. 17세기 사람들은 민세익과 민신 둘 가운데 누가 의례를 담당할 것인가를 두고 논란을 벌였지 처음부터 민업의 다른 아들, 즉 민세익의 동생에게는 관심이 없었다. 가계 계승과 의례는 장남, 장손을 통해 이어져야 한다고 생각했기 때문이다.

하지만 유유의 시대는 달랐다. 병을 앓던 유예원이 1561년 사망하였다. 장남 유치의 부부는 죽었으나 양자를 들이지 않았으므로 장남 가계에서 상장례를 주관할 사람이 없었다. 공은 둘째 유유에게로 넘어갔으나 그는 가출하고 없었다. 더구나 자식도 없었고 입양도 하지 않았다. 결국 상장례는 셋째 유연에 의해 진행되었다. 그는 이문건을 방문하여 아버지의 묘지석을 상의하는 등 상장례를 이끌어 나갔다.[15] 셋째 아들이 이제 이 집안을 대표하게 된 것이다.

기성에게 전에 읽은 것을 풀어서 설명해 보도록 하였는데
온전하게 하는 것이 하나도 없었다. 분노가 극에 달해
기성의 등짝을 때렸고 전에 읽은 것을 다시 익히도록 하였다.
_ 『묵재일기』

유배인 이문건과 유예원

유예원의 집안은 세조 대에 조부가 경상도 성주에 유배되면서
후손들이 주로 성주와 그 인근에 거주하였다. 유예원은 대구에 거주
하였는데, 그에 대해 알려진 내용은 많지 않다. 그는 성주에서 유배
생활을 하던 이문건과 자주 교류하였다. 두 사람은 성주 유향소의
별감 교체와 같은 지역 현안에 대해 논의하기도 하고, 때로는 유예
원이 자신의 노비를 보내 이문건의 일을 도와주기도 했다.[16]

유향소는 향리를 규찰하고 풍속을 교화하기 위해 지방의 양반
사족들이 만든 자치 기구였다. 별감은 좌수와 함께 유향소를 이끌어

가는 임원의 일종이었다. 그런 인물의 선출에 유배 죄인이던 이문건이 깊숙하게 관여하였다. 이문건은 비록 사화로 인해 유배 중이었지만 중앙 관료를 역임하여 정치적 영향력이 아직 남아 있었다. 더구나 성주는 그의 본관 지역으로 조상들의 활동 공간이기도 했다. 이 때문에 지역 양반들과 폭넓게 교류할 수 있었고 성주나 주변의 수령들도 그를 무시할 수 없었다.

유예원이 이문건과 별감에 대해 논의한 것으로 보아 그도 대구나 성주에서 나름 영향력을 가지고 있었음을 알 수 있다. 유예원의 관직 이력에 대한 기록도 충분하지 않은데, 1551년(명종 6)에는 비안(현재 경북 의성군 일대) 현감으로 있었다.[17] 그는 비안 현감 재직 중에도 가끔 성주에 들러 이문건을 만나거나 사람을 보내 안부를 물었다. 다음 해 유예원의 부인, 즉 유유의 어머니가 죽었을 때 이문건이 추모 글을 써 주었다.[18]

비안 현감 이후 관직을 잠시 쉬었던 유예원은 1554년(명종 9) 창녕 현감에 부임하였다. 그는 부임지로 향하던 길에 성주 관아에 들러 목사에게 인사한 뒤 이문건을 방문하였다. 유배지의 이문건과 교류한 사람은 인근 수령들과 양반 사족들은 물론 이후 조선 유학을 대표하는 퇴계 이황, 남명 조식, 율곡 이이 등 무수하게 많았다. 유예원도 그런 이문건과의 끈을 놓지 않았다. 비안 현감 때와 마찬가지로 가끔 성주에 들러 이문건을 만났고 쌀, 술, 고기 등 다양한 선물을 보냈다. 때로는 이문건이 먼저 필요한 물건을 요청하여 도움을 받기도 하였다.[19]

수령으로서 유예원은 좋은 평가를 받았다. 1555년에는 기근에 굶주리는 백성들을 잘 돌보아 지역민들의 칭송이 높자 임금이 상을 내리기도 했다.[20] 그는 종6품 현감 이상의 관직을 얻지는 못했지만 보통의 양반들이 지방 수령으로 나가는 것도 쉬운 일은 아니었다. 조선시대 지방관인 수령은 고을의 인구와 토지 규모에 의해 정해지는 위상과 명칭에 따라 각기 다른 관품을 가진 이들이 파견되었다. 부윤은 종2품, 대도호부사와 목사는 정3품, 도호부사는 종3품, 군수는 종4품, 현령은 종5품, 현감은 종6품과 같은 식이었다.

유예원은 비안과 창녕의 현감을 지냈으므로 종6품에 해당하였다. 종6품은 지방관으로 나갈 수 있는 가장 낮은 품계였다. 하지만 종9품에서 관직을 시작했다면 일정한 실무 지식을 쌓고 검증을 받은 뒤에야 수령이 될 수 있었다. 수령으로 경력을 쌓은 이들은 다시 중앙 관직으로 나가 고위 관료의 길을 걷기도 했지만 유예원과 같이 지방관으로 끝나는 경우도 많았다. 수령은 부임 지역의 행정, 사법, 군사에 관한 실권을 가졌고, 유예원이 이문건에 한 것처럼 자신의 친인척이나 지인에게 경제적인 호의를 베풀 수도 있었다.

수령으로서 유예원이 지인들에게 선물을 보내는 행위는 당시 사회의 관행이었고 근대적 공사公私 관념으로 명확히 구분할 수 있는 일은 아니었다.[21] 이문건에게 선물로 호의를 베푼 이는 유예원 외에도 유배지의 책임자였던 성주 목사를 비롯해 여러 사람이 있었다. 수령들은 관아의 물품 활용이 가능해 더 다양한 물건들을 보내곤 하였다. 물론 여기에는 이문건의 해배와 중앙 정계 복귀 이후를 대비하는 정치적 계산도 깔려 있었다.

많은 권한을 가진 수령으로 나갈 수 있는 가장 일반적인 방법은 과거에 급제하는 일이었다. 3년에 한 번씩 치르는 식년시의 경우 여러 단계의 시험을 거쳐 최종적으로 문과 33인, 무과 28인을 선발하였다. 점차 부정기 시험이 늘어나기는 하지만 과거 급제는 너무나 어려운 길이었고, 당대 지식인들의 염원과 욕망이 응축된 최고의 관문이기도 했다. 과거 급제 시의 성적과 집안 배경, 첫 부임 관청 등이 이후 관로에 영향을 미쳤지만 어쨌든 과거에 급제하지 않고 고위 관료로 성장하기는 어려웠다.

이문건은 20세인 1513년(중종 8) 작은형 충건과 함께 문과 초시에 합격하였다. 몇 년 뒤 기묘사화에 연루되어 충건은 죽임을 당하고 문건은 낙안에 유배됨과 동시에 과거 응시가 금지되었다. 다행히 1527년에 사면되어 이듬해 35세로 과거에 급제할 수 있었다. 급제 뒤에는 승문원을 거쳐 사간원 정언, 이조 좌랑 등을 역임하였다. 중종이 승하했을 때 빈전도감殯殿都監의 집례관執禮官으로 상례에 적극 관여하였고, 명종이 즉위한 뒤에는 공신에 올랐다.

하지만 52세에 을사사화로 큰형 홍건의 아들 휘가 효수당하면서 문건은 성주에서 유배 생활을 시작했다. 그는 1567년(명종 22) 74세로 23년간의 유배 생활을 마치고 세상을 뜰 때까지 다시는 관직에 복귀하지 못했다. 유예원과 이문건의 교류는 이 기간에 이루어졌다. 관직에 나가기는 어려웠지만 그들의 시대는 사화의 빈발로 관직을 유지하기도 어려웠다. 그럼에도 누구나 염원하던 관로의 관문인 과거 급제는 축하와 부러움의 대상이었다. 설령 문관보다 대우를 받지 못한 무관의 길을 가게 될 무과 급제라고 해서 예외는 아니었다.

과거 급제와 별급

1556년 4월의 『묵재일기』를 보면 무과에 급제한 유재란 인물의 축하연에 관한 기록이 나온다. 유재는 마을 언덕 위에 장막을 치고 술과 음식을 준비하여 잔치를 벌였다. 축하연에는 성주 목사와 판관을 비롯한 지방관과 인근의 양반들이 모였다. 과거 급제는 문무를 가리지 않고 축하받을 일이었던 것이다. 이날 유재의 아버지는 아들의 급제를 기념하여 특별히 노비 두 명을 별급別給하였다.[22]

비슷한 시기였던 1565년 안동의 김진金璡 역시 자신의 아들 김성일金誠一이 소과인 사마시에 합격한 것을 축하하여 노비 한 명을 별급해 주었다. 김진은 세 아들이 모두 소과에 합격하자 유재의 아버지와 마찬가지로 지방관과 여러 인사를 초청하여 잔치를 열었다. 잔치가 무르익자 김진은 넷째 아들 성일에게 특별히 자신의 처가에서 상속받은 노비 한 명을 별급해 주었다. 이를 증명하기 위해 잔치에 참여한 안동 부사를 비롯한 여러 사람이 증인을 섰고 둘째 아들 수일이 문서를 작성하였다.[23] 성일은 훗날 임진왜란에서 크게 활약했던 학봉 김성일을 말한다.

유재와 김성일에게 비슷한 방식으로 주어진 별급은 재산 상속의 한 형식이다. 재산 소유자가 살아 있을 때 특정인에게 재산 일부를 증여하는 것을 별급이라 하였고, 상속 대상자 전원에게 전 재산을

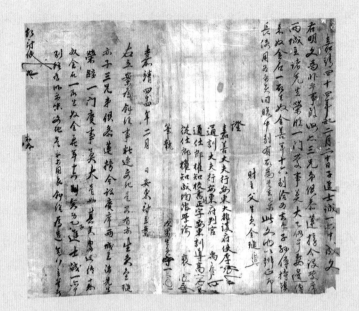

김진 별급문기_안동 금계 의성 김씨 학봉 종가 소장(자료 제공: 한국학중앙연구원 한국고문서자료관)

가정嘉靖 44년(1565) 2월 20일 아들인 진사 성일에게 작성해 주는 문서

이 명문을 작성하는 것은 다음과 같다. 너희 3형제 모두 소과에 합격하여 지금 축하연을 마련했는데, 두 성주城主 및 여러 선생이 참여하여 문중의 경사가 매우 크다. 이에 처가 쪽[妻邊]에서 전래한 노 금석의 첫째 소생인 16세 노 금선을 별급하니 자손에게 전하여 오래도록 사용하되, 동복 중에서 별도로 문제 삼는 일이 있으면 이 문서의 내용으로 바로잡을 것.

재주財主 아버지 생원 김진金璡 [서압署押]²⁴

증인
가선대부 행 안동대도호부사 이李 [착명著名] [서압]
통훈대부 행 안동부판관 우禹 [착명] [서압]
통사랑 권지교서부정자 안동훈도 고高 [착명] [서압]
종사랑 권지성균관학유 배裵 [착명] [서압]

필집筆執 차남 생원 수일守一 [착명] [서압]

상속하는 것을 분급分給 혹은 깃급衿給이라 하였다. 재산 소유자인 부모가 죽은 뒤 자식들이 삼년상을 치르고 재산을 나누어 가지는 것은 화회和會라 하였다. 이 가운데 별급은 효도나 부모 봉양, 혼인이나 득남 축하 등 다양한 명목으로 이루어졌다.

하지만 무엇보다도 유재의 경우와 같은 과거 급제나 관직 제수가 별급의 가장 큰 사유였다.[25] 아들과 딸을 차별하지 않는 균분 상속이 일반적이던 조선 전기에 상속자인 부모의 의지가 반영될 수 있는 공간은 넓지 않았다. 부모들은 관행적으로 똑같은 양을 자녀들에게 상속하였고, 미처 상속을 못하고 사망할 경우 자녀들은 부모의 재산을 역시 똑같이 나누어 가졌다. 그런 면에서 별급은 상속자의 의지가 반영된 선택적 상속이었다.

그 의지의 정점에 과거 급제와 관직이 있었다는 점에서 조선 사회의 지향을 읽을 수 있다. 조선시대 사람들은 전체 재산의 일부에 지나지 않았지만 자기 뜻대로 상속할 수 있는 재산을 입신양명한 아들이나 손자, 때로는 조카나 사위에게 기꺼이 내놓았던 것이다. 다만 별급의 양은 전체 재산의 10퍼센트 이내로 그렇게 많지는 않았다.[26] 특정한 자질이나 노력에 대한 보상인 별급이 단지 자녀란 이유로 공평하게 상속받는 분급의 틀을 해치지는 않았던 것이다.

과거 급제는 별급의 수혜자가 될 수 있는 기회였으며, 관직으로 진출해 더 많은 재산을 축적할 수 있는 관문을 여는 것이기도 했다. 중앙의 고위 관료가 될수록 권력은 막강해지지만 수령만 되더라도 한 고을과 주변 사람들에게 미치는 영향력은 적지 않았다. 이는 개

인과 집안의 영광인 과거 급제를 양반 대다수가 꿈꾸는 이유이기도
했다. 자신이 관료이건 아니건 자식들이 학문에 매진하는 것, 특히
그 공부가 과거 급제로 이어지는 것은 상당수 아버지의 염원이었다.

아버지의 욕망

이문건은 부인 안동 김씨와의 사이에 3남 2녀를 두었다. 하지만
모두 어려서 죽고 둘째 아들 기성箕星[온뼈]과 막내딸만이 성인이 될
때까지 살아남았다. 명문가 출신이었던 이문건은 살아남은 아들의
교육에 관심이 컸다. 이문건의 집안은 과거 급제에도 성공적이어서
그의 아버지는 물론 작은형과 자신도 문과 급제의 행운을 얻었다.
이문건의 삼형제 가운데 유일하게 대과에 합격하지 못한 큰형도 소
과에는 합격한 진사 출신이었다.

이러한 집안의 전통을 잇기 위해 그는 아들을 혹독하게 공부시
켰다. 하지만 아들 기성은 아버지의 뜻을 잘 따라 주지 못했다. 이문
건의 일기에는 아들과 조카들의 성품과 관심을 알 수 있는 짤막한
구절들이 있다.

나는 빌린 책을 다 베껴 쓰고 돌려보냈다. 휘는 작은 벼루를 만들었
다. 기성이는 송충이를 때려잡았다.[27]

규성이가 내게 붓 한 자루를 주고 『장자』의 제목을 책에 써 달라기
에 써 주었다.[28]

1536년 이문건이 어머니의 상을 당해 아들, 조카들과 여막 살이를 할 때의 풍경이다. 이문건은 새 책을 빌려다 베껴 쓰고 큰형의 아들 휘는 공부에 필요한 벼루를 만들고 있었다. 그런데 유독 아들 기성은 송충이를 때려잡으며 놀고 있었다. 며칠 뒤의 일이지만 기성과 동갑인 작은형의 아들 규성은 『장자』를 읽다가 책의 제목을 써 달라고 요청하였다. 이 짧은 묘사는 많은 것들을 짐작할 수 있게 한다.

　일찍이 아버지를 여의고 이문건에게 의지했던 휘와 규성은 학문에 정진하여 7년 뒤 모두 문과에 급제하였다. 반면 기성은 학문에 관심도 재능도 없었다. 그는 여막 살이 중에도 아버지의 눈을 피해 놀거나 서울로 도망가기 일쑤였다. 이런 아들에 대해 이문건은 극심한 모욕과 체벌을 주고는 했다.[29] 그는 살아남은 유일한 아들이 가풍을 잇지 못하는 것에 절망했고 성품이 조급하여 분노를 억제하지도 못했다. 그럴수록 아버지와 아들의 사이는 멀어지기 마련이었다.

　조선시대 양반가의 아들로 태어난 이상 학문 연마나 과거 합격에 대한 주위의 기대에서 벗어나기란 쉽지 않았다. 이로 인해 과거를 둘러싼 경쟁은 언제나 치열하기 마련이었다. 유예원의 경우 큰아들이 죽고, 둘째는 마음의 병을 앓다 가출했다. 유예원이 둘째 유유를 바라보는 시선은 아들 기성에 대한 이문건의 시선과 닮았을지도 모르겠다. 기대에 부응하지 못하는 어리석은 아들, 이런 아들에 대해 두 아버지는 냉정했다. 아버지와 오랜 기간 갈등을 겪었던 기성은 사십에 죽었고, 역시 아버지와 불화했던 유유는 집을 뛰쳐나갔다.

이문건이 믿을 곳은 이제 아들이 남기고 간 손자밖에 없었고, 유예원에게는 셋째 유연밖에 없었다. 이문건은 아들에게 향했던 자신의 욕망을 손자에게 투영하기 시작했다. 그는 『양아록養兒錄』이란 손자 양육기를 남길 정도로 애틋한 할아버지였으나 학문을 멀리하는 손자를 아들처럼 가혹한 체벌로 훈계하였다. 이 또한 대를 이은 갈등을 남길 뿐이었다.[30] 반면 유연은 아버지의 뜻을 받들어 학문 연마에 힘썼고 집안의 대소사 처리에도 앞장섰다.

학문을 익히고 과거에 급제하여 입신양명하는 것 외에 아들에 대한 아버지의 또 다른 기대는 가계의 계승에 있었다. 17세기 이후 확산하였던 입양이 유예원과 이문건의 시대에 일반적이지는 않았지만 당시인들도 아들을 통한 가계의 영속에는 관심이 있었다. 이문건은 죽은 아들 기성의 묘지명에 "비록 효도를 다하지는 못했더라도 대를 이을 후손을 얻었으니 어찌 유감이 있겠는가?"[31]라고 하여 아들의 죽음을 애도하면서도 손자를 얻은 것을 다행으로 여겼다. 그는 실제로 손자가 태어났을 때 "어리석은 자식이 아들을 얻어 가풍을 잇게 했네."[32]라며 손자를 얻은 기쁨을 시로 표현하였다.

재산의 별급에서 가장 많은 비중을 차지한 것은 과거 합격이나 관직 제수였으나 장남이나 장손에 대한 우대도 주목할 수준으로 늘어났다. 장남이나 장손에 대한 별급이 16세기부터 조금씩 늘어나 17세기에 크게 증가하였던 것이다. 이문건이 손자의 탄생에 큰 기쁨을 표현하였던 것처럼 아들 출산에 대한 부모의 별급도 증가하였다. 이역시 가계 계승에 대한 관심과 일정하게 연관되어 있었다.

기성은 이문건의 바람 가운데 대를 이을 아들의 출산이라는 기대에는 부응한 것이다. 하지만 유유는 집안을 이을 자식도 두지 못한 채 집을 나가 버렸다. 유예원은 유유에게 자식이 없는 것을 불만스럽게 여겼다. 죽은 형을 대신해 집안을 주관할 책임이 그에게 있었기 때문이다. 하지만 마음의 병과 가출로 학문적 성취는 물론 후사를 얻는 것도 불가능해졌다. 이제 모든 것은 유연에게 달려 있었다.

우리 내외는 딸에게 지극한 사랑을 베푼다. 하지만 딸의 성격과 행동이 사나워 어제는 계집종에게 노여움을 드러내고 제 어머니까지 욕되게 하였다. 내 꾸지람을 듣고는 또 지나친 말을 하였다. 아내가 이렇게 사나운 딸과는 함께 살 수 없다고 하여 내가 딸을 크게 꾸짖고 기를 꺾어 놓았다.

_『미암일기』

처가살이의 전통

17세기에는 장남과 장손을 통한 가계 계승이 확산하여 나가지만 그전에는 장남 유고 시에 다른 아들이 가계를 이어 나갈 수 있었다. 설령 아들이 없다고 하더라도 딸과 사위, 이어서 외손자가 재산을 상속받고 제례를 지내면 되었다. 제례의 주관이 가계 계승과 직결되지도 않았던 것이다. 이때 아들과 딸 사이의 차별은 상대적으로 크지 않았다. 여성이 과거를 보고 관료로 나가는 길은 원천적으로 봉쇄되어 있었으니 딸의 학문적 성취와 입신양명에 대한 기대를 드러내기는 어려웠다.

그러한 염원은 사위를 통해 실현될 것이었다. 유예원이 딸들을 유력 가문의 자제와 혼인시키려 한 것도 그 때문이었다. 이문건에게는 어린 시절 고비를 넘긴 딸이 하나 있었는데, 그녀는 스무 살에 병으로 죽고 말았다. 하나 남은 아들과 손자에게 그는 더 집착할 수밖에 없었던 것이다. 아들과 딸에 대한 기대는 달랐지만 딸과 사위 역시 일상에서는 아들과 며느리만큼 존중받았다.

유예원, 이문건과 비슷한 시기에 활동했던 유희춘柳希春의 『미암일기眉巖日記』에서 이러한 내용이 잘 드러난다. 유희춘은 이문건과 마찬가지로 을사사화에 연루되어 피해를 보았고, 뒤이어 양재역 벽서 사건으로 제주도, 함경도 종성, 충청도 은진 등지에서 20여 년간 유배 생활을 하였다. 다행히도 말년에 사면되어 여러 관직을 거친 뒤 이조 참판을 마지막으로 낙향하였다.

유희춘의 선대는 처가살이의 전통에 따라 영남에서 호남의 광양으로 다시 순천을 거쳐 해남에 정착하였다. 아버지 유계린柳桂麟은 『표해록漂海錄』의 저자로 유명한 최부崔溥의 사위로 처가인 해남에서 생활하였다. 최부는 연산군의 잘못을 비판하다 무오사화 때 함경도 단천으로 유배되었고 갑자사화 때 처형당한 인물이다. 유희춘은 외가인 해남에서 자랐으나 담양 출신의 송덕봉宋德峰과 결혼한 것을 계기로 훗날 해남에서 처가인 담양으로 이주하였다.[33]

유희춘은 자신의 아들을 호남의 대학자인 김인후金麟厚의 딸과 혼인시켰다. 이로 인해 아들 유경렴柳慶濂은 다시 처가인 장성 김인후의 집에서 생활하였다. 유경렴은 처가에서 지내다 자신의 아들이 결혼할 무렵 담양으로 옮겨 왔다. 하지만 그의 아들 유광선柳光先은 결혼 뒤 처가인 남원에서 거주하였다. 유희춘의 집안은 대대로 처가살이의 관습에 따라 거주지를 정했던 것이다.

이러한 처가살이의 전통은 아들과 딸에 대한 차별을 완화하는 장치였다. 일상에서는 오히려 딸과 사위가 아들과 며느리보다 더 가깝고 긴밀한 관계일 수 있었다. 며느리는 시가의 일에 가끔 참석하였고 주로 친정에서 생활하였다. 처가가 본가에서 멀리 떨어져 있고 신랑이 어린 경우 처가살이에 잘 적응하지 못하는 경우도 있었다. 이문건의 손녀사위가 그랬다. 이문건은 15세의 손녀를 서울 출신의 동갑내기와 결혼시켜 성주에서 지내도록 하였다. 하지만 철이 없던 손녀사위는 얼마 되지 않아 서울의 본가로 돌아가겠다고 울며 떼를 쓰기 시작하였다. 어쩔 수 없이 서울로 보낸 손녀사위는 3개월을 머물다가 돌아왔다.

이러한 처가살이의 전통으로 인해 『미암일기』에는 유희춘의 아들과 며느리에 관한 내용보다 딸과 사위 윤관중尹寬中에 관한 기록이 더 많다.[34] 유희춘은 사위가 학문에 힘쓰도록 돕고 관직 진출을 위해서 노력을 아끼지 않았다. 이조 판서였던 강사상姜士尙은 유희춘의 종손자와 사위의 천거 과정에서 사위 윤관중이 '친자제'이므로 종손자보다 먼저 관직에 나가야 한다고 보았다.[35] 당대인의 시선에서 사위는 친자제와 마찬가지였던 것이다. 이 때문에 사위 윤관중 역시 처가의 대소사를 자신의 집안일처럼 처리하였다.

유희춘의 부인은 당당하게 친정 일에 남편이 적극적으로 나설 것을 요구하였고 딸도 마찬가지였다. 유희춘은 딸을 사랑했지만 그녀는 친정에 살면서 부모와 마찰을 빚는 일이 많았다. 그럼에도 불구하고 유희춘은 딸, 사위와 일상에서 긴밀한 유대를 맺었고 외가에서 어린 시절을 보낸 외손자 역시 외조부에게 강한 친밀감을 가지게 되었다.

그런데 유예원의 아들 유유와 유연이 처가살이를 했는지는 명확하지 않다. 유유는 본가와 처가가 모두 대구였고 거주지도 대구였다. 유연은 처가가 서울에 있었는데 대구에서 거주하였으므로 처가살이를 하고 있었던 것은 아니었다. 유예원의 세 딸 가운데 첫째는 왕족과 결혼하여 서울로 갔고 둘째는 진주 출신, 셋째는 같은 대구 출신과 결혼하였다. 이들에 대한 기록은 거의 없어 처가살이에 관해서는 확인할 수 없다. 사실상 장남 노릇을 했던 유연이 대구에 있었으므로 처가살이를 한 것은 아니지만 여섯 남매가 모두 처가살이를 전혀 하지 않았다고 단정할 수는 없다.

차별의 조짐

양반 남성은 처가에서 결혼하고 일정 기간 처가에서 생활하지만, 이후 계속 처가 지역에 머물 수도 본가로 돌아올 수도 아니면 제3의 장소로 이주할 수도 있었다. 유희춘의 아들 유경렴은 처가에서 생활하다 그의 아들이 장성한 뒤 본가로 돌아왔다. 16세기는 처가에서 머무는 기간이 점차 줄어들면서 친영親迎[36], 즉 시집살이라는 전혀 다른 결혼 방식을 준비하는 시기였다. 결혼 방식의 변화는 상속에도

노비의 균분 상속[37]

Ⓐ		Ⓑ		Ⓒ		Ⓓ	
대상	노비수	대상	노비수	대상	노비수	대상	노비수
장자	23	장녀	7	장자	15	장자	26
이자	22	자	7	이자	16	이자	26
삼자	22			녀	15	녀	26
고 장녀	22						
이녀	22						
말자	22						
합	133	합	14	합	46	합	78

Ⓐ 김무 분급문기金務分給文記, 1429년
Ⓑ 이우양 분급문기李遇陽分給文記, 1452년
Ⓒ·Ⓓ 김회 처 노씨 분급문기金淮妻盧氏分給文記, 1479·1492년

영향을 주었다. 기계적 균분은 아니더라도 균분을 지향하여 아들과
딸을 차별하지 않았던 상속 관행은 점차 딸에게 불리한 방향으로 바
뀌어 나갔다.

　균분이 철저하게 이루어졌던 15세기 분재기를 보면 노비의 경우
수적인 균분은 물론 질적인 균분까지 추구하였다. 그 몇몇 사례를
살펴보면 표와 같다.

　Ⓐ에서는 1429년 당시에 분재된 몫만을 표시하였고, 나머지에서
는 승중承重 몫 등을 제외하였다. 표에서 보듯이 자녀들이 상속받은
노비의 수는 거의 차이가 없었다. 수적으로 철저하게 균분을 이루려
했던 것이다. 더불어 노비의 나이나 건강 상태를 고려하여 질적인
균분까지 추구하였다. 물론 노비의 연령 분포가 고르지 않아 기계적
인 균분을 이루기는 어려웠지만 가급적 균등하게 나누고 있었다.

16세기에는 균분의 원칙이 유지되면서도 조금씩 변화가 나타났다. 유희춘가의 사례를 보자. 유희춘 사후 그의 아들과 딸은 1580년에 삼년상을 마친 뒤 부모의 재산을 나누어 가지는 화회문기和會文記를 작성하였다.[38] 재산을 물려받는 대상자는 아들 유경렴과 딸을 대신한 사위 윤관중이었다. 상속 내용은 제사 주관자의 몫인 승중과 아들과 딸이 각자의 몫으로 나눈 예득例得으로 구분되었다.

승중이나 봉사奉祀로 불린 명목은 경제적으로 큰 비용이 드는 제사를 지원하기 위한 상속분이었다. 『경국대전』에는 여러 자녀에게 재산을 똑같이 나누어 주고 승중자는 5분의 1을 더 주도록 규정하였다. 여러 자녀가 노비 5명씩 상속을 받으면 승중자는 5명의 5분의 1을 더한 6명을 받도록 한 것이다.[39] 유희춘의 아들 유경렴은 승중조로 논 20두락을 따로 가졌는데 이는 전체 상속 토지의 11.6퍼센트가량 되었다.

유경렴의 경우와 같이 제사 관련 상속분을 아들이 가져간다는 것은 딸을 비롯하여 여러 자녀가 제사를 돌아가면서 모시는 윤회봉사가 축소 또는 사라진다는 것을 의미한다. 윤회봉사가 사라지면 제사를 지내는 아들의 몫이 늘어나기 마련이었다. 16세기는 균분 상속에서 차별 상속으로의 전환 조짐이 일부 나타나는 시기였다. 이는 아들 유경렴과 딸인 윤관중의 부인이 따로 차지한 몫을 보아도 알수가 있다.

두 사람이 각각 나누어 가진 몫 가운데 노비는 8명씩 같았으나 아들 유경렴은 논 14두락, 밭 8두락 정도를 더 상속받았다. 논이나

유경렴 화회문기_담양 모현관 소장

만력萬曆 8년(1580) 다음 명문明文은……화회和會하여 나누어 가질 것

전 참봉 유경렴 몫

승중承重
견교채자답 11두락 …… (합계 논 20두락)

예득例得
노 덕쇠와 양인 처가 낳은 첫째 비 유지 나이 62세 기묘생
사들인 노 남손 나이 17세 갑자생 …… (합계 노 4명, 비 4명)
견교강양답 3두락
독덕전 5두락 …… (합계 논 73두락, 밭 14두락)

전 선전관 윤관중 몫

노 자산과 양인 처가 낳은 첫째 노 탕근 나이 59세 임오생
사들인 노 금이동 나이 23세 무오생 …… (합계 노 4명, 비 4명)
오시동답 5두락
옥견전동변 3두락 …… (합계 논 59두 5승락, 밭 6두락)

전 희릉 참봉 유경렴 [착명] [서압]
증인 이성異姓 사촌 동생 송진 [착명] [서압]
증보 동성同姓 오촌 조카 전 참봉 유광문 [착명] [서압]
필집 전 선전관 동생 매부 윤관중 [착명] [서압]

밭이냐에 따라, 생산량의 수준에 따라 실제 가치는 차이가 있겠지만 아들과 딸의 표면상 토지 상속 비율은 대략 57대 43 정도 되었다. 노비의 균분 상속에도 불구하고 토지는 아들이 조금 더 가져갔고, 승중으로 받은 몫까지 포함하면 상속 몫의 차이는 좀 더 벌어졌다.

유희춘은 노비를 늘리기 위해 고심했는데 상속 문서에서 보이는 양천교혼良賤交婚도 그 가운데 하나였다. 16명 가운데 4명의 노비는 아버지가 노인 반면 어머니는 양인이었다. 부모 중 한 사람이라도 노비면 그 자식들은 모두 노비가 되는 일천즉천一賤則賤의 원칙이 통용되던 시기에 양반들은 양천교혼을 적극 활용하였다. 노비를 사들이는 것도 노비 수를 늘리는 방편으로 유희춘의 노비 4명이 여기에 해당하였다. 유희춘은 나름 재산을 늘리기 위해 애쓰고 있었던 것이다.

유희춘 부부의 재산을 상속받고 문서를 만드는 과정에는 모두 네 사람이 참여하였다. 문서의 마지막 부분을 보면 상속 대상자인 아들 유경렴이 서명하였고 사위 윤관중은 상속 대상자이면서 문서 작성자인 필집筆執으로 서명하였다. 상속 문서의 진위를 보증하는 증인으로는 유희춘의 부인 송씨의 조카, 즉 유경렴의 외사촌 동생 송진과 유경렴의 오촌 조카인 유광문이 서명하였다. 상속 대상자 외에 친척이 증인으로 서명한 것은 훗날 상속을 둘러싼 분쟁이 발생했을 때를 대비하기 위함이었다.

유희춘의 자녀 가운데 아들이 제사를 주관하면서 좀 더 많은 재산을 상속받았다. 제사의 책임과 상속의 혜택은 맞물려 있었고 제사와 상속 관행의 변화는 개별 가문마다 시기나 내용에 차이가 있었다. 시간이 더 흘러 1669년 부안의 부안 김씨 가문에서는 윤회봉사와의 완전한 단절을 선언하고 딸에게는 아들의 3분의 1만 상속해주었다. 부모와 자식의 정으로 보자면 아들과 딸은 차이가 없지만 딸은 시집가서 친정 부모를 모시지 않고 제사도 지내지 않으니 공평하게 상속할 수 없다는 것이 이 집안의 논리였다.[40]

17세기 이후 처가살이는 시집살이로 바뀌고 딸들은 더는 친정의 제사를 주관하지 않게 되면서 아들과 딸에 대한 상속상의 차별이 노골적으로 이루어졌다. 유희춘의 자녀들에게서 보듯이 16세기 후반은 이러한 길로 가는 과정이었다. 그렇다면 우리의 주인공인 유예원 집안의 재산 규모나 상속은 어떠했을까? 아쉽게도 이 집안의 상속 관련 문서는 남아 있는 것이 없다. 다만 유예원은 막내 연이 사실상 장남 노릇을 하였고 막내며느리 또한 현명하다는 이유로 수 경^頃의 좋은 밭을 별급한 일이 있었다.[41] 여러 자녀 가운데 특별히 유연에게 장남과 마찬가지라는 이유로 별급을 한 것은 이 집안에서도 딸에 대한 차별이 서서히 나타나고 있는 것으로 볼 수 있다. 이 또한 별급의 주된 사유가 과거 합격이나 관직 진출 외에도 장남이나 장손의 우대에 있었던 분위기를 따라가는 것이었다.

너희 아버지께서 노비를 나누어 주지 못하고 일찍 돌아가셨고,
나 또한 나이가 들고 병이 많아 언제 죽을지 몰라 너희 3남매에게 나의 노비와
너희 아버지 노비를 승중조와 함께 노·장·약으로 구분해서 공평하게 나누어 주니,
각자 차지하고 그 소생과 함께 영원히 사용하여라.
_「김회 처 노씨 분급문기」

조혼의 배경

조선의 오랜 관행이던 균분 상속은 아들과 딸이 부모로부터 동
등한 경제적 지원을 약속받는 장치였으며, 결혼을 통해 서로 다른
두 가계가 물질적으로 결합하는 방편이 되기도 하였다. 대개 조선의
양반 남성과 여성은 결혼 당시 그들의 부모로부터 신노비新奴婢를 받
았고, 부모의 노년이나 사후에 다시 각자의 형제자매들과 함께 전체
재산을 공평하게 물려받았다. 부부는 각각 자신들의 부모로부터 재
산을 상속받았으므로 그 재산은 결혼을 통해 합쳐지기 마련이었다.

현존하는 가장 오래된 족보인 『안동권씨성화보安東權氏成化譜』에

는 마치 당대 지배층의 네트워크를 보여 주듯 안동 권씨와 결혼한 수많은 가계가 기록되어 있다. 안동 권씨 구성원들은 결혼이라는 방식으로 다양한 가계의 권위를 공유하면서 자신들의 사회적 위상을 높이고 있었다.[42] 이는 안동 권씨와 결혼한 상대 가계도 마찬가지였다. 결혼은 한편으로 자신의 경제력이 다른 가계와 연결되는 과정이기도 했다. 각각의 가계는 결혼으로 사회적 위세뿐만 아니라 재산도 공유하게 되는 것이다. 부계와 모계가 같이 존중받았던 양측적 가족은 이러한 기대와 현실적 조건이 결합하여 유지될 수 있었다.

조선의 지배층은 사회적 위세와 재산의 결합 과정인 자녀의 결혼을 가급적 서둘러 성사시키고자 하였다. 조선이 다른 나라에 비해 조혼의 풍속을 유지한 것은 후손을 빨리 얻기 위한 목적 외에도 이러한 배경이 숨어 있었다. 세종 대 예조는 식견 있는 고위 관료들까지 부귀를 좇아 자녀의 조혼을 조장한다고 비판하였다.[43] 품행이나 가법家法을 따지지 않고 부귀만을 중시하여 어린 자녀를 결혼시킨다는 비판은 이후로도 계속되었다.[44]

이는 위세 있고 부유한 가문을 찾아 자신의 어린 자녀를 빨리 결혼시키려는 욕망이 조혼을 불러왔다는 인식이다. 이 때문에 조선 왕조는 결혼이 가능한 연령을 법으로 규정하고자 하였다. 『경국대전』에서는 그 하한선을 남자 15세, 여자 14세로 정하였다. 하한선을 둔 것을 보면 이보다 이른 나이에 결혼한 이가 적지 않았다고 생각된다. 앞서 이문건은 15세의 손녀를 동갑내기와 결혼시켜 법전의 규정을 지켰다. 법전의 규정은 하한선이므로 실제 평균 결혼 연령은 좀 더 높았을 것으로 보인다. 조선 전기의 평균 결혼 연령은 확인이 어려운데, 18세기 경상도 단성 지역에서는 그 나이가 남자 18세, 여자 17.5세였다.[45] 조선 후기에도 여전히 조혼이 유지되고 있었던 것이다.

조혼이 후손을 얻는 데 얼마나 성공적으로 기여하였는지는 별도로 따져 볼 문제지만 결혼으로 결합된 두 가계의 경제력이 자녀 부부의 경제적 안정과 성장에 기여하였음은 틀림없어 보인다. 일례로 영해에 정착한 재령 이씨 집안의 이애李璦란 인물은 1494년에 부모로부터 82명의 노비를 상속받았다. 세월이 흘러 1572년에 그가 자신의 자녀들에게 물려준 노비는 모두 233명이었다.[46] 부모로부터 받은 노비에 비해 자녀들에게 물려준 노비의 수가 세 배 가까이 많았던 것이다. 상속받은 노비들의 결혼으로 출산이 계속되고, 여기에 더해 이애 자신이 노비를 더 사들인 결과 노비의 수가 늘어났을 수도 있다.

그렇지만 무엇보다도 이애의 재산 증가는 부인 진보 백씨가 친정 부모에게 물려받은 상속분에서 비롯된 측면이 컸다. 이애 부부의 노비 233명은 두 명의 아들과 세 명의 딸에게 균분 상속되었다. 오 남매는 각각 46명씩 똑같이 노비를 나누어 가졌고, 남은 세 명의 노비는 봉사조로 남겨 두었다. 오남매 가운데 한 사람인 이은보는 46명의 노비를 상속받았지만, 그 또한 더 많은 71명의 노비를 자녀들에게 물려주었다. 상속은 이처럼 결혼한 자녀의 경제력을 확대하는 방편이 되었다.

균분 상속의 토대

균분 상속이 어떤 특정한 이념이나 사상에 의해 유지되었던 것은 아니었다. 단지 조선 전기의 사람들은 자신의 가문이 아들, 아들의 아들, 아들의 아들의 아들 등등을 통해 영원히 지속되어야 한다는 생각이 아직 뿌리 깊지 않았다. 그들은 아들이 없을 때 양자를 세우기보다는 딸이나 외손자를 통해 제사가 이어지더라도 문제없다고 생각했을 뿐이다. 균분 상속은 이념이 아닌 양측적 가족 질서라는 현실적 조건에서 유지되고 있었던 것이다.

최고의 법전인 『경국대전』 역시 승중자承重子를 우대하고 서얼을 차별하였으나 적자녀의 균분 상속을 보장하였다.[47] 균분 상속이 시행될 때 제사는 아들과 딸이 돌아가면서 지내는 윤회 봉사를 따르는 경우가 많았기 때문에 승중자가 반드시 장남으로 고정된 것은 아니었다. 오랜 관행과 법률적 규정은 물론 결혼을 통한 경제력의 확대라는 당대 지배층의 이해관계에도 부합하는 균분 상속을 양반들은 급격하게 바꿀 필요가 없었다.

이는 조선의 상속과 사회 변동을 이해하는 데 있어서 매우 중요한 내용이기도 하다. 부계의 영속이란 관점에서 보면 딸에 대한 균분 상속은 바람직하지 않았다. 상속 대상을 한정하는 것이 가계의 장기 지속에 더 유리하기 때문이다. 한정된 자원을 분할하기보다는 특정 자녀에게 집중시킬 때 가계의 영속 확률은 더 커지는 것이다. 그때 그 대상은 아들들, 그 가운데에서도 장남이 될 가능성이 높았다.

왕조의 통치자인 국왕을 생각하면 이는 쉽게 이해가 간다. 국왕의 권력은 결코 분할 상속되지 않는다. 특별한 문제가 없는 한 그 권력은 보통 장남인 세자에게로 상속된다. 나머지 자녀에게는 경제적 지원을 통해 생활의 방편을 마련해 줄 뿐이다. 권력과 경제력이 분할되면 왕조 자체도 분할되어 오래 유지될 수 없다. 중세 유럽 프랑크 왕국의 카롤루스(카롤링거) 왕조는 분할 상속의 전통에 따라 여러 자식들이 영토를 나누어 가지고 대립하면서 쇠락했다. 반면 뒤이어 등장한 카페 왕조는 장남을 미리 후임자로 정하여 왕위 계승과 왕조의 안정을 꾀하였다.[48]

우리는 왕권의 장자 단독 상속 전통을 일찍이 확립하였지만 조선시대 일반 양반가의 상속 양상은 이와 달랐다. 조선의 양반들에게는 자식들에게 상속할 정치 권력이 존재하지 않았다. 양반이란 신분은 세습되었지만 정치 권력은 과거라는 경쟁을 뚫고 난 뒤에 서서히 획득할 수 있는 것이었다. 이때 획득된 관직이나 권력은 자식이 공유할 수 있는 것이 아니었다. 공신전 같은 특수한 토지가 있기는 했지만 관료나 일반 양반들에게 국가가 영구하게 제공한 토지도 없었다. 양반들은 상속받았거나 개별적으로 확보한 경제력을 다시 자녀들에게 물려주었을 뿐이다.

조선의 양반들은 자신의 경제력을 장남에게 집중시키는 대신 분할 상속을 선택하였다. 분할 상속을 통해 가계의 영속보다는 사회적 지위와 경제력을 여러 가계와 공유하는 전략을 취한 것이다. 결혼으로 서로 얽힌 가계들은 가깝게는 친족 의식을 멀게는 혈연적 유대감을 공유하였다. 한 개인은 부계, 모계 친족은 물론 배우자의 부계, 모계 친족과 결합되었다. 이러한 결합을 가능하게 했던 물질적 토대는 균분 상속이었다. 균분 상속은 한편으로 자녀들에게 분할된 재산이 결혼을 통해 확대될 수 있는 가능성을 열어 준 것이기도 했다.

유예원은 자신의 재산 일부를 유연에게 먼저 별급하였다. 「이생송원록李生訟冤錄」에 따르면 유예원은 죽기 전에 다시 자녀들에게 재산을 나누어 주었다고 한다. 이때 승중이나 봉사조를 제외한 나머지 재산은 아마도 16세기의 일반적인 관행에 따라 균분했을 것이다. 유연 남매의 재산은 아버지로부터 받은 상속분과 그들의 배우자가 부모로부터 받은 상속분을 합쳐야 한다. 배우자가 받은 상속은 배우자 자신이 관리, 처분할 수 있는 권한이 있었지만, 이 또한 가계 전체 재산의 일부이며 결국에는 다시 자녀들에게 상속되게 마련이었다.

양반 남성의 경우 자신들도 처가에서 온 상속분을 통해 재산이 늘어난 이상, 자신의 딸에게 상속을 차별할 명분이 없었다. 이러한 균분 상속의 관행에 변화가 생기기 위해서는 새로운 사회적 조건이 만들어져야 했다. 딸보다는 아들, 아들 가운데에서는 장남을 가계 계승자와 제사 주관자로 확고하게 인정하는 이념의 확산이 그 가운데 하나였다. 그것은 바로 부계 혈통의 영속을 염원했던 종법의 보편화였다. 또 다른 하나는 균분 상속으로 인한 모순의 심화였다. 그것은 균분 상속이 더는 재산 증식의 수단이 아닌 재산의 감소를 초래하는 문제였다. 균분 상속은 이러한 조건 아래에서 바뀌어 나갔다. 줄어드는 경제력을 보전하고 부계를 중심으로 가계를 존속시키기 위한 새로운 상속 방식을 선택해야 했던 것이다.

균분 상속과 결혼을 통해 재산이 증가하기 위해서는 한 가문이나 사회 전체의 토지와 노비가 지속해서 확대 재생산되어야 한다. 토지와 노비의 규모가 한정된 상황에서 세대를 거듭하여 균분 상속을 하게 되면 상속 재산은 계속 줄어들 수밖에 없다. 배우자의 재산을 합하더라도 자신의 부모가 누렸던 경제력에 훨씬 못 미치게 되는 것이다. 17세기 이전 조선의 양반들 가운데에는 아직 그러한 한계 상황에 이르지 않은 이들이 많았다.

유유와 유연이 살았던 16세기 역시 대다수 양반의 재산 축소가 본격화하지 않았던 시기였다. 균분 상속의 관행 덕택에 오히려 결혼은 재산을 늘리는 계기가 되었다. 별급을 통해 장남을 우대하기도 하였으나 종법은 아직 보편적으로 시행되지 않았다. 유유 남매는 아버지에게 공평한 재산 분배를 기대했을 것이며, 그들의 배우자가 상속받는 재산에 관심을 가지는 이도 있었을 것이다. 그것은 17세기 후반이나 18세기 이후 그들의 후손이 기대하는 것과는 다른 것이었다.

종친 이지

사간원에서 원종공신에 대한 명을 도로 거두어들일 것을 아뢰고 또 말하기를,
"달성령 이지는 품질이 아주 낮은 사람인데 어찌 이렇게까지 외람되게
등급을 뛰어넘어 자급을 올려 줄 수 있습니까."라고 하였다.
_ 『명종실록』

종친의 작위와 품계

유유가 집을 나간 뒤 여러 해가 흘렀다. 이제 유유의 부모는 물
론 형님 유치 부부도 사망하고 없었다. 고향에는 부인 백씨와 동생
유연 부부만이 남아 있었다. 유연은 죽거나 가출한 형님들을 대신해
집안을 이끌어 나갔다. 그에게 뜻밖의 소식이 전해진 것은 유유가
가출하고 6년이 지난 뒤인 1562년 이지에 의해서였다. 달성령 이지
는 왕족인 종친으로 유유와 유연의 자형이었다.

이지가 종친으로 대우를 받았던 것은 고조부가 세종이었기 때문
이다. 세종은 정비인 소헌왕후 심씨와의 사이에서 문종, 수양대군을

비롯한 7명의 대군大君과 2명의 공주를 두었다. 그리고 영빈 강씨, 신빈 김씨, 혜빈 양씨와의 사이에서 화의군을 비롯한 10명의 군君을 두었다. 또한 숙원 이씨와 상침 송씨와의 사이에서도 2명의 옹주를 두었다. 빈嬪은 내명부의 정1품으로 왕의 후궁이나 세자의 정부인을 가리키는 명칭이다. 세자가 왕이 되면 정부인은 빈이 아닌 비가 된다.

왕과 왕비 사이에서 태어난 아들 가운데 큰아들은 보통 세자가 되고, 나머지 아들들은 대군이 되었다. 세자나 대군은 종친에게 내리는 품계 가운데 정1품보다 위상이 높았기 때문에 별도의 품계가 없었다. 아들이 아닌 딸들, 즉 왕의 적녀들은 공주라 하였다. 왕과 후궁인 빈과의 사이에서 태어난 왕의 서자는 대군이 아닌 군으로 역시 품계가 없었다. 이때 왕의 서녀인 딸들은 옹주라 하였다. 숙원은 왕의 후궁 가운데 내명부 종4품에 해당하고, 상침은 정6품으로 왕과 이들 후궁 사이에서 태어난 아들은 군, 딸은 옹주가 되었다.

왕과 왕비 사이에서 태어난 자식들은 세자, 대군, 공주이고 왕과 후궁 사이에서 태어난 자식들은 군, 옹주인데 문제는 그 후손들이었다. 조선 왕조는 왕의 4대손까지 종친으로 우대하고 별도의 품계와 작위를 주었다. 왕과 왕비 사이에서 태어난 대군을 예로 들어 보자. 대군이 성장하여 혼인하면 정부인과의 사이에서 태어난 아들 가운데 맏이는 종1품의 군이 되고, 나머지 아들은 종2품의 군이 된다. 다시 대군의 손자들 가운데 적장손은 정2품의 군이 되고, 나머지 손자들은 정3품의 정正이 된다. 대군의 증손자들 가운데 적장증손은

관품	종친직	수직 대상				
	세자世子					
	대군大君	대군(적자)				
	군君			왕자군(서자)		
정1품	군君					
종1품	군君	승습적장자				
정2품	군君	승습적장손		승습적장자		
종2품	군君	승습적장증손	아들	승습적장손		
정3품	도정都正					
정3품	정正		손자	승습적장증손		아들
종3품	부정副正		증손자			손자
정4품	수守					증손자
종4품	부수副守					
정5품	령令					
종5품	부령副令					
정6품	감監					

종2품의 군이 되고, 나머지 증손자들은 종3품의 부정副正이 된다. 여기까지가 왕의 4대손인 현손에 해당한다. 이러한 작위는 국왕의 혜택 부여에 따라 더 상위의 것으로 올라갈 수 있었다.

그런데 대군이나 그의 후손 가운데 정부인 외에 첩을 두는 이들이 있었다. 이 경우 평민 첩과의 사이에서 태어난 서자는 적자보다 한 품계를 내려서 주었고, 천민 첩과의 사이에서 태어난 얼자들은 두 품계를 내려서 주었다. 그 하한은 아무리 내려가도 정6품인 감監이었다. 물론 왕의 서자인 군의 후손은 적자인 대군의 후손보다 더 낮은 품계를 받았다. 이상의 내용은 위의 표를 참고하면 된다.[49]

달성령 이지의 증조부는 익현군翼峴君으로 세종과 신빈 김씨 사이에서 태어났다. 익현군은 왕인 세종의 직계 서자였기 때문에 품계가 없는 군의 칭호를 받았다. 익현군의 아들은 괴산군槐山君으로 달성령의 조부였다. 그는 원래 왕의 서자인 군의 아들이었기 때문에 정3품인 정正을 내려받았으나 이후 군으로 올라갔다. 괴산군의 아들, 즉 달성령의 아버지 화산군花山君은 표에서 보듯 왕의 서자인 군의 손자였기 때문에 처음 종3품 부정副正을 받았으나 역시 군으로 올라갔다.

이제 화산군의 아들 달성령의 차례다. 왕의 서자인 익현군의 증손자인 달성령은 정4품 수守로 봉해져야 한다. 그런데 그보다 두 단계나 내려간 정5품 령슈이다. 그와는 달리 형은 성안수成安守로 정상적인 작위를 받았다. 역사상 수라는 작위로 널리 알려진 인물이 황진이의 시조에 등장하는 벽계수碧溪守이다. 벽계수는 세종의 서자인 영해군의 손자였다. 영해군은 세종과 신빈 김씨 소생으로 바로 익현군의 동생이었다.

그런데 영해군의 손자라면 종3품 부정副正을 받아 벽계부정이 되어야 하는데 한 단계 아래인 정4품의 벽계수였다. 달성령은 달성수가 되지 못하고 두 단계나 내려갔고 벽계수도 한 단계가 내려간 것이다. 그것은 바로 그들 어머니의 신분 때문이었다. 벽계수의 아버지 길안정吉安正에게는 두 명의 부인이 있었다. 전처는 여산 송씨로 양반가의 적녀였고, 후처는 한명회 첩의 딸로 서녀였다. 벽계수의 어머니는 첩이 아닌 후처였지만 전처보다 신분이 낮았기 때문에 부정이 아닌 수로 내려갔다.[50]

한편 달성령의 어머니는 신분이 더 낮아 금성今性이란 이름을 가

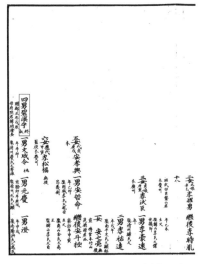
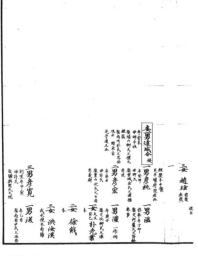

『선원록』에 보이는 벽계수와 달성령

진 노비 출신이었다. 달성령은 아버지 화산군의 노비 첩의 아들이었기 때문에 두 단계 아래인 령에 봉해진 것이다. 따라서 수에 봉해진 이복형 성안수는 화산군의 적자임을 알 수 있다. 이처럼 종친은 어머니의 신분에 따라 작위와 품계가 달랐다. 그것은 종친들 사이에서도 위상의 차이가 있었음을 보여 주는 것이다.

국왕의 직계 후손은 4대손까지 작위와 토지를 받는 혜택을 누렸다. 『경국대전』에 의하면 왕의 적자인 대군은 225결, 서자인 군은 180결의 토지를 받았는데, 이는 정1품 관료가 받은 110결보다 훨씬 많았다. 달성령도 고조부가 세종이라는 배경에 힘입어 어머니가 노비 신분임에도 불구하고 정5품의 령에 봉해졌다. 일반 양반가라면 얼자로 부모가 양인으로 만들어 주어야 천민 신분에서 벗어날 수 있는 존재였다. 달성령은 왕의 후손이었기 때문에 천민이 아니라 종친으로 우대받았던 것이다. 물론 종친의 범주에서 벗어나는 후손부터는 여느 양반가와 마찬가지로 적서의 차별과 신분 하락을 경험하는 이들이 생겨나게 된다.

달성령은 종친으로서의 특권을 누렸지만 동시에 어머니의 신분 때문에 적자인 종친에 비해서는 낮은 대우를 받을 수밖에 없었다. 그의 첫 부인은 바로 현감 유예원의 딸 유씨였다. 유씨가 죽은 뒤에는 진사의 딸이었던 박씨를 후처로 맞았다. 모두 어엿한 양반가의 여성들이었다. 다만 그의 이복형으로 적자였던 성안수는 품계가 더 높았을 뿐만 아니라 좌랑을 지낸 중앙 관직자의 딸을 부인으로 맞았다. 양반가와 혼인을 맺었지만 처가의 위상에는 다소 차이가 있었던 것이다.[51]

달성령과 명종

달성령은 정5품 령에서 정3품 도정都正으로 무려 다섯 단계나 올라간 적이 있었다. 그의 이복형 성안수가 후일 성안정으로 두 단계 올라간 것에 비하면 그야말로 파격적인 상승이다. 달성령의 품계 상승은 1545년(명종 즉위년) 위사원종공신衛社原從功臣에 봉해지면서였다. 위사공신은 명종 즉위와 함께 소윤 윤원형 일파가 을사사화를 일으켜 평소 대립했던 대윤 윤임 일파를 숙청한 뒤에 그 공을 인정받은 인물들로 구성되었다.

달성령이 을사사화에서 어떠한 역할을 하였는지는 기록이 없다. 오히려 을사사화가 아니라 명종이 잠저에 있다가 왕이 되면서 그를 모셨던 종친의 일원으로 공신이 되었을 가능성이 있다. 특정 사건에서 공을 세운 공신은 정공신과 원종공신으로 구분되었고, 큰 특혜를 받았던 정공신은 몇 명 되지 않았다. 하지만 정공신과 함께 인정을 받은 원종공신은 매우 많아서 위사원종공신의 경우 1,400명에 이르렀다. 위사원종공신은 을사사화에서 직접적인 공을 세운 자가 아니라도 명종 즉위의 정당성을 인정받고 지지 세력을 폭넓게 확보하기 위해 선정한 인물들이라고 할 수 있다.

이들 중에는 먼 곳에서 편안하게 지내다가 갑자기 이름이 들어간 이도 많아 언간들이 여러 차례 개정을 요구하였지만 명종은 들어주지 않았다.[52] 당시 공신 일부는 위세가 대단하여 각 관청의 튼실한 노비나 용모가 수려한 기생, 기교가 뛰어난 장인 들을 마음대로 빼앗아 문제가 되었지만 번번이 용서를 받았다.[53] 이는 인종의 갑작스러운 죽음으로 왕위를 계승한 명종과 그의 어머니 문정왕후의 의지가 반영된 조처였다.

달성령도 마찬가지였다. 사간원에서는 원종공신 가운데 별 공도 없이 당상의 품계를 받은 이들이 있다는 불만이 터져 나왔고 달성령에 대해서도 지나치게 등급을 올렸다는 문제 제기가 있었다. 원종공신은 보통 품계를 한 등급 올려 주었으나 달성령은 무려 다섯 단계나 올라갔기 때문이다. 하지만 달성령과 친밀한 관계였던 명종은 사간원의 개정 요청을 받아들이지 않았다. 명종은 어릴 때 여러 차

례 달성령의 집에서 지냈는데, 원종공신에 포함하고 품계를 파격적
으로 올린 것을 그것에 대한 보답으로 여겼다.[54] 결국, 즉위 뒤 정치
적 안정을 꾀했던 왕실의 의도와 사적 인연이 겹쳐 달성령의 위상이
높아진 것이다. 그리고 이는 달성령의 이후 행보에도 영향을 미치게
되었다.

승정원에서 임금의 명을 받들어 강원도 관찰사에게 빠르게 문서를 보내 말하기를,
"익현군이 고성 온천에 목욕하러 갔으니,
경이 그곳에 친히 가서 잔치를 베풀어 위로하라."라고 하였다.
_『세조실록』

고조모 신빈 김씨

달성령의 고조모 신빈 김씨는 원래 내자시의 노비였다. 내자시는
왕실에서 사용하는 쌀, 술, 양념, 채소, 과일 등을 관장하고 왕비의
출산에 까는 짚자리를 올리는 관청이었다. 세종이 즉위하였을 때 어
머니 원경왕후는 13세인 김씨를 선발해 며느리 소헌왕후의 궁인으
로 삼았다. 미천한 신분이었던 그녀는 이를 계기로 세종의 눈에 들
어 후궁이 되었다. 세종의 사랑을 많이 받았던 그녀는 모두 6남 2녀
를 출산하였다. 딸 둘은 일찍 죽었으나 세종의 정비인 소헌왕후 심
씨를 제외하면 5명의 후궁 가운데 가장 많은 자식을 두었다.

세종은 김씨에 대해 천성이 부드럽고 아름다운 사람이라고 평하였으며, 소헌왕후도 그녀를 신임하여 막내아들 영응대군을 맡아 기르게 하였다. 김씨는 많은 자녀를 출산하면서 이미 내명부의 정2품인 소의昭儀에 봉해졌는데 세종은 그녀의 품계를 더 올려 주고 싶어 했다. 1439년(세종 21) 세종은 "궁인의 가계는 본래 귀천이 없는 것이다. 노래하던 아이를 궁중에 들이기도 했고, 다른 사람을 섬기다가 들어온 자도 있었다. 소의의 가계는 비록 천하지만 나이 겨우 13세에 궁중에 들어와 부녀자의 덕을 바르게 지켰으니 빈이나 귀인으로 올리고 싶은데 어떠한가?"라고 하였다.[55]

세종의 말대로 궁에 들어온 여성들 가운데에는 신분이 낮은 천민 출신도 많았다. 하지만 그들 가운데 누군가 왕의 사랑을 받게 되면 과거의 신분은 문제가 되지 않았다. 김씨 역시 노비 출신이었으나 내명부 정1품 빈으로까지 올라갔다. 아들들은 왕비의 자식이 아니었으므로 대군이 아닌 군에 봉해지지만 대군 가운데 왕위 계승자가 없으면 대통을 이을 수도 있었다. 어머니가 천민 출신이라도 잠재적인 왕위 계승 후보군에 들어가게 되는 것이다. 물론 세종에게는 문종이 되는 세자 외에도 7명의 대군이 있었기 때문에 군들이 왕위를 차지할 가능성은 없었다.

세종의 뜻을 헤아린 관료들은 소의 김씨를 일단 종1품 귀인貴人으로 올리게 하였고 이후 다시 정1품 빈에 봉하도록 하였다. 후궁으로 최고의 지위에 오른 신빈은 세종이 죽자 머리를 깎고 승려가 되었다. 당시 왕실의 후궁 가운데 승려가 되는 이들이 종종 있을 정도로 불교는 여전히 위력을 가지고 있었다. 신빈은 이후 죽을 때까지 왕실의 경제적 지원과 다양한 후의를 입었다.

증조부 익현군

신빈의 여섯 아들 가운데 넷째가 달성령의 증조부인 익현군이었다. 익현군의 형인 의창군과 밀성군은 궁궐 밖에서 자랐는데 익현군은 궁 안에서 세종의 사랑을 받고 자라 다소 교만한 면이 있었다. 그래도 세종은 익현군을 감쌌고 조정 신하들이 친아들인 그에게 예의를 지키도록 요구했다. 사헌부 감찰이었던 안철손은 길에서 15세의 익현군에게 예의를 지키지 않았다고 하여 장 80대와 벼슬이 깎이는 처벌을 받았다.[56] 지평 이계선이란 인물도 길에서 익현군을 보고도 말에서 내리지 않았다고 처벌을 받았다.[57] 세종은 왕자들이 위엄을 유지할 수 있도록 비호하였던 것이다.

국왕의 친아들로 남다른 대우를 받았던 익현군은 첨지중추원사를 역임한 조철산趙鐵山의 딸과 혼인하였다. 익현군의 부인 조씨는 이후 김제군부인에 봉해졌으며 슬하에 1남 1녀를 두었다. 익현군의 처가는 고려 왕조에서 장기간 관료를 지낸 집안이며, 조철산 역시 고려 때 문과에 급제하여 관직에 나갔고 조선 왕조에서도 관료로 생활한 인물이었다.

왕자이면서 중앙 관료의 사위였던 익현군이 더 영화를 누렸던 것은 세조의 즉위와 관련이 있었다. 종친으로서 익현군은 왕실의 각종 행사와 연회에 참여하였고 때로는 종친들과 온천을 유람하는 여유를 누렸다. 왕족의 온천행에는 수백 명의 사람과 많은 말이 동원되었고 온천 주변의 지방관들이 돌아가며 비용을 충당해야 했다.[58] 그럼에도 불구하고 왕실 사람들은 질병 치료나 휴식을 목적으로 여러 차례 온천을 방문하였다. 심지어 영응대군과 익현군 등이 온양온천에 갈 때 단종은 환관을 보내 한강에서 전송하고 풍악을 울리기도 하였다.

단종으로부터도 대우를 받았지만 익현군은 세조의 권력 장악에 적극 협조하였다. 세조 즉위 후 25세였던 그가 좌익일등공신佐翼一等功臣에 봉해진 것이 이를 상징적으로 보여 준다. 당시 좌익일등공신은 신빈 김씨 소생으로 그의 친형이었던 계양군과 한확, 윤사로, 권람, 신숙주, 한명회 등 모두 7인이었다.[59] 이등, 삼등 공신을 아우르면 좌익공신은 모두 46명이었는데, 이들은 세조의 주요 친위 세력이자 향후 훈구 세력의 주축을 이루었다.

공신으로서 익현군은 세조가 주최한 궁중 연회에 수시로 참여하였고, 수많은 재물과 노비를 내려받았다. 그중에는 세조와 대립했던 금성대군의 집과 토지, 김종서와 가까웠던 조완규의 저택, 권저의 토지 등도 포함되었다.[60] 저택과 토지만 받은 것이 아니라 단종 복위 사건에 가담했다 처형된 이유기의 누이처럼 반대 세력의 가족들도 노비로 내려받았다. 세조의 즉위를 인정하지 않았던 이들은 거열형과 함께 머리는 따로 저잣거리에 매달아 두는 형벌을 받았으며, 그들의 가족들은 변방 고을의 관노비가 되어야 했다. 그중 부녀자 일부를 공신들에게 나누어 주기도 했던 것이다.

공신들에게 수시로 연회를 베풀고 선물을 주었던 세조는 1458년(세조 4) 익현군의 공이 특히 크다며 별도로 토지 150결, 노비 13명, 은 50냥 등을 내려 주었다.[61] 익현군에 대한 세조의 총애가 지극했던 만큼 그는 영화로운 삶을 살았다. 심지어 그가 고성 온천에 목욕하러 갈 때 세조는 강원도 관찰사에게 직접 가서 잔치를 열라는 명령을 내리고 아플 때는 친히 문병할 정도였다.[62]

친형 계양군과 함께 가끔 궁궐에 들어가 연회에 참석하거나 사냥을 즐겼던 익현군은 술을 무척 좋아했다. 그는 계양군을 비롯한 몇몇 인물과 함께 수시로 민가에 모여 기생을 불러 놓고 술을 즐겼다. 이 때문에 익현군은 젊은 나이에 병이 들어 33세에 생을 마감했다. 그를 무척 아꼈던 세조는 "이것은 모두 계양군의 허물이다. 의창군이 술로 인해 죽었는데, 익현군 또한 술로 인해 죽으니 매우 슬프다."라고 탄식하였다.[63]

세조는 신빈 김씨의 큰아들 계양군이 동생 의창군과 익현군을 잘 이끌지 못하고 모두 술병으로 죽는 데 일조하였다고 본 것이다. 익현군의 죽음은 세종의 아들이자 세조의 이복형제라는 종친의 지위, 좌익일등공신이라는 공신의 지위를 통해 일찍부터 영화를 누리면서 자신을 돌보지 않은 결과였다. 당시 종친들은 이름난 기생들과 복잡하게 서로 얽히기도 했는데, 세조는 이를 경계하여 연회를 열 때 기생의 얼굴에 마치 가면을 쓴 것처럼 두껍게 분을 발라 천대하기도 하였다.[64]

익현군의 죽음에 대해 세조는 이틀 간 조회와 시장을 열지 않도록 했고 막대한 부의 물품을 보내 성의를 표시하였다. 하지만 익현군은 이미 흘러넘칠 정도의 재산을 가지고 있었으므로 남은 가족에게 경제적 문제는 전혀 없었다. 익현군의 모든 재산은 1남 1녀인 그의 두 자녀에게 상속되었다. 익현군이 죽었을 때 아들 괴산군은 겨우 12세였고 딸도 어렸다. 왕의 4대손까지 봉작되고 종친으로서의 특혜를 받는 이상 괴산군은 서둘러 혼인을 하고 아들을 낳을 필요가 있었다.

아버지 화산군

괴산군이 언제 혼인을 했는지는 알 수 없으나 열여섯 살 무렵이나 그 전에 이미 부인을 두었음이 틀림없다. 그가 부인을 둔 채 열여섯이라는 이른 나이에 죽었기 때문이다. 괴산군의 부인은 성균관 대사성을 지낸 이우李堣의 딸이었다. 그리고 이우의 아버지는 정난공신靖難功臣 1등과 좌익공신 2등에 봉해진 이계전李季甸이었다.[65] 정난공신은 세조가 반대 세력인 김종서 등을 제거할 때 공을 세운 인물, 좌익공신은 세조가 단종을 이어 즉위하는 데 공을 세운 인물들이었다.

결국, 괴산군은 공신이었던 아버지 익현군과 함께 세조의 집권에 공을 세운 공신 집안과 혼인 관계를 맺었던 것이다. 처음 괴산정에 봉작되었다 괴산군으로 올라간 그는 종친이자 공신의 아들로 남부러울 것 없는 생활을 하였다. 괴산군은 역시 공신이자 관료 집안이었던 처가로부터도 막대한 경제적 혜택을 받을 수 있는 위치이기도 했다. 하지만 그는 불행하게도 십 대에 요절하고 말았다. 그것도 아버지 익현군이 죽은 뒤 4년 만에 벌어진 일이었다.

이 집안의 연이은 불행에 세조는 최대한의 예를 표시하였다. 괴산군은 어리고 별다른 활동도 없었지만, 그가 죽자 세조는 3일 동안 조회와 시장을 정지하였으며 강회康懷라고 하는 시호도 내렸다. 시호의 글자 한 자 한 자는 모두 의미가 있는데, 강은 온유하고 화락함을 좋아한다는 의미로, 회는 인자하고 일찍 죽었다는 의미로 붙인 것이다.[66]

이러한 극진한 대우에도 불구하고 어린 나이에 죽은 괴산군에게는 자식이 없었다. 막대한 재산과 종친으로서의 작위를 상속할 계승자가 없었던 것이다. 이 문제는 어린 부인을 대신해 종친들이 나서서 해결할 수밖에 없었다. 그것은 양자를 들이는 일이었다. 일반 양반가에서는 아직 가계를 계승할 양자를 들이는 일이 일반적이지 않은 때였으므로 재산은 제사를 지내 줄 조카들에게 상속시킬 수도 있었다. 하지만 왕의 4대손까지 봉작되었던 종친들 사이에서는 일찍부터 양자를 세우는 전통이 있었다.

종친들이 괴산군의 양자로 선택한 인물은 화산군花山君이었다. 화산군의 친아버지는 사산군蛇山君으로 익현군의 친형 의창군의 아들이었다. 따라서 화산군의 친아버지와 양아버지는 사촌 형제가 된다. 다시 말해 죽은 괴산군의 양자로 그의 오촌 조카를 데려온 셈이다. 사산군에게는 두 아들이 있었는데, 첫째는 아버지 사산군의 가계를 잇고, 둘째인 화산군은 당숙인 괴산군의 가계를 잇도록 조정하였다고 볼 수 있다.

화산군의 부인은 정난공신 송익손宋益孫의 손녀였다. 송익손은 공신에 든 덕택에 종7품의 전농시 직장 벼슬을 얻었고 이후 승승장구하여 나주 목사를 역임하고 종2품의 가정대부에 올랐다.[67] 그는 매우 탐욕스러운 인물이어서 커다란 집과 대규모의 토지를 가지고 화려하게 생활하였다. 15세기 조선 사회는 권력자들이 평민을 강제로 자신의 노비로 삼는 압량위천壓良爲賤이 사회적 문제가 되었는데, 송익손도 이 때문에 처벌을 받기도 하였다. 사헌부의 조사에 의하면 송익손의 노비 가운데 원래 평민의 호패를 가진 자가 500여 명이고, 여성이나 어린아이로 호패가 없는 평민들까지 계산하면 1,000명이 넘었다.[68] 원래 그의 소유였던 노비와 압량위천자, 그리고 토지까지 염두에 두면 그의 재산은 이루 헤아리기 어려울 정도였던 것이다.

송익손의 부유함이 그의 손녀에게 얼마만큼 전달되었는지 알 수는 없으나 괴산군에 이어 아들 화산군도 부유한 공신 집안과 혼인을 맺었다고 할 수 있다. 그런데 종친으로서 화산군의 역할은 그다지 주목할 만한 것이 없었다. 할아버지 익현군은 세조의 친위 세력으로 수많은 행사에 참여하고 특혜를 받았지만 양아버지 괴산군은 일찍 죽었고, 화산군 자신은 크게 수가 늘어난 평범한 종친 가운데 한 사람일 뿐이었다.

일반적으로 종친은 품계에 따른 경제적 대우를 받았지만 과거 응시나 관직 진출은 제한되었다. 관직 진출은 작위를 받지 못해 일반 양반들과 처지가 같아지는 종친의 후손들에게 개방되었다. 종친은 왕의 후손이란 점에서 특혜를 받았지만 정치권력까지 쥐도록 하지는 않았던 것이다. 이러한 종친들에 대한 관리는 종부시宗簿寺에서 맡았다. 종부시는 종친으로서 위상이 가장 높았던 대군이나 군이 도제조를 맡아 운영하였다.

화산군과 같은 시대를 살았던 중종은 반정으로 연산군을 몰아내고 왕위에 올랐다. 중종반정에 기여한 이들은 정국공신靖國功臣에 책봉되었다. 정국공신 가운데 종친으로는 정종의 손자 운수군, 세종의 손자 운산군, 세조의 손자 덕진군이 2등 공신에 들어 있었다. 운산군은 익현군의 친형 밀성군의 아들이었다.

공신에 든 종친과 달리 화산군에게는 별다른 입신의 기회가 없었던 것 같다. 화산군은 선릉 입번을 두고 여러 종친과 다투다 물의를 일으키기도 했으니 말이다. 1530년(중종 25) 성종의 계비 정현왕후가 죽자 성종의 능이었던 선릉 우측에 그녀의 능이 새롭게 조성되었다. 이때 선릉을 관리할 종친 8명을 선발한다는 소식이 전해지자 많은 종친이 몰려들어 분주하게 청탁을 하고 다녔다.[69]

중종은 입번하는 종친의 수가 많다는 대간의 말을 수용하여 그 수를 그나마 반으로 줄여 버렸다. 화산군도 선릉 입번 청탁자 가운데 한 사람이었는데, 일이 뜻대로 되지 않자 사방에 분노를 표출하고 다니다 대간의 탄핵을 받았다.[70] 선릉 입번에 종친들이 그처럼 몰려든 것은 상장례 뒤에 이들에게 보답이 뒤따르기 때문이었다. 중종은 입번한 종친들에게 선물을 내리고 품계를 두 단계나 올려 주었던 것이다.[71]

자신의 위상을 높이려는 종친들 사이의 경쟁은 이처럼 치열했다. 세종의 증손자로 익현군의 가계를 이어 간 화산군이지만 중종 치하에서 그는 특별한 입지를 확보하지는 못하였다. 양자였던 화산 군은 아들을 얻어 종친의 지위를 이어 나가야 했다. 다행하게도 그는 부인 송씨와의 사이에 아들 성안정을 두었고 첩이었던 금성과의 사이에서도 달성령, 풍성령 등 두 아들을 얻었다.

달성령 형제는 종친으로 봉작되는 마지막 세대였다. 달성령의 아버지 화산군까지는 양반가의 여성이 아닌 이를 처나 첩으로 삼아도 그 아들은 왕의 4대손으로서 작위를 얻을 수 있었다. 하지만 달성령에게는 그런 여유가 없었다. 자신이 봉작되는 마지막 세대로 하천민을 부인으로 맞으면 자식들과 그 후손들의 신분은 하락할 수 있었다. 따라서 왕의 4대손은 그가 설령 노비 첩의 아들이라 할지라도 될 수 있는 대로 양반가의 적녀와 혼인할 필요가 있었다.

달성령은 다행히 현감을 지낸 유예원의 딸과 결혼함으로써 그 자녀들이 양반으로 행세할 수 있는 길을 열어 두었다. 유예원의 입장에서는 이왕이면 종친과 딸을 맺어 줄 바에야 더 권력 있고 적계로 내려온 인물을 사위로 맞는 것이 나았을 것이다. 하지만 일반 양반가에서 종친의 혼인 요청을 거절하기는 쉽지 않았다. 더구나 달성령은 증조부 익현군만큼은 아니지만 명종의 원종공신이라는 배경도 가지고 있었다. 명종은 즉위 뒤 달성령에게 병풍을 만들어 하사할 정도로 그를 아끼기도 하였다.[72] 유예원에게도 달성령은 나쁜 선택이 아니었던 셈이다.

1562년 이지가 유연에게 편지를 보내기를,
"들으니 해주에 채응규란 자가 있는데 실은 너의 형이다.
네가 데리고 돌아오는 것이 좋겠다." 하였다.
_「유연전」

죽은 부인의 재산

가출한 유유에 대한 소식이 유연에게 전해진 것은 달성령 이지에 의해서였다. 이지는 유유가 해주에서 채응규蔡應珪란 이름으로 살고 있다는 편지를 유연에게 보냈다. 이지는 유연의 자형이지만 서울과 대구에 각각 떨어져 살아 접촉할 기회는 별로 없었다. 더구나 유유의 가출로 그 집안에 불행이 드리워졌을 때 이지와 혼인한 누이는 이미 세상을 뜨고 없었다.

이지와 유연의 누이가 혼인한 것은 1540년 겨울로 이지의 나이 17세 때였다.[73] 당시 유유와 유연은 아직 어렸다. 두 집안에 혼인을 주선한 인물이 누구인지는 알 수 없다. 이지는 당시의 관행에 따라 대구의 처가에서 결혼식을 올리고 당분간 머물렀다. 하지만 종친들은 서울에 거주하며 왕실의 행사 등에 참여하였으므로 이지 부부는 이듬해 봄에 대구에서 서울로 올라왔다.

그런데 이지의 부인 유씨는 결혼 4년 만에 병으로 죽고 말았다. 『전주이씨족보』를 보면 그들 사이에는 두 살의 어린 아들이 하나 있었다.[74] 이지는 이후 상주 박씨와 재혼하여 다시 4남 2녀를 두었다. 이지의 부인 유씨는 죽었지만 그들 사이에 자식이 있었으므로 장인 유예원으로부터 재산을 상속받는 데 문제가 없었다. 『경국대전』의 상속 조항에 부모의 재산은 자녀의 생존 여부를 따지지 않고 상속하게 되어 있었다.[75] 유씨와 같이 죽은 이를 대신해 그들의 배우자나 자녀가 상속에 참여할 수 있었던 것이다.

더구나 결혼한 뒤 자식 없이 죽은 이라도 부모의 재산을 상속받을 수 있었다. 1480년 경상도 단성에 거주했던 김광려 삼남매가 부모 사후 재산을 골고루 나누어 가질 때 작성했던 상속 문서의 한 부분을 보자.

아버지 쪽[父邊] 비 녹지의 넷째인 노 돌석 21세, 어머니 쪽[母邊] 노 이철의 양인 처 소생인 노 귀동, 아버지 쪽 비 내은의 둘째인 비 감물이 21세 등은 어머니 유서에 따라 죽은 막냇누이 배철동의 처 몫으로 나누어 준다. 가술원답 7두락, 동원 6두락, 과안원답 6두락은 죽은 막냇누이의 분묘에 네 명절마다 제물을 넉넉히 차리도록 나누어 준다. 비 봉금은 나이 장성하여 사용함이 마땅하지만 죽은 누이의 유모여서 우리 남매들이 화의하여 나누어 가지지 않되 만일 뒤에 아이가 생기면 전례에 따라 나누어 가진다.[76]

김광려의 어머니는 생전에 자식들에게 상속에 관한 유언을 남겼다. 유언은 집안 내부의 특별한 사정을 고려하여 부모가 자식들에게 당부한 내용을 담고 있었다. 유언은 이 집안처럼 죽은 자식이나 첩, 서자 등의 상속 몫을 배려할 때 이용되고는 했다. 김광려의 어머니는 막내딸이 결혼 뒤 자식 없이 죽자 상속 재산 일부를 그녀의 제사 몫으로 떼어 주도록 했다. 김광려 남매는 어머니의 뜻을 받들어 그들의 몫보다는 적지만 3명의 노비와 19두락의 논을 따로 배분했다. 또한, 봉금이란 비는 죽은 누이의 유모였다는 점을 고려해 상속에서 제외하되 다만 봉금이 이후 아이를 낳으면 상속 대상에 넣기로 하였다.

여기에서 아버지 쪽[父邊]이란 원래 아버지 소유였던 재산이란 뜻이며 어머니 쪽[母邊]이란 어머니 소유였던 재산을 말한다. 균분 상속 하에서 아버지는 그의 부모나 친척으로부터 재산을 상속받고, 어머니 역시 그녀의 부모나 친척으로부터 재산을 상속받기 때문에 재산의 유래를 구분해 둔 것이다. 결혼할 때 부모로부터 받은 신노비 외에 별급, 분급, 화회 등을 통해 형성된 노비나 토지 등이 상속 재산에 포함된다.

결혼한 여성은 설령 자식이 없더라도 이미 부모로부터 상속받은 재산이 있으며, 김광려의 누이처럼 죽은 뒤에도 제사를 위한 상속분이 주어지기도 한다. 그런데 결혼 뒤 자식 없이 죽은 여성, 즉 친정의 입장에선 딸(無子女 亡女), 남편의 처지에선 부인(無子女 亡妻)의 재산을 향후 누가 가져갈 것인가를 두고 조선 전기에는 상속 분쟁이 종종 발생하였다.[77] 부부는 각자의 재산을 가지고 있고 이는 자식에게 상속되는데, 자식 없이 부인이 죽었을 때 그녀의 재산을 남편 쪽에서 계속 가지고 있을 것인가 아니면 부인의 친정으로 되돌려줄 것인가 하는 문제였다.

특히 자식 없이 부인이 죽었을 때 남성은 보통 재혼을 하였다. 재혼 여성과의 사이에서 자식이 태어나면 전부인의 처지에서 후처의 자식은 의자녀義子女가 된다. 이들 의자녀는 장차 아버지의 전처 재산을 상속받을 수도 있으므로 전처의 친정과 갈등이 일어날 소지가 있었다. 이 경우 고려에서 조선 전기에는 죽은 부인의 재산을 처가로 돌려보내고 제사 역시 처가에서 지내는 경우가 많았다. 따라서 사위가 부인이 죽은 뒤 처가에 발을 끊고 제사도 소홀히 하면 처가에서 딸의 재산을 환수해 가기도 하였다.

『경국대전』에는 의자녀와 그들 전모前母의 친정 쪽 사이에 벌어진 상속 분쟁을 해결하기 위한 분배 기준으로 1대 4를 제시하였다.[78] 모든 재산을 친정에서 회수해 가는 것이 아니라 5분의 1은 의자녀에게 주도록 한 것이다. 여기에 의자녀 가운데 전모의 제사를 맡는 이가 있다면 친정으로 갈 재산을 더 덜어 주어서 의자녀와 친정 쪽의 전체 분배 비율을 4대 4가 되도록 했다. 부인이 자식 없이 죽으면 처가에서 온 재산의 절반을 재혼으로 출생한 자녀들이 상속받을 수 있게 되었다. 이는 제사를 지내는 주체에게 상속 재산을 더 나누어 주는 경향을 따른 것이다. 이러한 경향은 점차 강화되어 이지와 유유가 살았던 16세기 중엽에는 재산과 제사 관리에서 남성 또는 부계의 영향력이 더욱 확대되었다.

이지와 죽은 부인 유씨 사이에 자식이 없었다면 유씨의 재산을 둘러싸고 재혼으로 태어난 자식들과 유씨의 친정 사이에서 분쟁이 일어날 가능성도 있었다. 다행히도 유씨에게는 아들이 한 사람 있어서 장차 그가 이복형제 대신 어머니의 제사를 지내고 어머니가 상속받은 재산을 그의 몫으로 확보할 수 있게 되었다. 물론 그가 장성해 상속을 받기 전까지 외가에서 온 재산은 아버지 이지가 관리할 것이다.

적서차별과 상속

이지는 두 번의 혼인을 통해 전체 재산을 늘릴 수 있었으며 향후 자녀들에게 이를 다시 물려줄 수 있었다.[79] 이지가 장인 유예원으로부터 상속을 얼마나 받았는지 알 수 없다. 아버지 화산군에게서 받은 재산의 양도 알기는 어렵다. 다만 「이생송원록」에는 달성령 이지와 동생 풍성령에게 아버지 화산군이 유언을 통해 각기 80명의 노비를 물려주었다는 기록이 있다. 화산군이 유언을 남긴 것은 그의 가족사 때문이었다. 화산군이 상속할 때 둘째, 셋째 아들이었던 달성령과 풍성령은 아직 성년이 되지 않아 혼인하지 못했다. 더구나 그들은 서얼이었다.

결국, 화산군의 재산은 적자인 성안정에게 많은 양이 상속될 것이었으므로 유언의 방식을 통해 아직 혼인하지 않은 두 아들을 배려하였던 것이다. 하지만 장남 성안정은 아버지 사후 유언을 그대로 지키지 않은 것으로 보인다. 막내 풍성령이 성안정을 상대로 소송을 하려 하였으나 달성령이 제지하는 것으로 기록되어 있기 때문이다. 여기에서 화산군이 첩자인 두 아들에게 80명씩 노비를 상속하려 했던 사실에 주목해 볼 수 있다.

왕실 종친의 상속 관행은 남아 있는 문서가 많지 않아 확인이 어렵지만 『경국대전』에 기재된 일반적인 상속 원칙을 적용해 보자. 그 원칙은 아들과 딸에게 골고루 나누어 주는 것, 즉 균분 상속을 대전제로 한다. 다음으로 승중자에게는 5분의 1을 더 주고, 양인 첩에게서 태어난 서자는 적자의 7분의 1, 노비 첩에게서 태어난 얼자는 10분의 1만을 주도록 하였다.[80] 적자와 얼자의 상속 비율은 9대 1이 되는 것이다.

이 원칙대로라면 달성령과 풍성령에게 80명씩의 노비를 줄 경우 성안정에게는 그 아홉 배에 해당하는 노비를 상속해야 하는 것이다. 여기에서 화산군이 별도의 유언을 남겼다면 그것은 우선 아직 성인이 아니었던 달성령과 풍성령의 몫을 이후 적형인 성안정이 제대로 주지 않을 것을 우려해 원칙대로 배분하라는 당부일 수 있다. 또 다른 가능성은 얼자들에게 원칙보다 더 많이 상속해 주기 위한 것일 수도 있다.

화산군의 정확한 의도는 알 수 없지만 성안정은 원칙을 따를 경우 수많은 노비를 상속받을 수 있었다. 반면 성안정에 대한 송사 이야기가 나오는 것으로 보아 달성령은 아버지의 유언인 80명보다 더 적은 노비를 차지한 것으로 보인다. 결국, 달성령의 상속 재산으로는 부모로부터 받은 80명이 되지 않는 노비와 면적을 알 수 없는 토지가 있었고, 여기에 부인 유씨와 박씨가 친정에서 상속받은 재산이 보태졌다고 할 수 있다.

같은 종친이라도 얼자였던 달성령은 적자인 성안정에 비해 국가로부터 받는 대우뿐만 아니라 집안 내부의 상속에서도 차별을 받았다. 이런 연유로 달성령 이지가 처가의 일에 관심을 가진 것을 재산의 향배 때문이라고 바로 단정을 하기는 어렵다. 처남의 가출이라는 특별한 사건과 종친으로서의 무료한 삶이 처가에 대한 관심의 배경일 수도 있지만 이 또한 확실하지는 않다. 일단 처남 유유의 가출이라는 흥미로운 사건, 그리고 또 다른 처남 유연의 서울 처가와는 서로 아는 사이였다는 사실만으로도 이지의 관심을 끌 만했다.

유유에 대한 소식을 전한 인물로 「유연전」에서는 이지만을 언급했으나 「이생송원록」에는 이자첨李子瞻이라는 또 한 인물을 지목하였다. 이자첨은 유유와 유연의 첫째 고모의 아들, 다시 말해 그들의 고종사촌이었다. 이자첨은 1562년 평안병사의 군관으로 있다 교체되어 서울로 오는 길에 해주에서 채응규를 만났다고 하였다. 채응규와 대화를 하는 과정에서 그가 외사촌 유유임을 알게 되었으며, 이 사실을 서울에 돌아와 이지에게 곧바로 알렸다는 것이다. 이로 인해 이지의 편지에는 이자첨의 편지가 동봉되어 유연에게 전달되었다. 두 사람은 모두 해주에 거주하고 있는 채응규란 인물이 유유로 보이니 직접 확인해 보라는 내용을 편지에 담았다. 6년 만에 자형과 고종사촌에 의해 전해진 형님 유유에 대한 소식은 유연에게는 뜻밖의 놀라운 사건이었다.

남편을 따름이 세상의 의리요
처가살이는 오랑캐의 풍속인데
게다가 어려운 생활로 인하여
한집에서 지내기도 어렵구나
_『소재집』

균분 상속에서의 미덕

노수신盧守愼은 이문건, 유희춘과 함께 을사사화에 연루되었고, 양재역 벽서사건까지 겹쳐 20여 년간 유배 생활을 하였다. 그는 성리학자 이연경李延慶에게 학문을 배웠고, 그의 사위가 되었다. 노수신이 유배 생활 중에 지은 「밤에 앉아 울면서 쓰다夜坐泣書」라는 시에는 처가살이가 오랑캐의 풍속이라는 구절이 나온다.[81] 이 말은 『한서漢書』「가의전賈誼傳」에서 유래하였다. 「가의전」에 "진나라 사람들은 부유한 집 자식은 장성하면 재산을 나누어 내보내고, 가난한 집 자식은 장성하면 처가살이하러 간다."라고 하였던 것이다.

노수신이 살았던 16세기에는 처가살이의 관행에 변화가 일어나고 있었다. 여전히 처가살이하는 사람도 많았지만 부인이 남편을 따라와 시집살이하는 것이 옳다는 인식도 확산하였다. 유연도 서울 처가가 아닌 대구의 아버지 곁에서 살고 있었다. 노수신 역시 처가살이는 가난한 오랑캐의 풍습이라며 부인이 남편을 따라야 한다는 인식을 시에서 드러냈다.

하지만 그는 장인에게 학문을 익혔고 처가의 도움도 받았다. 29세에 장원급제하여 관직을 시작했지만 4년 뒤 사화에 연루되어 긴 유배 생활을 떠났다. 이 시는 외롭고 괴로운 유배 생활 중에 부인을 비롯한 가족들을 생각하며 지은 것이다. 당시 양반들의 결혼 풍속은 반친영의 형태로 점차 바뀌고 있었지만, 일상에서 남성은 처가와 여전히 끈끈한 유대를 유지하였고 처가의 상속에도 참여하였다.

여성이 결혼할 때 데려온 노비나 이후 친정으로부터 상속받은 재산은 일차적으로 그녀에게 관리나 처분의 권한이 있었다. 하지만 일상의 가계 운영에서 남편과 부인의 재산은 뒤섞여서 활용되기 마련이었다. 양반 남성은 부인이 친정으로부터 얼마나 많은 재산을 상속받는지, 혹은 얼마나 양질의 재산을 상속받는지 관심을 가졌을 만했다. 하지만 그것에 대한 구체적인 기록은 흔하지 않다. 노골적으로 처가 재산에 욕심을 내는 것은 염치없는 일이라 여겼다.[82]

「이생송원록」에서 달성령 이지는 상속에 불만을 가진 동생 풍성령이 적자인 형 성안정을 상대로 소송하려는 것을 제지했다고 하였다. 그만큼 이지가 본가의 상속에 욕심이 없었다는 것을 드러낸 것인데, 이는 그가 처가의 재산에도 관심이 없었다는 점을 항변하는 내용이다. 그는 정말 처가의 재산 향배에 관심이 없었을까? 묘한 것은 이지가 처남 유연에게 편지를 보낸 시점이다.

이지의 장인 유예원은 1561년에 죽었다. 이지가 유유의 행방에 대해 편지를 보낸 것은 그다음 해였다. 유예원이 죽기 전에 미리 상속했다면 자녀들은 각자의 몫을 가지면 되고, 그렇지 않다면 화회의 과정을 거쳐 재산을 나눌 것이다. 미리 상속했다고 하더라도 가출한 유유의 몫은 논란이 일어날 수 있었다. 부인이 죽은 뒤 처가와 교류가 별로 없었던 이지가 그러한 시점에 처남 유유가 살아 있다는 편지를 보낸 것이다.

균분 상속이 이루어질 때 최고의 미덕은 처가의 재산이 아니라 본가의 상속에서도 욕심을 내지 않는 것이었다. 유희춘이 자신을 경계하기 위해 아버지 유계린柳桂隣의 언행을 기록한 정훈庭訓에는 다음과 같은 일화가 소개되어 있다.

오직 하나뿐인 아우 계근桂近과는 서로 아껴 화목하기를 마치 옛사람 강굉姜肱과 같이 하였으며, 좋은 올벼 논을 그에게 다 주었다. 두 누이는 어머님이 몹시 사랑했으므로 재물을 나눌 적에 좋은 토지와 노비를 모두 양보하였다. 자신은 거친 땅과 어리석은 노비를 취하고는 스스로 문서에 써서 확실하게 하기를 요청하였다.[83]

균분 상속에서는 재산의 양적인 균분뿐만 아니라 토지의 비옥도와 거리, 노비의 나이와 건강 상태 등을 고려한 질적인 균분까지 이루어졌다. 하지만 유계린은 스스로 가치가 떨어지는 재산을 선택하여 동생과 누이들이 더 좋은 몫을 차지하도록 양보했다는 것이다. 유희춘은 아버지의 이러한 태도를 본받아 실천할 것을 다짐하였다.

아버지 송이창宋爾昌을 기리는 송준길宋浚吉의 언급도 거의 같았다. 송준길은 아버지가 상속을 받을 때 좋은 전택과 젊고 건장한 노비는 아우와 누이에게 주고, 쇠약한 노비와 척박한 토지를 스스로 차지하면서 "이것만으로도 생활하기에 충분하다."라고 했다는 것이다. 송이창은 처가의 재산을 나눌 때도 마찬가지였다고 한다.[84] 조선시대 문집에서는 이러한 양보의 사례를 미담으로 적극 소개하고 있다.

처가 재산을 다투겠는가

상속으로 인한 자녀들의 갈등이 종종 소송으로 이어지고는 했으므로 양보의 미덕은 높이 평가받을 만했다. 나아가 처가 쪽의 재산분배에 영향을 행사하여 분쟁을 일으키는 행위는 손가락질을 받았다. 17세기 인조 대의 일이지만 황효전이란 인물의 부인이 친정 재산의 공평한 분배를 둘러싸고 조카와 갈등이 생기자 황효전이 부인을 종용하여 소송을 제기하도록 하였다. 이 때문에 황효전은 처조카와 함께 풍속을 해쳤다는 이유로 처벌을 받았다.[85]

사람들은 자신의 집안 상속만이 아니라 처가의 상속에서도 무관심하거나 양보하는 것을 미덕으로 여겼다. 구성부사를 지낸 이흘李屹

의 행장을 보자.

> 선생의 장인 군수공이 일찍 세상을 떠나자 장모 최씨가 일찍이 집
> 안의 토지와 노비를 자녀들에게 나누어 준 적이 있었다. 자녀들이
> 모두 모일 때 최씨가 사람을 보내어 선생도 오도록 하였다. 선생이
> 말하기를 "처가의 재물을 취하는 것은 나의 뜻이 아니다. 또 처가에
> 서 딸에게 나누어 주는 것인데, 내가 어찌 그 자리에 참여하겠는가."
> 라고 하며 끝내 가지 않았다.[86]

이흘은 처가의 재산은 자신의 것이 아니라고 선을 그었다. 이는
이이가 윤사정尹士貞의 신도비에 "일찍이 처의 형제와 더불어 재산
을 나누는데, 종일 잠에 취해 한마디도 하지 않았다. 문권이 만들어
지자 단지 서명하고 돌아갈 뿐이었다."[87]고 한 내용과 일맥상통한다.
이처럼 처가의 상속에 관심을 두지 않은 인물들도 있었으며, 나아가
자신에게 돌아올 몫을 받지 않는 이도 있었다.

명종, 선조 대 문신을 지낸 이제신李濟臣은 아들이 없는 장인이 자
신에게 모든 재산을 물려주려 하자 애써 사양하였다. 균분 상속에서
아들이 없는 이들은 딸과 사위에게 재산을 물려주기 마련이었다. 하
지만 이제신은 장인에게 조카를 양자로 세우도록 하였다. 장인에게
양자를 통해 가계를 잇도록 요청한 것인데, 이 경우 처가의 재산은
양자와 자신의 부인에게 상속된다.[88]

한 인물의 일생을 되새기면서 처가 재산에 무관심했던 사실을

높이 평가한 것을 보면, 역으로 그렇지 못한 이들도 많았던 것 같다. 명종의 사촌 형인 종친 경양군景陽君은 처가의 재산을 탐내 서얼인 처남을 죽이고 시체를 강물에 버린 혐의를 받았다.[89] 명종은 경양군의 처벌을 미루었으나 정철 등의 반대로 끝내 그는 옥사하였다.[90] 왕실의 일원인 종친의 범죄는 비호를 받기도 했으나 증거가 명확하여 관료들이 완강하게 비판하면 처벌을 피할 수 없었다.

처가 재산의 불법적인 탈취가 아니라 처가에서 이미 상속받은 재산의 소유 자체가 문제되는 경우도 있었다. 앞에서 언급한 자식 없이 죽은 부인의 재산 처리가 바로 그것이었다. 15세기 인물인 강순덕姜順德은 이숙번李叔蕃의 사위였다. 그의 부인은 부모로부터 재산을 상속받았는데, 자식 없이 죽고 말았다. 강순덕은 조카 강희맹姜希孟을 양자로 세워 자신과 부인의 재산을 물려주었다. 뒤 시기라면 전혀 문제되지 않을 상속 방식이었다.

그런데 이숙번의 처 정씨가 남편 사후에 딸도 자식 없이 죽자 사위 강순덕에게 재산을 재분배할 것이라며 상속 문서를 가져오도록 하였다. 하지만 강순덕이 양자를 세웠다며 거절하자 정씨는 그것이 불합리함을 호소하였다. 이 문제는 당시 관료 사회의 치열한 논쟁을 불러일으켰다.[91] 상황 변화에 따라 상속 문서를 고치려는 정씨의 태도를 비난하며, 양자를 세워 상속하려는 강순덕의 손을 들어준 이들도 있었다. 반면 부모나 마찬가지인 장모의 뜻에 순종하지 않고 죽은 부인의 재산을 차지하려 한다며 강순덕을 비난하는 이들도 있었다.

신숙주는 타협안으로 이숙번의 재산은 그대로 강순덕에게 주고, 정씨가 친정에서 받은 재산은 그녀의 뜻대로 처리하도록 하는 방안을 제시하기도 하였다. 오랜 논의 끝에 내려진 결론은 부모의 말을 따르지 않는 강순덕에 대한 비판이었다. 구체적인 처분은 타협안과 유사하여 정씨 자신의 재산은 그녀가 처리하고, 남편 이숙번의 재산은 정씨 생전에 그녀가 가지고 있다가 사후에 상속 문서대로 강순덕에게 돌려주라는 것이었다.

이처럼 딸이 자식 없이 죽으면 재산의 처분을 둘러싸고 갈등이 일어날 수 있었으나, 양자나 의자녀가 죽은 이의 제사를 지내면 그녀의 친정에서 개입할 여지는 줄어들었다. 처가로부터 많은 재산을 상속받았더라도 부인이 먼저 죽었을 때 그 재산을 처가로 돌려주어 분쟁을 만들지 않는 이도 있었다.[92] 이러한 현상이 처가 재산에 관심을 가지지 않는 미덕과 반드시 연결되는 것은 아니었다.

16세기 후반부터 사위들 중에는 부인이 죽은 뒤 처가에서 온 재산을 돌려보내는 이들이 더러 있었다. 형편상 처가의 제사를 지내기 어렵다는 것이 그 이유였다. 상속에는 제사라는 책임이 동반되었다. 사위들이 처가의 재산을 포기한 배경에는 처가 제사의 회피라는 목적도 있었던 것이다. 반친영으로 처가와의 관계가 점차 멀어지고 상속에서도 차별받을 조짐이 나타나면서 일부 남성들은 처가의 재산과 제사를 모두 포기하고 있었다.

좀 더 뒤 시기의 현상이지만 딸에 대한 상속 차별은 처가의 재산 분배에 대한 남성의 관심 축소를 강제하는 측면도 있었다. 여성이 친정에서 받는 재산이 적거나 없는 상황에서 남성은 처가의 재산 항배에 관심을 기울일 필요가 없어지고 있었던 것이다. 18세기 인물 이덕무는 중국 인물들의 일화와 언행을 소개한 『뇌뢰낙락서磊磊落落書』에서 명말의 인물인 「채덕형蔡德馨」편의 마지막 부분을 이렇게 서술했다.

> 그는 매우 가난하였다. 누군가가 그에게 장인에게 재산을 나누어 달라고 요구해 보라고 권하는 이가 있었다. 그가 웃으며 말하기를 내 어찌 사위가 되어서 처가 재산을 다투겠느냐고 하였다.[93]

가난했지만 자존심이 강했던 이덕무 자신의 처지가 이 인물에 투영된 측면이 있었겠지만, 처가 재산에 대한 무관심의 강조는 이 시기에는 미덕이 아닌 보편적인 정서로 자리매김하고 있었다.

후대와는 달리 이지의 시대에는 처가에서 온 재산이 전체 가계 경영에서 차지하는 비중이 컸다. 그만큼 처가의 상속분은 양반 남성들의 관심을 끌 만했다. 하지만 상속은 개인의 성취라기보다는 누군가의 자식이라는 이유로 주어지는 것이었다. 성취가 아닌 귀속으로 인한 재산에 대해서 사람들은 양보와 염치를 미덕으로 여겼으나 어떤 이는 자신의 권리를 적극적으로 주장하였고, 또 다른 이는 더 많은 것을 얻기 위해 갈등과 분쟁을 마다하지 않았다.

부모가 상속하지 않고 세상을 뜨면 자녀들은 보통 삼년상을 치른 뒤 화회 과정을 거쳐 각자의 몫을 나누어 가졌다. 이지가 장인 사후 처가의 일에 뛰어든 것은 앞으로 이루어질 재산 분배에 대한 관심 때문이었을까? 아니면 장인이 이미 나누어 준 재산에 대한 어떤 불만이나 새로운 관심이라도 있어서였을까? 이도 저도 아니라면 정말로 우연히 처남 유유를 목격하고 그를 고향으로 데려다주기 위해서였을지도 모르겠다. 어쨌든 중요한 것은 이지가 말한 채웅규가 진짜 유유인가 하는 사실이었다.

유유의 귀향과 유연의 재판

노 억종은 해주에 도착해 채응규를 보니 얼굴이 살찌고 발이 커서 상전과는
달랐다고 하였다. 노 몽합은 내가 늙은 노비로 상전의 얼굴을 잘 아는데,
병들고 숨어 지내면서 추위와 굶주림으로
옛 모습을 회복하지 못한 것뿐이라고 하였다.
_「이생송원록」

인정하는 친척들

유연은 이지와 이자첨의 편지만으로 채응규가 형이라고 단정할
수는 없었다. 그는 억종과 몽합이라는 두 명의 노비를 해주로 보내
채응규를 직접 만나 보도록 했다. 그런데 억종은 돌아와 그가 유유
가 아니라고 했지만 몽합은 병들고 굶주려 모습이 바뀌었을 뿐 유유
가 맞다고 했다. 유연은 젊은 억종보다 더 오래 유유를 지켜본 늙은
몽합의 말이 옳다고 판단해 다시 윤희라는 노를 보내 유유를 모셔
오도록 하였다.

하지만 유유는 아버지 상장례를 돌보지 않아 가족들 볼 면목이

없다며 돌아오지 않았다. 유유가 스스로 오지 않는 이상 그를 강제로 데려올 수는 없는 일이었다. 그사이 해가 바뀌어 1563년 겨울이 되었다. 어떤 마음을 먹었는지 유유가 서울에 나타났다. 그것도 춘수라는 첩, 정백[94]이라는 아들과 함께였다. 대구에 부인 백씨가 있으니 춘수는 첩이고 정백은 아들이기는 했으나 서자인 셈이었다.

유유는 곧바로 고향 대구로 가지 않고 서울에 머물렀다. 해주에서 대구로 가자면 서울을 거쳐 갈 수밖에 없으니 서울에 들르는 것은 문제가 아니었다. 그런데 그는 이지의 집을 방문하였다. 물론 이지는 자형이었으므로 이 또한 겉으로는 문제될 것이 없었다. 하지만 누이가 죽은 지 오래되고 평소 교류가 없었던 데다 무단가출 이후의 만남이라 다소 뜻밖의 일이기도 했다.

이지는 다시 대구의 유연에게 편지를 보내 형의 도착 사실을 알렸다. 그사이 유유는 몇 사람의 친인척을 만났다. 한 사람은 김백천 金百千이란 인물이었다. 그는 후일 유유가 자신의 자字를 기억하고 옛 추억을 정확하게 떠올려 유유임을 확신했다고 하였다. 이는 해주에서 처음 유유를 발견했던 고종사촌 이자첨의 경험과 유사했다. 이러한 경험을 한 또 다른 인물은 유유의 사촌 매형 심륭沈隆이었다.

심륭은 유유의 막내 고모의 사위로 유유에게는 고종사촌 매형이 되었다. 유유의 고모는 박관朴琯이란 인물과 결혼하였는데, 그들 사이에서 태어난 딸이 심륭의 부인이었다.[95] 심륭은 1555년(명종 10) 사마시에서 생원으로 합격한 기록이 보인다.[96] 대과 합격은 확인되지 않는데, 지방 수령을 역임하였다. 『선조실록』에는 민폐를 끼쳤다는 이유로 파직되는 용인 현령 심륭이 등장하는데 동일 인물로 추정된다.[97] 「유연전」에도 심륭은 현감 출신으로 기재되어 있기 때문이다.

심륭의 선조는 세종의 장인이었던 심온沈溫이었다. 세종의 즉위로 심온은 영의정이 되었으나 상왕으로 물러난 태종과 좌의정 박은의 견제로 죽임을 당하였다. 심온은 박은이 자신을 모반죄로 처벌하자고 주장한 것에 분노하여 죽기 전 후손들에게 박씨와는 절대 혼인하지 말라고 했다고 한다. 과연 심온이 그런 말을 했는지는 알 수 없으나 후손인 심단이 쓴 심온의 신도비에도 이러한 내용이 기록되어 있다. 이 이야기는 인조 때의 문신 박동량이 저술한 『기재잡기寄齋雜記』에도 등장한다.[98]

『기재잡기』에는 심온의 유언 이후 170여 년 동안 심씨 가문이 이를 지켜 박씨와 혼인하지 않았는데 현령 심륭만 박씨 집안의 사위가 되어 괴이하게도 자식이 없었다고 서술하였다. 청송 심씨 족보를 보면 심륭에게 자식이 없었던 것은 틀린 말이 아니며 이 때문에 유유의 집안과 문제가 일어나기도 하였다. 하지만 이 집안이 박씨와 전혀 혼인하지 않은 것은 아니어서 심륭의 육촌인 심의도 박씨를 부인으로 맞았고 두 명의 아들까지 두었다.

어쨌든 심륭은 채응규가 죽은 자신의 장모, 즉 유유의 고모인 유씨의 생일과 몸종에 대해 잘 알고 있어 그가 유유임을 확신했다고 후일 진술하였다. 오랜만에 나타난 유유는 얼굴 형상이 바뀌어서 진위를 판별하기가 어려웠는데, 자형 이지, 고종사촌 매형 심륭, 고종사촌 이자첨과 또 다른 친척 김백천은 모두 유유가 맞다고 보았다.

유유의 얼굴이 달라진 것은 풍상과 추위, 배고픔에 시달렸기 때문이라고 간주하였다. 이제 돌아온 유유의 진위에 대한 최종 판단은 가족인 동생 유연이나 부인 백씨에 의해 내려져야 했다.

동생의 의심과 고발

유유가 서울에 나타난 1563년의 연말이 저물고 다음 해 1월이 되었다. 종친이었던 이지는 문소전文昭殿에 들어가 며칠간 숙직을 하였다. 문소전은 원래 태조의 비였던 신의왕후를 모신 사당에서 출발하여 태조와 신의왕후의 신주를 모신 곳으로 바뀌었고, 다시 태조와 그의 4대조를 모시는 사당으로 전환되었다. 이곳의 관리는 종친이 담당하였는데, 이지도 그 일원이었던 것이다.

이지가 다른 종친과 교대하고 나올 무렵 대구에서 유연이 형을 만나기 위해 비부婢夫(비의 남편) 허의손을 데리고 서울로 올라왔다. 유연과 허의손은 유유의 얼굴과 몸매가 달라진 것을 보고 혼란스러웠다. 하지만 유유는 다른 인물들을 만났을 때와 마찬가지로 옛 추억을 떠올리며 자신이 진짜임을 확신시켜 주었다. 이지의 집에 유연을 비롯한 여러 사람이 모여 각자의 의견을 내어놓았고 유연은 판단을 내려야 했다.

「유연전」에는 이지와 심륭이 유유가 틀림없다고 강변하였지만 어떤 이들은 관청에 알려야 한다거나 고향으로 가서 여러 사람의 판단을 들어 보아야 한다고 주장하는 내용이 나온다. 이지와 심륭이 채응규를 유유로 가장 확신하고 있었다는 느낌을 주도록 서술한 것이다. 유연은 쉽게 진위에 대한 판단을 내리지 못하고 같이 고향으로 내려가는 방법을 택하였다.

반면 「이생송원록」에서는 유연이 채응규를 형으로 믿고 얼싸안고 울거나 채응규가 데려온 아들 정백의 모습이 돌아가신 아버지 유예원을 방불케 한다고 말하는 내용이 들어 있다. 또한 이지와 심륭은 반신반의하였는데, 이자첨과 김백천, 노 뭉합은 유유임을 확신한 것처럼 서술하였다. 이지와 심륭보다는 동생 유연과 주변 인물들이 채응규를 더 유유로 믿었다는 뉘앙스로 읽힌다. 다만 여기에서도 유연은 명확한 결정을 내리지 못하고 고향으로 돌아가 여러 사람과 같이 판단을 내리려고 시도한 것으로 서술하였다.

이러한 사실들을 미루어 보면 유유가 진짜라고 확신하거나 주변에 바람을 넣는 사람들이 있었는가 하면 말은 맞으나 모양새가 바뀌어 판별이 어렵다고 생각한 사람들도 있었던 것 같다. 유연의 다음 행동을 보면 그 역시 확신하지 못했던 것으로 보인다. 그는 이지의 주변에 모여든 사람들 외에 고향 사람들의 의견을 더 들어 보기로 하였던 것이다. 결국, 서울에 올라온 지 사흘 만에 유연은 유유와 함께 대구로 내려가고 며칠 뒤 첩인 춘수가 뒤따라오기로 하였다. 이제 고향 친척과 친구들의 판단이 유유의 진위를 가리는 데 주요한 단서가 될 것이었다.

그런데 서울에서 대구로 가는 동안 형제의 동행은 유연에게 형 유유를 관찰할 수 있는 기회가 되었다. 유유는 친척과 노비 들에 대한 정확한 기억을 가지고 있었지만 얼굴은 과거의 모습이 아니었다.

며칠간의 동행은 유연의 형에 대한 의구심을 더 깊게 만들었다. 마침내 그는 형이 가짜라는 심증을 굳히게 되었다. 집에 도착하기 전 팔거에서 유연은 노비들에게 유유를 묶어 대구 관아로 데려가도록 하였다. 유연은 채응규가 형을 사칭한 것으로 확신하고 수령이 이를 판별하도록 한 것이다. 물론 지방관의 판결에는 유연의 진술 외에 많은 사람들의 증언이 뒤따라야 했다.

─

향인 서형은 남쪽의 뛰어난 인물이다. 자못 밝은 식견이 있어
유유가 아니라고 여겼다. 서시옹도 동향 사람이다.
일찍이 유유와 함께 공부하였는데, 채응규가 같이 공부할 때 지은 글을 말하니
시옹이 유유라고 여겼다.

_『태촌집』

의심의 이유

당시 대구 부사는 박응천朴應川이라는 인물이었다. 그는 대구에
부임하기 전 봉산 군수로 있을 때 유명한 도적 임꺽정 집단에 맞서
활약한 것으로 알려져 있었다.[99] 대구 부사 시절에는 사육신의 한 사
람인 박팽년의 후손 박충후의 천역賤役을 면제해 주기도 하였다.[100]
이러한 사실은 모두 야사와 개인 문집에 전하지만 그가 뛰어난 지방
관이었음을 방증하는 것이기도 했다. 실제 그는 대구의 이름난 관리
로 읍지에 기록되어 있다.[101] 한편으로 박응천은 주변의 다른 수령들
과 마찬가지로 성주에 유배와 있던 이문건에게 여러 차례 선물을 보

내기도 하였다.[102] 유배 중인 중앙 관료에 대한 지방관들의 선물은 관례였던 것이다.

유연은 자신의 거주지였던 대구의 수령 박응천에게 형의 진위를 가려 달라고 하였다. 하지만 채응규를 포박하여 관에 넘긴 이상, 형의 행세를 한 죄를 채응규에게 물으려는 의도가 다분하였다. 박응천은 일단 유연의 말을 신뢰하여 채응규를 옥에 가두었다. 이런 처분은 비판을 받을 여지가 있었다. 채응규를 유유로 확신하는 이들과 그렇지 않은 이들이 나누어진 상황에서 그 진위는 아직 확정되지 않았다. 그렇다면 부사는 어느 한쪽의 말을 듣지 않고 객관적으로 사건에 임할 필요가 있었다. 이 때문에 박응천은 조정의 비판을 받기도 하였다.

물론 박응천은 채응규를 붙잡아 두고 있었지만 수령으로 해야 할 일을 충실히 이행하였다. 소송을 제기한 유연의 말을 듣고 피고 소인인 채응규의 입장도 들었다. 유연은 반신반의하면서도 처음에는 채응규에게서 형의 모습을 찾아내고 기뻐한 적이 있었다. 그런 그가 태도를 바꾼 이유에 대해서는 「유연전」에 몇 가지 단서가 보인다. 유연이 의심한 것은 다음의 세 가지였다.

첫째, 유유는 원래 몸이 허약하고 작았으나 채응규는 키가 크고 체구도 컸다. 둘째, 유유는 얼굴이 작고 누르스름하며 수염이 없었으나 채응규는 검붉고 넓은 얼굴에 수염이 많았다. 셋째, 유유는 음성이 여성 같았으나 채응규는 우렁찼다. 이지 등은 풍상에 시달려 얼굴이 변한 것이라 믿었지만 유연은 동생으로서 그 사실을 인정할 수 없었다. 대구로 돌아오는 길에 유연은 의심을 굳혔고 부사도 이런 유연의 생각에 동조하였다. 유연이 자신의 형을 형이 아니라고 할 이유가 없었던 것이다.

하지만 채응규는 자신이 유유임을 강변하였다. 외모는 달라졌으나 그는 집안의 소소한 일이나 친구들에 대한 정확한 기억이 있었다. 수령으로서 박응천이 할 수 있는 다음 처분은 친척, 친구 들과의 대질 신문이었다. 유연의 요청과 수령의 명에 의해 대구 관아에는 돌아온 유유를 보기 위해 자형 최수인을 비롯한 여러 사람이 모였다. 대부분은 유유가 아니라고 하였으며, 특히 진사 서형徐泂은 그가 가짜임을 확신하였다.[103] 반면 유유가 맞다고 한 이도 있었는데, 교수를 지낸 서시웅徐時雄이었다.[104]

서형과 서시웅은 『묵재일기』에도 등장하는 인물로 서시웅은 여러 차례 이문건에게 선물을 보내 안부를 묻고는 하였다. 그는 1555년(명종 10) 진사시에 합격한 뒤 성주의 교수가 되어 향교의 학생들을 가르쳤다. 목 이상의 지방에는 대과인 문과에 급제한 관원이, 도호부에는 생원이나 진사 출신이 교수로 임명되었다. 성주는 목이었으므로 원래는 문과 급제자가 파견되어야 하는 곳이었다. 하지만 실제로는 문과 급제자가 지방 교수로 가는 것을 꺼려 생원이나 진사로 임명하는 경우가 많았고, 그마저도 서원보다 향교 교육이 침체하면서 결국 교수 파견은 폐지되었다.

이문건은 서시웅의 교수 임명을 원칙적으로 법에 저촉되는 일이라고 일기에 기록하였다. 그러면서도 서시웅이 교수가 된 것은 영의

정의 청탁 편지가 통했기 때문으로 보았다.[105] 서시웅은 중앙의 권력자와도 연결되어 있었던 것인데, 당시 영의정 심연원沈連源은 척신 심통원의 친형이었다. 그가 유유를 진짜라고 한 것이 고향 사람들의 의견보다 종실 이지를 비롯하여 서울에 있던 이들의 입장에 더 동조한 것인지는 알 수 없다. 기록상으로는 채응규가 지난날 서시웅과 함께 지었던 글에 관해 이야기하자 유유라 확신한 것으로 나온다.[106] 후일 유연이 형을 죽인 것으로 판결이 나면서 서시웅은 사심이 없는 사람으로, 서형은 정반대의 인물로 평가받았다.

사라진 당사자

대구 부사 박응천은 다수가 유유를 가짜라 하였지만 서시웅의 견해 또한 무시하기 어려웠다. 결정적으로 옥중의 유유가 밝힌 비밀스러운 증언은 그를 더욱 당혹스럽게 했다. 그는 '내가 장가든 첫날 아내가 겹치마를 입었기에 억지로 벗기려 하자 지금 월경이 있다고 하였다. 이 일은 타인이 알 수 없는 일이니 만일 아내에게 물어보면 거짓인지 진실인지를 알 수 있을 것이다.'라고 한 것이다. 이 증언에 대해 부인 백씨는 사실로 확인해 주었고, 관련 내용은 『명종실록』에도 나와 있다.[107]

대구 부사는 유유가 가짜라는 다수 지인의 증언, 이와 상반된 서시웅의 증언, 유유의 부인에 관한 비밀스러운 증언 사이에서 판결을 내리기 어려웠다. 유유가 진짜라고 확신하기도 어려운 상황에서 그를 풀어주기도 어려웠다. 이 무렵 옥에 갇힌 유유는 질병으로 인한 고통을 호소하였는데, 그의 첩 춘수가 대구 관아로 와서 보방保放을 요청하였다. 보방은 오늘날의 보석에 해당한다. 유유의 진위가 논란인 상황에서 부사는 병보석까지 불허하기는 어려웠다.

박응천은 유유를 옥에서 풀어주되 대구 관아의 노비인 박석의 집에 머물게 했다. 관노비에게 간수의 역할을 하면서 편익을 제공하도록 한 것이다. 보방은 형정에서 국가의 위엄과 동시에 은혜를 보여 주는 장치였으며, 효율적인 죄수 관리라는 필요 때문에 시행된 것이기도 했다. 조선 왕조는 날씨가 너무 덥거나 추울 때 비교적 가벼운 죄를 지은 죄수들을 보방하였다.[108] 때로는 농사철에 오랫동안 비가 내리지 않으면 옥사의 지체로 인해 조화로운 기운이 손상되었기 때문이라는 이유로 일부 죄수들의 보방을 허용하기도 하였다.[109]

국가가 일률적으로 실시한 보방 외에는 유유의 사례처럼 질병을 이유로 죄인이나 그 가족들이 보방을 요청하기도 하였다. 좁은 공간에 많은 죄인이 모여 식사나 위생상의 어려움은 물론 기후 변화에도 쉽게 대비하기 어려웠던 옥살이에는 많은 고통이 뒤따랐다. 식사, 세탁, 난방을 비롯하여 옥살이에 들어가는 일체의 비용 역시 투옥자의 몫이었다. 장기간 미결수로 옥살이를 하면 그를 돌봐야 했던 가족들의 고통 역시 매우 컸다.[110] 유유의 옥살이 시중을 든 것은 첩 춘수였다.

보방은 주거의 제한이 있더라도 투옥된 이의 입장에서는 감옥의 고통에서 일시나마 풀려날 수 있는 기회였다. 정부로서도 보방은 인정仁政의 실현이었으며, 한편으로 미결수가 감옥에서 병사할 경우 사

차식어수포청죄인差食於囚捕廳罪人 _김윤보, 「형정도첩」
포도청에 수감된 죄인에게 가족이 음식을 넣어 주는 모습

건의 정상을 밝힐 수 없다는 우려에 따른 조처이기도 했다.[111] 문제는 보방된 이가 주거지를 이탈하거나 도망할 염려가 있었다는 점이다. 실제로 병을 이유로 보방된 미결수가 도망하거나 거주지를 벗어나 마음대로 돌아다니는 일이 종종 있었다.[112]

유유를 보방하여 관노 박석의 집에 둔 것은 감옥에서 풀어주되 그곳을 벗어나서는 안 된다는 의미였다. 박석의 집에 머무는 동안에 들어가는 비용은 물론 유유의 몫이었다. 그런데 상황이 복잡해진 것은 보방된 지 며칠 만에 유유가 사라져 버렸다는 사실이다. 유유를 가짜라고 보는 사람들에게 이 사건은 채응규가 가짜 유유임이 탄로나자 춘수의 도움을 받아 도망한 것으로 읽힐 만했다.

하지만 사건은 그렇게 간단하게 돌아가지 않았다. 유유의 행방은 묘연했고 그사이 춘수는 유연이 박석과 모의하여 형 유유를 죽여 흔적을 없앴다고 고발까지 하였다. 유유의 진위를 판별하기 위한 사건은 이제 유유가 왜 사라졌는가, 유연이 정말 형 유유를 죽였는가 하는 문제로 초점이 옮겨 갔다. 서시웅처럼 유유가 진짜라고 증언한 이도 있었으므로, 유연의 친형 살해를 믿는 사람도 생겨나고 있었다.

유
연
의

재
판

유유가 병을 얻어 보방되자 유연이 형을 해치는 꾀를 실행하면서
끝내 증거를 없애는 지경까지 이르렀다. 형을 해쳐 인륜을 어지럽힌 자를
즉시 시원하게 다스리지 않았으므로, 온 도의 사람들이 모두 원통하게 여겼다.
_『명종실록』

유유의 부인 백씨

유연을 고발한 춘수에 대해 「유연전」에서는 유유와 함께 달아난
것으로 기록하였다. 반면 「이생송원록」에 등장하는 춘수의 신문 공
초에서는 박석의 처가 자신에게 음식을 대접하여 시간을 끄는 사이
유유가 사라졌다고 증언하였다. 그녀는 유연이 박석 부부와 모의하
여 자신을 유인하고 그 틈에 유유를 살해한 것으로 의심하였다. 유
연 집안 노비들의 진술에서는 춘수가 자신들의 상전을 모함했다는
내용이 있는 것으로 보아 유유가 사라진 뒤 춘수가 유연을 고발한
것으로 보인다.

춘수 외에 유연을 의심한 또 다른 핵심 인물은 유연의 형수, 즉 유유의 부인 백씨였다. 사실 백씨는 이 사건의 전개 과정에서 가장 모호한 행동을 한 인물이었다. 유유의 진위를 가릴 수 있는 확실한 사람은 동생 유연과 부인 백씨였다. 유연은 여러 과정을 거쳐 유유가 가짜라고 확신하고 관에 고발하였다. 하지만 백씨는 자신이 확인할 기회를 유연이 주지 않고 유유를 바로 관아에 넘겨 버렸다고 원망하였다. 그러면서도 그녀는 관아에 억류된 유유를 만나려고 하지 않았다. 백씨는 많은 사람이 유유가 아니라고 하는 상황에서 사족의 부인인 자신이 모르는 사람과 대면할 수는 없다는 이유를 들며 확인을 거부하였다.

유연이 백씨의 확인 이전에 유유를 포박하여 관아에 넘긴 사실과 백씨가 남편 유유를 확인하지도 않고 유연을 원망했던 사실에서 두 사람 사이에 일정한 갈등이 있었다고 추정할 수 있다. 유유와 백씨, 아버지 유예원과 유유만이 아니라 유연과 백씨 역시 긴장과 갈등 관계에 있었던 것이다. 백씨는 관아에 갇힌 유유를 보지도 않고 그가 말한 첫날밤에 관한 증언을 사실로 확인해 주었고 유유가 사라지자 시동생 유연을 의심하였다.

그녀는 주로 유연의 말을 믿고 유유를 투옥했다가 행방불명되도록 만든 대구 부사의 조처를 신뢰하지 않았다. 백씨는 대구부의 상급 기관인 경상감영에 이 사건을 호소하기로 하였다. 조선시대 지방 수령은 관할 지역의 행정, 군사 및 사법에 관한 권한을 가지고 있었다. 오늘날 1심에 해당하는 수령의 사법 권한은 민사소송 전체와 태

형笞刑 이하의 형사소송을 처리할 수 있었다.[113]

유유의 진위가 확정되지 않은 상황에서 백씨에 의해 2심에 해당하는 감영에 유연을 처벌해 달라는 호소가 접수되었다. 백씨는 곡을 하며 재물을 탐한 시동생 유연이 박석에게 뇌물을 주어 남편 유유를 죽이고 종적을 없앴다며 자신의 원통함을 풀어 달라고 감사에게 읍소하였다. 백씨는 유연이 형의 재산을 욕심내어 죽인 것으로 단정하였다. 백씨의 말이 사실이라면 유연은 재산 때문에 형을 살해한 반인륜적 범죄자가 되는 셈이었다.

살인사건이 된 재판

춘수에 이은 백씨의 호소는 유유의 진위 문제를 유연의 살인 사건으로 바꾸어 놓았다. 경상 감사는 대구 부사에게 유연과 박석, 그리고 춘수를 잡아들이게 했다. 유연과 박석은 자신들의 억울함을 호소하였고, 춘수는 그들이 살인을 저질렀다고 응수하였다. 유연이 형을 죽였다면 이는 일종의 강상죄綱常罪에 해당하였다. 유교적 교화를 중시했던 조선은 강상죄에 특히 엄격했다. 그 가운데 부모나 남편 살해, 노비의 주인 살해, 관노의 관아 수장 살해를 가장 큰 죄로 간주하여 죄인을 사형에 처했다.

유연이 실제로 형을 살해했다면 그는 죽음을 면할 수 없었다. 유유의 진위에 대해서는 유연과 백씨의 입장이 엇갈렸다. 대구의 여러 친척과 친구들은 유연의 편에 섰지만 서시웅과 같이 상반된 진술을 한 이도 있었고, 서울의 이지와 심륭 등도 채응규를 진짜 유유라고 생각하고 있었다. 더구나 유유를 만나지는 않았지만 그의 증언에 대해 백씨는 동의하였다. 사라진 유유가 붙잡히면 사건은 다시 원점으로 돌아가겠지만 그의 행방은 묘연했다.

이 사이 여론은 점차 유연에게 불리해지고 있었다. 유연이 형을 가짜라고 했을 때 얻을 수 있는 이익은 백씨가 말한 재산을 탐낸 시동생이라는 고발과 연결되었다. 반면 백씨의 경우 유유를 진짜라고 증언한다고 해서 특별하게 얻는 이익은 없어 보였다. 가출한 남편이 되돌아온 것뿐이었다. 이 때문에 형의 귀향을 오히려 동생 유연이 바라지 않았을 것이라는 추측들이 퍼져 나갔다.

유유를 피의자로 조사했던 사건은 유연을 피의자로 보는 국면으로 점차 전환되었다. 유연은 유유가 도망갔다고 했지만 잡히지 않았다. 춘수는 유유가 살해되었다고 했지만 시체는 발견되지 않았다. 관아 밖에서는 춘수의 견해에 동의하는 백씨와 유연을 신뢰하는 부인 이씨가 각각 억울함을 호소하였다. 그런데 대구부나 경상감영의 확정판결이 나기 전에 이 사건은 다시 중앙으로 이관되었다. 형을 살해한 유연의 강상 범죄로 무게 중심이 기울어졌던 것이다.

보통의 재판에서 수령의 판결에 불복하면 2차로 해당 도의 감사에게 의송議送이라는 항소 절차를 진행하였고, 그 결과에도 불복하면 3차로 형조나 사헌부에 상고할 수 있었다.[114] 유유의 재판은 수령에 의해 확정판결이 나기 전에 피고인이 사라져 버렸고, 감사에 의해 유연을 또 다른 피고로 간주하여 재조사가 진행되었다. 감사는 원래 수령이 보고한 사건을 직접 재판하지 않고 보완하거나 고칠 내용을 수령에게 내려보내는데, 경상 감사는 일단 유연과 박석도 조사하도록 처분한 것이다.

감사는 장형 이상, 유형 이하의 죄를 지은 이에 대한 조사를 지휘하고 해당 형벌을 내릴 수 있었다. 사형은 감사의 권한 밖의 일이었으므로 해당 고을 수령과 함께 조사하여 형조에 보고하였고 이는 다시 의정부를 거쳐 왕에게까지 보고되었다. 그런데 유유의 사건에서 경상 감사는 충분한 조사와 판결을 내릴 시간이 없었다. 감사의 조사와 보고가 있기 전에 이 사건은 중앙 관료에 의해 먼저 논의되었던 것이다.

중앙에서 이를 공론화한 인물은 사간원 대사간 박계현朴啓賢이었다.[115] 사간원은 사헌부, 홍문관과 함께 언론 기관으로 국왕에 대한 간쟁과 관료들에 대한 탄핵의 임무를 주로 맡고 있었다. 그는 유연의 강상죄에 대한 논의를 제기하였고 유연에게 우호적이었던 대구 부사 박응천에 대한 탄핵을 요구하였다. 박계현은 유연이 재산을 차지하기 위해 형을 가짜로 몰아 고발하고 끝내 살해했으며, 부사는 이 사건에 대해 공정하게 처리하지 않았다는 견해를 가지고 있었다.

지방에서의 조사와 보고가 올라오기 전에 박계현이 먼저 이 사건을 인지한 통로에 대한 단서는 「이생송원록」에 있다. 박계현의 얼사촌 누이인 존심이란 인물이 있었는데, 유연의 서울 처갓집 비였다. 유연이 유유를 서울에서 다시 만났을 때 기뻐했던 상황을 존심이 박계현에게 전했고, 이로 인해 박계현은 유연이 친형을 죽였다고 확신하였다는 것이다. 존심과 박계현의 관계는 다른 자료를 통해 확인하기 어렵지만 당시 박계현은 대사간이었으므로 이 사건을 조정에서 처음 공론화한 것은 틀림없어 보인다.

대사간 박계현의 문제 제기에 따라 유연은 서울의 의금부로 압송되어 추국推鞫이 진행되었다. 의금부는 역모와 관련된 중요 사건만이 아니라 관료나 일반 양반들의 여러 범죄를 처리하였다. 특히 강상죄는 의금부 외에 의정부와 사헌부가 합동으로 처리하는 삼성추국三省推鞫의 방식을 택하였다. 추국은 중죄인을 심문하여 재판하는 과정으로 왕이 직접 주도하면 친국親鞫, 대신 중에 임명된 위관委官이 주도하면 정국庭鞫이라 하였다.[116]

추국을 진행하는 추국청은 의금부에 설치되고 추국관은 삼정승과 전임 대신, 의정부를 총괄하는 판의금부사와 지의금부사, 승지, 대간 등으로 구성되었다. 추국청에서 대신들은 북쪽 정면에 앉고 판의금부사는 동쪽, 지의금부사와 승지는 서쪽에 앉았다. 사헌부와 사간원의 대간은 남쪽에서 동서로 나누어 앉았다. 이러한 전형적인 추국 장면이 모든 재판에 준용되었는지는 알 수 없다. 어쨌든 유연은 강상죄로 기소되었으므로 삼성추국의 방식으로 신문을 받았다. 왕이 직접 친국할 사안은 아니어서 위관에 의한 정국이 이루어졌는데 당시 위관은 심통원沈通源이었다.

위관인 외척 심통원

우선 유연의 재판을 총괄한 심통원에 대해 잠깐 살펴보자. 그는 당시 우의정으로 명종의 외척이었으며, 또 다른 외척으로 명종의 외

숙이었던 영의정 윤원형과 함께 최고의 권력을 누리고 있었다. 그의 고조부는 세종의 장인인 심온沈溫, 증조부는 영의정 청송부원군 심회沈澮, 조부는 판관 심원沈湲, 아버지는 장령 심순문沈順門으로 그야말로 쟁쟁한 집안의 후손이었다. 여기서 그치지 않아 첫째 형은 영의정 청천부원군 심연원沈連源으로 심통원과 함께 형제가 정승이 된 인물이었다. 첫째 형의 아들은 명종의 장인 청릉부원군 심강沈綱이어서 심통원의 조카가 국왕 명종의 장인이었던 셈이다. 이 외에도 심통원의 다른 형제와 후손 가운데 현달한 인물이 많았다.

하지만 척신으로 권력을 휘둘렀던 심통원에 대한 세평은 우호적이지 않았다. 실록에서 사신들의 평가는 탐욕스럽고 부패했다는 부정적인 내용 일색이었다. 그 가운데 하나를 보자.

> 심통원은 간신에게 아첨하고 현인을 물리침으로써 높은 성적으로 과거에 뽑혔다. 몸을 일으킨 것도 이미 바르지 못하였는데 평생 동안 오로지 재물만 탐하고 모리를 획책했다. 잘한 일이라고는 한 가지도 적을 만한 것이 없지만 단지 외척이란 이유로 재상의 지위에까지 올랐다. 매관매직하고 옥사를 뇌물에 의해 처리했으므로 뇌물이 폭주하여 문전이 시장과 같았다. 윤원형, 이량이 잇달아 세상을 어지럽힐 때는 서로 결탁하여 기세등등했고 사림에 해를 끼친 것이 많았다.[117]

심통원에 대한 사관들의 일관된 평가는 외척이란 배경으로 재상의 지위에 올랐으며 매관매직과 뇌물에 의한 옥사 처리와 같은 부당한 방식으로 막대한 재산을 모았다는 것이었다. 그는 윤원형, 이량과 함께 삼굴三窟로 불리며 사림에 큰 피해를 준 인물로도 인식되었다.[118] 따라서 당시 사림들은 그가 어떤 물의를 일으킬지 항상 걱정하거나 두려워하는 형편이었다.[119] 특히 중종이 승하할 때 왕위 계승과 관련한 유언을 심통원이 받들었다면 후일 사림에게 큰 화가 일어났을 것으로 판단하기도 하였다.[120]

이러한 내용은 심통원이 윤원형과 함께 사림의 공적이었다는 사실을 보여 준다. 결국 그는 1567년 선조 즉위와 함께 탄핵되어 관직을 삭탈당하고 지방으로 쫓겨났다.[121] 이에 앞서 심통원과 권력을 두고 경쟁했던 윤원형도 문정왕후의 죽음 이후 빗발치는 탄핵을 받고 지방으로 쫓겨났다가 1565년(명종 20) 바로 죽음을 맞았다.[122]

유연 재판의 위관 심통원이 사림의 지탄을 받은 척신 권력자라는 사실과 함께 주목되는 점은 그의 가문 배경이었다. 심통원과 유연은 직접적인 혈연관계에 있지는 않았는데, 유연의 사촌 매형 심륭은 심통원과 함께 심온의 후손이었다. 정확하게는 심륭의 아버지 심의검沈義儉과 심통원이 8촌간으로 가까운 친척이었다. 한편 유연의 자형인 달성령 이지의 고조부는 세종이었으며, 심통원의 고조부는 세종의 장인 심온이었다. 이지는 앞서 서술했듯이 명종과 특별한 사이였던 덕택에 위사원종공신으로 책봉되어 몇 단계나 품계가 한꺼번에 올라가는 특혜를 받은 적이 있었다. 한편 심통원은 명종 장인의 숙부로 권력을 누렸다.

대구에 거주했던 유연과 달리 서울에 살았던 이지와 심륭은 권력자 심통원과 친분을 나누었을 개연성이 있는 것이다. 자료에서 이들 사이의 친분이 확인되지는 않지만 유연에게 심통원이라는 위관은 유리한 존재는 아니었다. 이지와 심륭은 돌아온 유유를 진짜로 보는 입장이었고 적극적으로 유연에게 형의 존재를 알린 인물이기 때문이다. 물론 삼성추국에서 위관이 독자적으로 판결을 내리지 않고 참여 관원들과 합의를 하는 것이 관례였다. 하지만 당대의 권력자였던 위관 심통원의 의견이 적극적으로 개진될 여지는 있었다.

더구나 이 재판은 유유의 진위를 가리는 것이 아니라 유연의 강상죄를 조사하여 판결하는 자리였다. 유연이 강상죄의 혐의를 받고 기소된 이상 관원들은 그 사실 여부를 집요하게 파고들 가능성이 컸다. 추국은 죄인들의 자백을 받기 위한 신문 과정이기도 했으므로 객관적인 조사를 벗어나 추국관들의 선입관이 개입될 가능성이 있었고 때로는 가혹한 고문이 동원되기도 하였다. 유연에게는 매우 불리한 재판일 수 있었던 것이다.

신문과 공방

위관 심통원의 명에 따라 형리가 나졸에게 유연을 추국청 마당에 잡아들이도록 하였다. 낭청이 유연의 이름과 나이를 물어 본인임을 확인한 다음에 본격적인 신문을 시작하였다. 신문은 유연만 받은 것이 아니어서 사건 관련자들은 모두 조사를 받았다. 「유연전」에는 4명의 공초가, 「이생송원록」에는 11명의 공초가 나온다. 다만 「유연전」이 유연을 중심으로, 「이생송원록」이 이지를 중심으로 한 기록물이므로 그들 각자에게 유리하게 각색된 측면이 있다.

우선 두 기록에 보이는 이지와 심륭의 공통된 진술은 돌아온 유유가 형색은 달라졌으나 말과 행동으로 보아 사라졌던 유유가 맞으며 유연도 이를 인정했다는 것이다. 따라서 유연도 처음에는 유유가 보인 과거에 대한 정확한 기억과 주변 사람들의 판단에 따라 그가 형일 수 있다고 생각한 듯하다. 「이생송원록」에서 이지는 마음으로 미심쩍은 점이 있었으나 유연이 형으로 확신하여 자신도 믿은 것처럼 진술하였다. 유유가 진짜임을 그 동생이 보증한 것으로 읽히도록 서술한 것이다.

이러한 진술 기조는 「이생송원록」에 등장하는 유유의 또 다른 친척 이자첨과 김백천의 공초에서도 동일하게 확인된다. 이를 통해 가출한 지 여러 해가 지나 나타난 유유가 얼굴은 달라졌으나 친척들에 관한 정확한 사실들을 기억하고 있었다는 점을 확인할 수 있다. 「유연전」에는 이지와 심륭이 처음부터 유유가 진짜라고 확신한 것으로, 「이생송원록」에는 유연의 확신에 따라 이지와 심륭이 믿게 되었다는 것으로 서로 다른 서술을 하고 있다. 재판 결과를 보면 실제 신문 과정에서 이지, 심륭, 이자첨 등은 유유의 진위를 명확하게 알 수 없었으나 유연의 태도에서 확신을 얻었다고 진술했을 가능성이 컸다.

유연의 노비인 억종, 금석, 몽합, 윤희도 끌려와 신문을 받았다. 그들은 이지의 편지에 따라 상전 유연이 자신들을 해주와 서울에 보낸 사실, 유유를 만난 소회, 유연과 함께 대구로 돌아오는 길에 유유를 포박해 관에 넘긴 사실 등을 진술하였다. 또한 춘수에 의해 유유가 보방되었고, 뒤이어 그녀가 유연을 살인자로 고발한 내용도 아뢰었다. 특히 금석과 몽합은 춘수에 대해 상전을 무고한 간사한 인물로 지목하였다. 유연이 살인자가 아니라는 것이다.

반면 유연을 살인자로 지목한 이도 있었다. 유유의 부인 백씨의 비부인 허의손이었다. 대구에서도 감옥에 간힌 유유와 직접 마주친 적이 없었던 백씨는 서울의 재판에서도 빠졌다. 허의손은 유유가 자신은 물론 부인인 비 옥대에 대해 기억하여 그를 믿었으며, 유연도 그를 유유로 간주하였다가 팔거에서 갑자기 결박하여 관아로 넘겼다고 진술했다. 그는 유유가 대구에서 말한 백씨와의 첫날밤에 관한 기억, 서시웅의 증언 등에 비추어 보아 유연이 형을 죽인 것이라고 진술하였다. 이는 백씨의 주장과 일맥상통하는 내용이었다.

이지, 심륭 등은 유연이 서울에서 유유를 형으로 확신한 것으로, 허의손은 그런 유연이 갑자기 유유를 포박했다가 끝내 살해한 것으로 진술한 것이다. 반면 유연의 노 금석과 몽합만이 춘수의 무고로 벌어진 일이라며 유연의 결백을 주장하였다. 그렇다면 핵심 인물인 유연과 춘수는 어떻게 진술했을까? 먼저 춘수의 공초를 살펴보자.

신이 지아비 유유를 따라 일찍이 태복천 가에 머물렀습니다. 이지 및 그의 아들 이경억이 찾아와 보고 과연 유유라 하였고, 심륭과 김백천도 진짜 유유라 하였습니다. 그러다가 유연이 오자 유유 및 아들 정백은 고향으로 함께 돌아가고 신 홀로 붙이어 사는 곳에 있었는데, 유유가 갇혔다는 말을 듣고 곧 가서 옥바라지하였으며 옥에서 나온 뒤에는 그의 병을 치료하였습니다. 신이 마침 밤중에 부엌에 갔다가 들어와 보니 불은 꺼졌고 유유는 보이지 않았습니다. 그러므로 유연이 살해한 것으로 의심하였습니다. _「유연전」

해주에 나타난 이자첨을 보고 첩의 지아비가 자신이 유유라고 밝혔으며, 확인하러 온 유연의 노비들에게는 집안의 죄인이라며 함께 돌아가지 않았습니다. 서울로 가서 지아비가 이지를 방문하였으나 그가 알아보지 못했고, 심륭의 집도 찾아갔으나 만나지 못하고 왔습니다. 유연이 서울로 올라와 첩의 지아비를 보고 눈물을 흘리며 상봉했으나 대구로 가는 중에 결박하여 관아에 넘겼습니다. 첩이 가서 보니 병이 깊어 보방을 허락받았는데, 박석의 처가 첩을 꼬드긴 틈에 유연이 첩의 지아비를 죽여 흔적을 없앤 것입니다.(「이생송원록」 요약)

큰 틀에서 보면 채응규는 유유이며 유연과 같이 고향으로 돌아가다 관아에 갇혔고, 병으로 보방된 뒤에 유연에 의해 죽임을 당했다는 진술이다. 두 공초에서 차이가 나는 부분은 「유연전」의 경우 이지와 심륭 등이 적극적으로 채응규를 유유로 간주한 것으로 보았지만, 「이생송원록」에서는 이지와 심륭을 채응규와 소극적으로 연결하고 있다는 점이다. 두 공초의 공통된 내용 외에는 각각 유연과 이지에게 유리한 방향으로 윤색되었을 소지가 다분하다. 다만 춘수가 유연을 살인자로 간주한 것은 남편 채응규를 유유로 확신하여 유연을 의심했거나 아니면 채응규와 미리 공모하여 유연을 얽어맨 것, 둘 가운데 하나일 것이다.

다음으로 유연의 공초를 보자.

> 이지가 편지를 통해 형 유유를 찾았다고 했으나 형수와 상의하여 노비를 보내 확인하니 아니었습니다. 채응규는 백씨에게 따로 보낸 편지가 있었으나 백씨는 잃어버렸다고 하며 보여 주지 않았습니다. 서울로 가서 채응규를 직접 보니 형이 아니었으며, 대구로 돌아오는 길에 그가 가짜라는 확신을 가져 관아에 넘겼습니다. 백씨는 내게 화를 내면서도 직접 형의 진위를 확인하지 않았고, 채응규가 사라진 뒤에는 내게 형을 죽인 혐의를 뒤집어씌웠습니다. 이지와 심륭은 멀리서 호응하였습니다.(「유연전」 요약)

> 이자첨과 이지의 편지를 보고 형수와 상의하여 노비들을 보냈으나 서로 본 바가 달랐습니다. 이지가 다시 형이 서울로 왔다고 하여 가 보았으나 반신반의하였습니다. 여러 사람의 의견이 달라 고향으로 가서 판별하려는 차에 채응규가 가짜임을 확신하고 관아에 넘겼습니다. 채응규는 춘수의 거짓 하소연으로 보방되어 달아났으나 춘수는 내가 형을 죽였다고 무고하였습니다. 백씨는 형의 진위를 살피지 않다가 도리어 춘수와 함께 나를 얽어매었습니다.(「이생송원록」 요약)

이지의 편지로 인해 유연과 백씨가 노비를 보내 사실을 확인하고 유연이 다시 직접 서울로 가서 유유를 만나는 과정, 대구로 돌아오는 길에 유연이 유유를 가짜로 여겨 관아로 넘겼다가 오히려 형을 죽인 혐의로 고발당하는 과정은 두 공초에서 일치하는 내용이다. 하지만 큰 차이도 있는데, 「유연전」에서는 백씨를 의심하고 이지와 심륭에게도 혐의를 두고 있으나 「이생송원록」에는 춘수와 백씨에 대해서만 진술한 것으로 나온다.

고문과 자백

유연의 진술은 이 사건을 이해할 수 있는 가장 핵심 내용이다. 유연은 형수 백씨와 사이가 좋지 않았으며, 백씨가 시동생 유연을 고발한 것은 사실이다. 「유연전」의 경우 춘수에 대해서는 소극적으로 기술했지만 이후의 사건 처리 과정을 보면 그녀 또한 유연에게 살인 혐의를 씌운 것으로 보인다. 문제는 이지와 심륭이 어느 정도 관여되어 있었는지 명확하게 알 수 없다는 점이다. 두 자료의 차이가 워낙 크기 때문이다.

그런데 유연이 이지와 심륭에 대해서 백씨나 춘수만큼 의심스럽다고 진술했더라도 실제 추국관은 유연의 말을 믿지 않았다. 채응규를 유유로 인정한 사람들이 있었고, 유연도 처음에는 형이라 믿은 정황도 있는 상황에서 그를 결박해 관아에 넘겼기 때문이다. 추국관은 춘수와 허의손의 진술이 사실이며 유연이나 노 몽합 등은 숨기는 것이 있다며 재차 신문하였다. 이 과정에서 고문이 동원되었다.

금부난장禁府亂杖 _김윤보, 「형정도첩」
의금부에서 죄인에게 집단 구타인 난장을 행하는 모습

　고문과 신문이 계속되자 몽합 등은 유연이 간수에게 뇌물을 주
어 감옥에 있는 유유의 죽음을 재촉하였고 보방된 뒤에는 박석을 시
켜 몰래 살해했다고 자백하였다. 시체는 금호강에 버려 찾을 수 없
다고도 하였다. 이러한 자백은 춘수의 주장과 거의 일치하는 것이었
다. 추국청에서의 신문은 죄인으로 의심되는 인물로부터 주로 자백
을 받는 과정이었고, 유연의 노비들이 범죄 사실을 인정한 이상 유
연만 자백하면 사건은 종료될 것이었다.

　자신의 죄를 쉽게 인정하지 않는 유연에게는 고문이 계속 더해
졌다. 태형에 쓰는 회초리보다 크고 두꺼운 신장訊杖으로 유연이 자
백할 때까지 볼기를 쳤다. 물론 시기상 유연에게 곤장을 친 것은 아

니었다. 버드나무로 노처럼 만들어 죄인에게 심각한 상처를 남기고 생명에 위협까지 주었던 곤장은 임진왜란 이후 사용된 것으로 추측된다.[123] 곤장은 변방의 수령 외에 일반 수령은 사용할 수 없었고 주로 군문이나 포도청 등에서 사용되었다.

고문에서 사용하는 신장 가운데 강상죄인의 신문에 사용된 삼성 추국 신장은 일반 신장보다 더 위협적이었다. 신장으로는 주로 무릎 아랫부분을 때려 볼기를 맞는 것보다 큰 고통을 주었다. 그 외의 고문으로는 정강이를 짓눌러 고통을 주는 압슬, 정강이를 밧줄이나 나무로 묶어 고통을 가하는 주리, 달군 쇠막대로 몸을 지지는 낙형 등이 있었다. 이러한 고문은 죄인의 자백을 받아 내는 데 유효하였지만 허위 자백을 강요할 가능성도 얼마든지 있었다. 압슬, 주리, 낙형 등은 후일 영조에 의해 공식적으로는 폐지되었다.[124]

여러 차례 신장으로 맞은 유연은 결국 범죄 사실을 자복하였다. 범죄를 자백한 이상 그는 사형을 피할 수 없었다. 마지막으로 유연은 위관 심통원에게 읍소와 원망의 말을 남겼다. 시간을 가지고 채응규와 형 유유의 행방을 찾아 생사를 확인한 뒤에 자신을 죽여도 늦지 않을 것이라는 읍소는 위관이 받아들이지 않았다. 그러자 유연은 위관에게 무리한 재판에 대해 항의하며 만일 자신이 죽은 뒤 형이 나타나면 자신의 목숨을 다시 살려 낼 수 있느냐고 따졌다. 심통원은 유연의 원망을 듣자 나졸을 시켜 그의 입을 질그릇과 돌로 짓 뭉개도록 하였다.

이는 허용된 고문의 범위를 벗어나는 것이었다. 그 때문에 추국에 참여했던 다른 관원 중에는 심통원의 지시를 못마땅해하는 이도 있었다. 하지만 이미 살인 자백을 받아낸 심통원은 거리낄 것이 없었다. 유연은 형을 살해한 강상죄가 확정되었고 결국 사형에 처해졌다. 이때 그의 나이 27세였다. 사형의 최종 결정권자는 국왕이었으므로 이 사건은 당연히 국왕에게도 보고되었다. 유연과 함께 노비 금석, 몽합도 범죄에 가담한 혐의로 처형당하였다.

『명종실록』에 의하면 유연은 능지처사凌遲處死되었다고 한다. 능지처사는 능지처참을 말하는 것으로 모반죄, 부모·형제·배우자·주인 등을 살해한 강상죄, 여타 중범죄를 저지른 죄인을 처형하는 방식 가운데 하나였다. 중국에서 유래된 이 가혹한 처형 방식은 살점을 하나하나 발라내고 나중에 팔다리를 잘라 며칠간에 걸쳐 극도의 고통을 죄인에게 주었다. 청나라에서는 실제 말기까지 능지처사가 행해졌다. 조선의 경우 자료가 충분하지는 않지만 수레에 죄인의 팔다리와 목을 매달아 찢어 죽이는 거열형車裂刑으로 대신한 것으로 보인다. 능지처사보다 덜 잔인한 방식이지만 사형 죄인에게 큰 고통을 준다는 본질은 바뀌지 않는다. 유연의 처형 과정을 정확하게 알 수는 없으나 형을 죽인 강상죄인으로 능지처사됨에 따라 이 사건은 일단락되었다.

단지 매를 때려 자복한 것을 가지고 갑자기 형을 해친 죄를 정하였으므로
항간의 시비가 한결같지 않았으니, 아마도 열흘 동안이나 깊이 생각하여
중요한 죄인을 잘 판결한다는 뜻과 맞지 않는 듯하다.

_『명종실록』

자백의 함정

1564년(명종 19) 3월 유연은 처형되었다. 처형 사실을 기록한
『명종실록』에서 유연은 재산을 차지하기 위해 오랜만에 나타난 형
을 결박하고 구타하여 대구 관아에 고소하였을 뿐만 아니라 끝내
살인을 저질러 온 도가 분노하였다고 당시의 상황을 설명하였다.
이는 추국과 자백, 그리고 처형에 이르는 과정이 정당하다는 의미
였다. 당일 실록 기사의 뒷부분에는 두 명의 사관이 남긴 논평도 남
아 있다.

한 사관은 유연이 박석에게 뇌물을 주고 자신의 노비를 시켜 형

유유를 데려와 결박한 뒤 몸에 돌을 묶어 금호강에 던져 버렸다고 추측하였다. 다른 사관은 유연이 서울에서 대구로 가는 길에 유유의 낯가죽을 벗겨 형이 아니라고 고발하였다는 다소 과장된 사실을 기록하였다. 다만 유연이 재산 욕심 때문에 형을 강물에 던졌거나 도랑에 묻은 것이 틀림없다고 한 판단은 다른 사관과 유사하였다.

당시의 실록 내용과 논평은 위관 심통원의 주도하에 이루어진 추국에서 나온 증언과 자백에 따른 것이었다. 하지만 사관의 논평 중에는 실록의 본문과는 달리 유연의 죄를 규탄하면서도 추국 과정에 의문을 제기한 부분이 있다. 강상죄와 같은 중죄는 반복적인 신문으로 진상을 명확히 밝혀 의심을 없애야만 사람들이 수긍한다는 것이다. 원론적인 언급이지만 이 말은 당시 추국관의 신문이 충분하게 이루어지지 않은 상황에서 재판이 끝났음을 비판한 것이다.

구체적으로 이 사관은 이지와 심륭이 돌아온 유유를 진짜로 간주하였지만 그들도 처음에는 얼굴을 알아보지 못했다고 진술한 점을 문제 삼았다. 말과 행동이 비록 유유이며 오랜 기간 풍상에 시달렸다고 하더라도 자형과 동생마저 얼굴을 몰라볼 수 있냐는 것이다. 유유가 가짜일 가능성에 대해서도 신중한 조사가 이루어져야 했다는 판단으로 읽힌다.

하지만 형이 아니라는 유연의 입장에도 불구하고 추국관은 유유가 맞다는 사람들의 진술을 정당한 것으로 채택하였다. 이 경우 유연이 재산 때문에 형을 가짜로 몰아 살해했다면 유유를 진짜로 보는 사람들이 어떤 이익을 얻을 수 있는지도 고려해 보아야 했다. 하지만 추국관들은 그러한 고려를 처음부터 생략했고 춘수나 백씨의 고발을 사실로 전제한 뒤 재판을 진행하였다.

또 하나의 의문은 유유의 시체를 찾지 못했다는 점이다. 이는 유연의 재판이 가진 명백한 한계 가운데 하나였다. 물론 유연이 형의 시체를 금호강에 버렸다면 발견하기는 쉽지 않았을 것이다. 하지만 시체를 강물에 버렸다는 언급은 전적으로 고발과 자백 과정에서 나온 것이었으며 시체를 찾지 못한 상황에 기댄 추론에 지나지 않았다. 추국관들은 유유가 가짜임이 탄로 나자 달아난 것은 아닌지, 혹은 제삼자가 그를 도주하게 한 것은 아닌지 조사했어야 했다.

이러한 과정이 생략된 채 결정된 유연의 강상죄는 당시의 사관도 의문을 품은 것처럼 고문에 의한 자백으로 만들어졌을 가능성이 있었다. 유연은 여러 차례 삼성추국용 신장으로 구타를 당하였고 입이 뭉개지기조차 했다. 유연이나 그의 노비들이 혹독한 고문을 견디지 못하고 허위 자백을 했을 수 있는 것이다. 강상죄인으로 지목된 이상 자백한 뒤 처형되거나 자백을 거부하다 고문 과정에서 죽을 수도 있었다. 자백하거나 않거나 어차피 그 앞에 놓인 것은 죽음이었다.

조선의 죄인 신문과 재판 과정에서 드러나는 큰 특징은 자백의 비중이 컸고 자백을 받는 과정에서 고신拷訊, 즉 일종의 고문이 허용되었다는 점이다. 특히 사형수의 경우 죄인의 자백이 담긴 결안決案을 받아야 재판이 종결되고 처형할 수 있었다. 죄인의 인적 사항과 자백 내용, 자백에 관한 확인 사항을 포함한 문서를 국왕에게 보고

하여 결재를 받은 뒤 적용할 법률 조문을 확정하여 다시 국왕의 최종 결재를 받아야 사형을 집행할 수 있었던 것이다.

재판을 끝내고 형을 집행하기 위해서는 죄인의 자백이 필수적이었던 이상 추국관들은 어쨌든 자백을 받아내려 하였다. 죄인에게 형벌을 과다하게 적용하는 남형濫刑의 문제는 태형이나 장형의 집행이 아닌 자백을 받는 과정에서 발생하는 경우가 더 많았다.[125] 죄인은 바로 자백을 하지 않는 이상 고문을 피할 길이 없었다. 대표적인 고문의 하나였던 신장은 한 번에 30대만 칠 수 있도록 법으로 규정하였다. 하지만 고문은 여러 번에 걸쳐 행할 수 있었으므로 죄인이 수백 대의 신장을 맞다가 죽는 일도 더러 있었다.

증거가 충분하지 않으면 재판은 자백에 의존했으므로 추국관의 주관적 판단에 따라 자백은 얼마든지 강요될 수 있었던 것이다. 유연은 고문 끝에 자백하였으므로 그 자백이 사실인지 아니면 고문에 의한 허위 자백인지는 명확하지 않았다. 이 때문에 실록의 사관도 유연의 범죄 사실을 대체로 인정하면서도 한편으로 일말의 의문을 제기하였던 것이다. 조선 후기로 갈수록 고문이 제한된 것은 인권 존중은 물론 자백의 사실 여부에 대한 시비의 가능성이 컸기 때문이다.

해소되지 않은 의구심

고문으로 인한 자백은 주요한 정치적 사건에서도 다수 확인된다. 유연 재판의 위관 심통원이 우의정이었을 당시 영의정을 지냈던 훈구 척신 윤원형은 을사사화를 일으켜 반대파와 사림 세력 다수가 죽음에 이르도록 만들었다. 윤원형이 자신의 첩 정난정을 시켜 누이인 문정왕후에게 대윤 일파가 역모를 꾀하고 있다고 고발하도록 한 것이 을사사화의 발단이었다. 이러한 정치적 무고 사건이 발생하면 수많은 사람이 고문을 받다 죽거나 처형되기 마련이었다.

을사사화가 일어난 지 2년이 지난 1547년(명종 2)에는 과천의 양재역에서 '위로는 여왕(문정왕후), 아래로는 간신 이기가 권력을 휘두르니 나라가 곧 망할 것이다.'라는 익명의 벽서가 발견되었다. 이를 빌미로 윤원형은 자신을 탄핵했던 송인수 등을 죽음으로 몰았고 자신과 권력을 다투었던 형 윤원로마저 죽게 했다. 윤원형의 전횡에 따라 을사사화 이래 몇 년간 100여 명이 희생되었다.

윤원형은 양반가의 얼녀로 관비의 딸이었던 첩 정난정을 정부인으로 삼기 위해 본처 김씨를 쫓아내기도 했다. 후일 문정왕후가 죽고 사림파의 탄핵을 받은 윤원형이 지방으로 쫓겨나자 본처 김씨의 계모인 강씨가 정난정을 김씨 독살 혐의로 고소하였다.[126] 이후 진행된 추국의 시작과 신문, 자백 과정은 진실 여부와 상관없이 이미 그녀를 살인 죄인으로 지목하고 있었다. 마치 윤원형이 수많은 정적을 제거하면서 추국이라는 합법적인 신문과 재판 절차가 활용된 것과 다름없던 상황이었다.

정난정과 윤원형의 몰락과 죽음은 그녀의 범죄 행위를 세상 사람들에게 진실로 믿게 만들었다. 유연 또한 형식적으로는 고소와 신문, 자백의 과정을 거쳐 처형되었다. 그런데 정치적 파장이 컸던 정난정 사건에 대해서는 세간의 반론이 없었지만 유연의 죽음에 대해서는 의심하는 사람들이 없지 않았다.

부인 이씨는 물론이고 채응규를 가짜로 판단한 이들은 유연의 강상죄를 인정하기 어려웠다. 추국에 참여한 관원 중에도 심통원의 위세에 눌려 반론을 펼치지는 못하였으나 처분 과정에 의구심을 품은 이들이 있었다. 이 사건을 기록한 사관 또한 일말의 의심을 가지고 있었다. 민간에서도 그의 처형에 동의하지 못하는 사람들이 있었다. 유조인柳祖訒 같은 인물은 유연이 억울하게 죽었다고 단언하기도 했다. 새로운 계기가 만들어지면 유연 사건은 재조사될 가능성이 열려 있었던 것이다.[127]

상속, 그리고 각자의 이해

유연이 올라와서 유유와 서로 보고는 드디어 함께 돌아가는 중에,
맏이 자리를 빼앗아〔奪嫡〕 재산을 마음대로 차지하려는 못된 꾀를 내어
결박을 지우고 상처가 나도록 구타하고는 자신의 형이 아니라고 하면서
대구부에 소송하였다.
_『명종실록』

제사 주관자를 둘러싼 논쟁

유연이 처형된 것은 형을 살해했다는 혐의를 받았기 때문이었
다. 그가 8년 만에 돌아온 형을 죽인 이유는 탈적奪嫡을 통해 재산을
차지하려는 데 있었다고 당시 사람들은 생각했다. 탈적이란 '적통을
빼앗다', 구체적으로는 집안이나 국가를 이어 나갈 적장자의 지위를
빼앗아 차지한다는 의미이다. 유유의 가출 이후 유연이 실제 장남
노릇을 하였으나 형이 살아 있는 한 집안을 대표하는 위치에 서 있
을 수는 없었다. 유연이 더 많은 상속을 받고 제사를 주관하면서 집
안을 이끌어 가기 위해서는 형이 사라져야 했던 것이다.

탈적의 주체는 다양할 수 있었다. 우선 서자가 적자와 맞서는 경우를 생각해 볼 수 있다. 적자 가계의 변고를 틈타 서자가 적통을 차지하려는 시도를 할 수 있으나 쉽지 않은 일이었다. 유연은 차자이지 서자는 아니었으므로 이 경우에 해당하지 않는다. 다음으로 아버지가 장남 대신에 다른 아들을 승중자로 삼는 경우를 들 수 있다. 이러한 사례는 종종 발견되며 많은 논란이 뒤따랐다.

세종 대 고위 관료 조말생趙末生은 장남이 죽자 막내아들에게 제사를 주관하도록 하였다. 장남에게 아들, 즉 장손이 있었으나 그도 아니고 둘째 아들도 아닌 막내에게 제사를 맡긴 것이다. 장손이 어려서 크게 다쳐 집안을 대표할 만한 자격이 없다고 판단했기 때문이다. 이때 장손을 대신해 막내아들을 택한 것은 아마도 그를 가장 총애했거나 그가 유능해서였을 것이다.

이 문제는 조정 대신들 사이에 치열한 논쟁을 불러왔다.**[128]** 조말생의 막내아들 조근과 장손인 조영 사이에서 제사 주관을 둘러싸고 소송이 벌어졌기 때문이다. 표면적으로는 집안을 대표하는 자가 누구여야 하느냐는 명분 싸움이었지만 그 이면에는 제사를 주관하는 이에게 더해지는 상속분을 둘러싼 갈등이 잠재해 있었다. 제사와 상속은 서로 긴밀하게 연관되어 있었다.

이 논란에 대한 조정 대신들의 입장은 크게 둘로 나뉘었다. 장손 조영을 지지하는 이들은 장자와 장손의 제사 주관이 종법의 원리에 맞을 뿐만 아니라 아버지가 애정에 따라 자의적으로 제사와 상속 대상자를 결정해서는 안 된다는 논리를 펼쳤다. 이 주장은 당대의 현실과 동떨어진 부분이 있었다. 당시 양반 사회에서 종법은 아직 일상적인 생활의 규범이 아니었다. 특정 자식이 가계를 잇고 제사를 주관할 경우 장남이 그 대상자일 수 있었으나, 여전히 여러 자녀가 돌아가며 제사를 지내는 윤회 봉사나 나누어 지내는 분할 봉사가 널리 퍼져 있었다. 조영을 지지한 이들은 종법을 조선 사회에 확산시키려는 의지를 드러낸 것이었다.

반면에 조말생의 결정을 지지한 사람들은 장자-장손의 제사 주관이 원칙적으로 옳지만 집안 사정에 따라 변경도 얼마든지 가능하다고 보았다. 더구나 부모의 의사를 존중하는 것이 자식의 도리라는 논리를 덧보탰다. 많은 사람들은 균분 상속과 윤회 봉사가 만연했던 당대의 현실에서 적장자 계승 원칙을 무작정 고집할 수 없었다. 또한 제사와 상속에 아버지의 입장이 일정하게 반영되기를 원하기도 했다.

논란을 지켜본 세조는 조말생의 선택대로 막내아들 조근이 계속 제사를 지내도록 하였다. 당시까지 조선은 장남으로 이어지는 종법의 일률적인 적용을 확정하지 못했던 것이다. 하지만 여러 자녀 가운데 특정 자식—주로 장남—이 제사를 주관할 수 있었고, 집안 사정과 아버지의 결정에 따라 그 대상이 바뀔 수도 있었다는 사실 역시 주목할 만하다. 다만 성종 대부터는 아버지가 불가피하게 장남 대신 다른 아들에게 집안을 책임지도록 하면 반드시 관청에 알려 확인을 받도록 하였다.[129]

차응참 사건

유연의 경우 아버지 유예원이 장남과 차남 모두 유고 상황에서 막내아들을 승중자로 명시적인 지목을 하지는 않았다. 유예원이 생전에 유연을 지목했다면 그가 탈적의 혐의를 받지는 않았을 것이다. 이제 유연과 비슷한 사례를 찾아보자. 동생이 형을 겁박하거나 부모를 움직여 탈적을 시도한 일도 분명 있었다.

1529년 아산에 살던 양반 차응참은 아버지의 명을 빙자해 형을 살해하였다. 적장자 자리를 차지하기 위해 형을 살해하였으므로 차응참은 유연과 마찬가지로 능지처참의 형벌을 받게 되었다. 그런데 이 사건은 실체가 다소 모호했다. 아버지는 자신이 직접 장남을 구타했다며 차남을 감싸고 돌았다. 평소 장남이 악행을 저질러 부자와 형제 사이가 매우 나빴기 때문이다.

차응참의 살인에 대한 직접적인 증거도 없었는데, 유일하게 그 집의 비부婢夫가 고문 과정에서 한 증언이 전부였다. 시체 역시 물속에 빠뜨려 구타 흔적과 같은 증거들을 확인할 수가 없었다.[130] 사형에 대한 최종 판결 권한은 국왕에게 있었지만 당시 국왕 중종 역시 쉽게 결정할 수 있는 사안은 아니었다. 명확한 것은 차응참의 형이 죽었다는 사실과 심문 과정에서 나온 비부의 증언뿐이었다.

조정 대신들의 견해는 장남의 자리를 빼앗으려 형을 살해한 죄를 물어 극형에 처해야 한다는 입장과 설령 형을 죽였더라도 아버지의 명령을 따른 것이며 증거도 충분하지 않으므로 극형에 해당하지 않는다는 입장으로 나뉘었다. 여기에서 확인할 수 있는 사실은 동생이 형을 살해할 경우 그 정확한 배경과는 무관하게 탈적의 혐의를 뒤집어쓸 수 있다는 점이다. 현실에서 아직은 장남이 유일하고 보편적인 가계 계승자로 확립되어 있지는 않았지만, 동생의 친형 살해는 가계 계승권과 재산에 대한 탈취로 간주될 수 있었던 것이다.

또 하나의 사실은 유연의 재판과 마찬가지로 증거가 불충분하더라도 진술과 증언에 의해 판결이 이루어지고 여기에는 고위 관료들의 경험적 판단이 개입된다는 점이다. 차웅참의 사건도 관료들의 주관적 판단과 국왕 중종의 결정으로 최종 판결이 내려질 것이었다. 처음 논의에서 차웅참에게 적용된 형벌은 능지처참 부대시不待時였다. 이는 시기를 가릴 것 없이 능지처참에 처한다는 의미였다.

원래 사형 집행은 만물이 생장하는 봄과 가을철에는 피하는 것이 원칙이었다. 하지만 열 가지 큰 죄악, 즉 모반謀反·모대역謀大逆·모반謀叛·악역惡逆·부도不道·대불경大不敬·불효不孝·불목不睦·불의不義·내란內亂 등의 죄를 지은 죄인은 이에 구애되지 않고 사형을 집행하였다. 차웅참에 대한 중종의 최종 판결은 교대시絞待時였다. 때를 가려서 교수형에 처하라는 것이다. 일종의 감형을 한 것인데, 차웅참의 입장에서는 능지처참이 아닌 것이 다행이라면 다행이었다.

탈적과 재산 분쟁

장남의 위상 강화와 진술에 근거한 판결은 30여 년 뒤 진행된 유연의 재판에서도 이어졌다. 물증을 과학적으로 확보하기 어려운 전근대 사회에서 재판의 방식이 쉽게 바뀌기는 어려웠지만 가계 계승자로서 장남의 위치는 시간을 거듭할수록 확고해졌다. 개별적이고 선택적으로 수용되었던 종법이 유연의 시대를 지나 17세기 이후 조선 사회에서는 보편적 가치로 자리를 잡게 된 것이다.

다만 탈적의 대상이나 내용은 민간과 왕실 사이에서 차이가 있었다. 민간에서는 자식이 없어 가계가 영영 끊기기도 하고 딸이나 외손자를 통해 제사가 이어지기도 했다. 17세기 이후 아들이 없으면 보통 양자를 들였지만, 그 이전 시기에는 의외로 많은 가계가 단절을 겪었다는 사실을 족보는 잘 보여 준다. 하지만 왕실에서 다음 왕위 계승자가 없거나 공주가 여왕으로 등극한다는 것은 상상할 수 없는 일이었다.

민간과 비교하면 왕실의 적장자 계승, 즉 종법에 따른 왕위 계승은 일찍이 삼국시대부터 부분적으로 관철되었다. 조선 왕실도 적장자 계승의 원칙을 지키려고 하였으나 현실에서의 구현은 쉽지 않았다.[131] 조선왕조 전체 27명의 국왕 가운데 적장자나 적장손, 혹은 적자가 없어 서장자庶長子가 순조롭게 왕위를 계승한 경우는 10명밖에 없었다. 반정이나 찬탈 외에도 성종같이 장자가 아닌 차자가 왕위를 이어받거나 인종-명종같이 형제 사이에 왕위가 이어지는 등 무수한 변칙들이 있었던 것이다.

조선 전기에는 다양한 정치적 환경에 따라 왕위가 적장자에게 계승되지 않더라도 예제상의 논란은 심각하지 않았다. 하지만 17세기에 일반 양반가의 종법 수용이 보편화하고 예학에 관한 연구도 활발해지면서 왕위 계승을 두고 다양한 논란이 뒤따랐다. 대표적인 것이 효종과 효종비의 죽음에 아버지인 인조의 두 번째 비였던 자의대비慈懿大妃의 상복 입는 기간을 둘러싸고 벌어진 예송 논쟁이다.

그런데 예송 논쟁에서 자주 언급되었던 표현 중의 하나가 『한서漢書』에 나오는 성서탈적聖庶奪嫡이라는 말이었다.[132] 이는 왕이 된 서자(뭇 아들)는 적통을 빼앗는다(차지한다)는 말로 장남이 아닌 차자라 하더라도 성인의 덕을 갖추어 제왕이 된다면 적통이 그에게로 돌아간다는 의미였다. 종법과는 다른 차자의 왕위 계승을 합리화하기 위해 빌려온 말로 왕실에서는 현실 상황에 따라 차자의 왕위 계승이 가능했던 것이다. 다만 왕위 계승과 관련된 예제 논쟁이 발생하고 이를 각종 전거를 들어 포장한 것은 주로 17세기 이후의 일이었다.

왕실에서의 탈적이란 말은 차자 계승을 합리화한 긍정적인 의미로도 사용되어 민간에서의 탈적과는 달랐다. 유연의 탈적은 가계 계승자로서의 명분 유무와는 상관없이 오로지 재산을 차지하기 위한 범죄로 간주되었다. 종법이 완전하게 뿌리내리지 않았고 그 적용 여부를 둘러싼 예학 논쟁도 아직 활발하지 않은 상황에서 민간의 탈적은 재산 분쟁으로 이해되었던 것이다.

유연의 재판에 참여했던 이들은 유유의 비정상적인 가출과 이후 집안일을 도맡아 주관했던 이가 유연이라는 사실을 고려하지 않았다. 재산을 노린 단순 범죄로 이 사건을 한정해서 바라보았던 것이다. 그렇지만 유연이 사실상 집안의 대표자가 될 수는 없었을까? 또한 형 유유가 없어진다고 유연이 마음대로 재산을 차지할 수 있었을까? 이 문제에 답하기 위해 형과 동생의 관계를 좀 더 살펴보도록 한다.

만약 적장자가 자손이 없으면 다른 아들이, 다른 아들도 자손이 없으면 첩의 아들이
제사를 받든다. 적장자에게 적자 없이 첩자만 있는 경우 동생의 아들로 뒤를 잇고자
하면 들어준다. 자신이 첩자와 함께 별도로 일가를 이루고자 해도 들어준다. 양인
첩의 아들이 자손이 없으면 천인 첩의 아들이 가계를 잇는다. 첩자로 가계를 이은
자는 개별 공간에서 어머니의 제사를 지내되 자신 당대에서 그친다.
_『경국대전』

제사를 지내는 자의 몫

제사는 죽은 이에 대한 공경의 표현이자 살아 있을 때와 마찬가
지로 자손들이 정성스럽게 봉양한다는 의미를 지닌 의식이다. 종법
이 뿌리내리기 전에는 제사 주관자를 특정하지 않고 그 부담을 자손
들이 나누려는 의지가 강했다. 조선 전기까지 여러 자녀가 윤회 봉
사를 하거나 아들이 없을 때 딸과 사위가, 이후에는 외손자가 제사
를 지내는 것도 그 때문에 가능했다. 자식이 없다면 조카가 제사를
지낼 수도 있었다.

이러한 제사 방식은 적장자가 제사를 주관하고 가계를 이어 나

가는 종법과 부합하지 않았다. 종법은 누가 제사를 지낼 것인지 그 대상자를 명확히 하였고, 죽은 이에 대한 단순 봉양이 아닌 가계의 계승이란 의미를 제사에 부여하였다. 오랜 관습으로 인해 조선에서의 적용이 쉽지는 않았지만 국왕과 관료들은 종법의 원칙을 현실에서 구현하려고 하였다. 『경국대전』의 봉사奉祀 조항도 이를 부분적으로 반영하였다.

『경국대전』은 조말생이 장손 대신 막내아들에게 제사를 주관하게 한 것과 같은 다양한 방식들을 원칙적으로 적장자가 주관하게 하려는 의도를 담았다. 그런데 적장자에게 아들이 없으면 불가피하게 다른 아들이 제사를 받들 수 있도록 하였다.[133] 이를 형망제급兄亡弟及이라 하였다. 만일 다른 아들에게도 아들이 없다면 이후에는 첩자에게 권한이 넘어갔는데, 양인 첩에게서 태어난 서자가 천민 첩에게서 태어난 얼자보다 우선하였다.

결국 적장자에게 아들이 없으면 법전상의 제사 승계 순서는 일단 차남-삼남-…… 순이었던 것이다. 물론 장남에게 아들이 있고, 그 아들이 또 아들을 둔다면 문제는 없었다. 원론적으로 장남은 가계를 잇고 제사를 주관하는 승중자의 위치에 있었다. 하지만 결혼이 곧 아들 출산을 보장하는 것은 아니었다. 자식이 아예 없거나 딸만 둘 수도 있었고 때로는 아들이 있더라도 결혼 전 혹은 후에 사망할 수도 있었다.

법전의 조항은 이러한 불가피한 상황까지 고려한 것이었고 실제로 현실에서 형망제급이 이루어지는 경우도 많았다. 장남이 아들 없이 죽었는데 입양을 하지 않았다면 차남에게 가계 계승권이 자연스럽게 넘어갈 수밖에 없었던 것이다. 16세기 영해의 재령 이씨 가문에서도 같은 일이 일어났다. 재령 이씨로 영해에 터전을 잡은 입향조入鄕祖 이애李璦의 장남 이은보李殷輔에게는 두 명의 아들과 세 명의 딸이 있었다. 그런데 두 아들 가운데 장남 광옥光玉이 아들 없이 부모보다 먼저 죽고 말았다.

장남이 죽은 뒤 이은보 부부는 형망제급을 선택했다. 이은보는 자신이 죽기 일 년 전인 1579년에 몸이 병들자 부인과 상의해 차남 광영光榮(뒤에 함菡으로 개명)에게 재산을 별급하였다.[134]

이때 별급한 재산은 모두 다섯 종류였다. 하나는 원승중元承重 몫, 즉 장남 대신 사실상 가계를 이은 차남에게 상속한 재산인데 내역은 나와 있지 않다. 이 승중조 외에도 서울의 기와집과 논, 밭, 노비를 별도로 차남에게 주었다. 다른 하나는 자신과 일찍 죽은 손자의 4명일(설, 단오, 추석, 동지)에 묘소를 소제하고 기제사를 지내기 위한 몫이었다. 마지막으로 먼저 죽은 자신의 전 부인 제사용 몫인데 역시 내역은 나와 있지 않다. 다만 이를 차남에게 전하면서 딸들이 제사에 힘을 보탰다면 나누어 사용하고 그렇지 않다면 혼자 가지도록 하였다.

차남 이광영이 형망제급의 대상이 되면서 별급 받은 재산은 명목이 나와 있는 것만으로도 7칸짜리 기와집, 논 32두락, 밭 43두락, 노비 5명이었다. 이 별급 상속이 이은보 부부가 가진 전체 재산에서 차지하는 양은 얼마나 될까? 이광영(이함) 남매가 이후 나누어 가

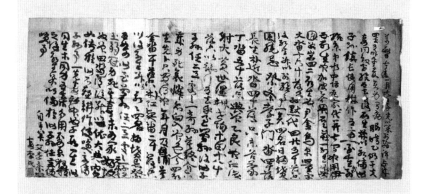

이광영 별급문기_영해 인량 재령 이씨 충효당 소장(자료 제공: 한국국학진흥원)

만력 7년(1579) 2월 18일 아들 광영에게 별급하여 주는 일.

내가 병이 있어 눈이 어두운지라 우리 부부가 함께 논의하여 재산을 별급하니, 후
소생後所生을 아울러 영원히 전하여 너의 자손들이 길이 사용하고 경작토록 하여
라.

一. 승중조 외에 서울 수중방의 기와집 7칸과 대전垈田, 논 16두락, 밭 25두락, 노
   비 2명과 그들의 자손을 별급함
一. 나의 4명일 묘소 주변 정리와 기제사용으로 논 13두락, 밭 18두락, 비 1명을
   주니 증손에 이른 뒤에는 너의 자손들이 임의 처분할 것
一. 손자 막종개는 6세에 죽어 가련하니 논 3두락, 노비 2명과 그들의 자손을 모
   두 4명일 묘소 정리와 기제사용으로 오래 사용하다 너의 증손에 이르러 임의
   처분할 것
一. 장남 광옥이 약관의 나이로 죽고 며느리가 총부家婦가 되지 못하여 원승중조
   전답, 노비와 그들의 자손을 모두 법전에 따라 너에게 전하니 가볍게 경작하거
   나 부리지 말고 영원히 자손에게 전할 것
一. 나의 전 부인 몫의 노비는 네 동생들이 힘을 합했거든 나누어 사용하고 그렇지
   않다면 혼자 소유하되 그 소생들도 모두 너의 자손에게 전해서 임의로 부릴 것

진 부모의 재산을 보면 그 대략을 짐작할 수 있다. 이함 남매는 부모가 죽은 뒤 1592년에 화회의 방식으로 재산을 나누었다. 그 규모는 논 183두락, 밭 312.7두락, 대전(垈田) 28.9두락, 노비 72명이었다. 이들 남매는 1619년에 그전의 상속에서 빠진 노비 10명을 다시 나누어 가졌다. 임진왜란 이후이므로 도망간 노비들을 고려하면 빠진 노비는 10명이 넘었을 것이다.

별급과 화회로 상속받은 전체 재산에서 별급이 차지하는 비중은 기록된 것만 해도 논 14.9퍼센트, 밭 12.1퍼센트, 노비 5.7퍼센트였다. 그런데 1592년 상속에서 이함은 봉사조로 노비 2명과 논밭 각 4두락을 다시 확보하였다. 그러므로 이함이 승중자가 되면서 상속받은 재산의 비중은 이보다 더 늘어난다. 더구나 서울 집과 영해의 종갓집, 명목을 기록하지 않은 재산까지 포함하면 비중은 또다시 많이 늘어나게 된다.

16세기 영해의 재령 이씨 집안은 양자 대신 차남을 승중자로 삼았다. 이 시기까지 양자를 들일 것인가 형망제급을 할 것인가는 각 집안의 선택에 달려 있었다. 다만 승중자가 차지하는 상속의 몫은 점점 늘어나고 있었다. 이를 통해 비슷한 시기에 살았던 유유 집안의 상속에 대해 유추해 볼 수 있다.

의심과 현실의 간극

이 집안의 장남 유치와 부인은 아버지 유예원보다 먼저 죽었다. 장남 부부에게는 아들 없이 딸만 한 사람 있었다. 이 딸은 후일 칠곡 출신으로 임진왜란이 일어나자 의병을 일으켰던 정여강鄭汝康과 결혼하였다. 장남 부부는 아들 없이 죽었지만 양자를 들이지 않았다. 아버지 유예원이 장남을 대신하여 가계와 제사를 책임질 이를 정한 기록은 확인되지 않는다. 따라서 법전에 따라 그 대상자는 차자 유유가 되어야 한다. 문제는 유유가 오랫동안 가출 상태에 있었다는 점이다.

1561년 유예원이 죽을 때까지 유유는 귀향하지 않았다. 유유가 가출하여 생존이 불분명한 상황에서 그다음 대상자는 누가 되어야 하는지는 관련된 법 조항이 없었다. 중국의 예제에서는 적장자 유고시에 그의 아들이나 동생이 대신 제사를 지낼 수 있었다. 유고 상황이란 타국에 가 있거나 큰 질병이 있거나 나이가 어려 제사를 주관할 수 없는 경우를 말한다.[135] 이때 아들이나 동생이 제사를 지내는 것은 적장자의 지위를 대신하는 것이 아니라 일시적인 제사의 주관만을 의미했다.

큰형이 죽고, 작은형이 가출한 상황에서 실제 막내아들 유연이 아버지의 상장례를 주도하였다. 그렇다고 유연이 승중자로 확정된 것은 아니었다. 형망제급이란 일시적으로 제사를 주관하는 것이 아니라 적장자의 지위까지 물려받는 것을 의미한다. 큰형 부부가 아들 없이 사망한 상황에서 유연이 가계를 이으려면 우선 작은형도 아들 없이 사망하는 변고가 있어야 한다. 그런데 가출한 작은형 유유는 언제든 돌아올 수 있고 아직 젊으므로 아들을 출산할 수도 있었다.

대구로 귀향한 유유가 감옥에서 사라졌을 때 사람들이 유연의 탈적을 의심한 것은 그 때문이었다. 유유 부부에게는 아직 자녀가 없었으므로 유유만 완전하게 사라진다면 유연은 형망제급의 관행에 다가갈 수 있었다. 하지만 유연이 집을 나간 유유를 찾아 나선 경험이 있었고 서울에서 유유를 다시 만났을 때 무척이나 기뻐했던 것을 보면 과연 그가 형의 자리를 빼앗으려 했는지는 의심스러운 점이 많다.

설령 유유가 완전하게 사라진다고 해도 유연이 바로 집안의 대표자가 될 수 있는지는 따져 보아야 할 문제가 있었다. 유유가 돌아왔을 때 그에게는 춘수라는 첩과 정백이라는 서자가 곁에 있었다. 『경국대전』에서는 적자에게 아들이 없으면 서자가 제사를 받들 수 있도록 규정하였다.[136] 돌아온 유유가 정말 유연의 친형이고 정백이 그의 서자라면 정백이 아버지 유유의 뒤를 이을 수도 있었다.

그런데 적자가 없는 이가 서자에게 제사를 물려줄 경우 그의 동생이 형망제급을 내세우며 서자인 조카와 재산 분쟁을 일으키는 일이 더러 있었다. 이러한 갈등은 논란 끝에 장남에게 비록 서자가 있더라도 적자가 없으면 동생이 제사 승계권을 가지는 것으로 정리되었다.[137] 형망제급을 인정한 것이다. 따라서 유유가 서자인 정백만 남겨 두고 죽었을 때 정백이 아버지를 이어 집안 제사를 책임지게 되리라고 장담할 수는 없었다.

한편으로 유유를 대신할 양자가 있다면 상황은 원점으로 돌아간다. 양자가 가계를 계승할 수 있기 때문이다. 다만 양자에 관한『경국대전』입후立後 조항은 본부인과 첩에게 모두 아들이 없을 때만 양자를 들일 수 있도록 규정하였다.[138] 유유 집안의 장남 유치는 적자도 서자도 없었으므로 입양할 수 있었지만 하지 않았다. 그에게 하나 있던 딸은 집안을 대표하지는 못하더라도 유치 부부 몫의 재산을 상속받고 그들의 제사를 지낼 것이다.

이때 유유나 부인 백씨에게는 두 개의 선택지가 있었다. 하나는 서자를 승중자로 삼는 방법이다. 하지만 적서의 차별 때문에 현실에서는 꺼리는 방식이었고, 동생 유연과 후일 갈등이 일어날 수도 있었다. "자신이 첩자와 함께 별도의 일가를 이루고자 해도 들어준다."라는 법전의 조항을 활용할 수도 있었다. 집안의 종통에서 떨어져 나와 서자와 별도의 지파를 형성하는 것이다. 서자는 집안 전체가 아닌 자신들의 제사를 책임지게 된다.

다른 하나의 선택지는 "적장자에게 적자 없이 첩자만 있는 경우 동생의 아들로 뒤를 잇고자 하면 들어준다."라는 조항을 활용하는 것이다. 서자가 아닌 동생 유연의 아들을 후사로 삼는 방식이다. 사실상의 입양에 해당한다. 유유가 사라진 뒤 백씨는 이 규정을 따를 수도 있었다. 하지만 백씨와 유연의 사이가 원만하지 않았던 상황에서 백씨가 쉽게 그런 선택을 할 리는 없었다. 승중 재산을 비롯한 다양한 권리가 유연이 아닐 뿐 결국 그의 아들에게로 넘어가기 때문이다. 그런데 당장 유연의 아들을 선택하지 않더라도 유연이 형망제급의 대상이 되면 그다음 승중자는 다시 유연의 아들이 될 수밖에 없었다.

이러한 정황으로 보아 유유의 유고 시에 유연이 집안을 대표하게 될 가능성이 높았다. 그렇다고 유연이 유유를 살해했다고 단정할 수는 없다. 실록의 편찬자는 유연이 재산을 마음대로 차지하려 한 것이 사건의 발단이었다고 이해하였다. 「유연전」을 다룬 여러 연구 중에도 마치 형이 없다면 유연이 재산을 독차지할 수 있었던 것으로 오해하는 경우가 많았다. 하지만 16세기는 균분 상속의 관행이 여전히 유지되는 가운데 장자를 서서히 우대해 나갔던 시기였음을 이해해야 한다. 유연이 부모의 재산을 마음대로 차지할 수는 없었던 것이다.

앞서 언급한 이함 남매가 1592년에 부모의 재산을 나누어 가진 문서를 보면 이는 명백해진다.[139] 부모 사후 이함의 오남매는 재산을 나누기 위해 모였는데, 참석자는 맏사위 이선도, 죽은 둘째 사위를 대신하여 그의 아들 이태운, 죽은 장남을 대신하여 부인 조씨, 차남 이함, 막내사위 박응발이었다. 뒤에 빠진 재산을 다시 나누는 것으로 보아 1592년에 나눈 재산이 전부는 아니었다.

16세기 말 이들 오남매의 재산 상속 방식은 대체로 균분을 지향하였다. 노비는 14명씩 똑같이 나누었으나 양적 균분이 어려웠던 토지의 각자 몫은 조금씩 차이가 있었다. 단순하게 양만 따져 보면 아들이 딸보다 좀 더 많았다. 아들 중에는 가계를 이은 차남 이함이 죽은 장남보다 약간 많았다. 하지만 토지의 생산량을 확인할 수 없으므로 양만으로 균분이 파괴되었다고 단정하기는 어렵다. 다만 부모 사후 이들 오남매는 재산을 고루 나누어 가지면서도 승중자인 차남이 일찍이 받은 별급분 외에도 별도의 봉사조 몫을 확보할 수 있도록 배려하였다.

유연 사건이 일어난 지 30년가량 지난 뒤 이루어진 이함 남매의 재산 상속이 유연의 집안에 그대로 적용되기는 어렵겠지만 16세기 후반의 상속 관행을 이해하는 데 많은 도움을 준다. 우선 균분의 관행이 유지되는 가운데 승중자의 몫이 점차 늘어나고 있었다는 사실이다. 『경국대전』에서는 승중자가 더 차지하는 몫을 5분의 1로 규정하였다. 자녀들이 노비를 5명씩 가지면 승중자는 1명을 더 가져가는 것이므로, 14명씩 나누었던 이함 남매의 승중자 별도 몫은 2~3명이다. 실제 봉사조로 2명을 승중자가 가져갔으므로 『경국대전』의 규정을 대체로 지킨 셈이다.

하지만 이함은 별급으로 이미 5명의 노비를 상속받았고, 확인된 것만 전체의 12~15퍼센트가 훨씬 넘는 토지와 기와집까지 물려받았다. 16세기 후반에는 별급 등의 방식으로 승중자의 상속 몫을 늘리고 있었던 것이다. 이런 추세를 적용한다면 유연도 승중자의 지위를 확보할 경우 다른 형제들보다 더 많은 재산을 상속받을 수 있었을 것이다. 하지만 그것이 유연의 재산 독점을 의미하지는 않는다.

이함의 죽은 형은 딸만 둘을 남겼는데 승중조를 제외한 부모의 재산을 균분 상속받았다. 유연의 큰형 유치도 이미 죽었지만 그의 몫은 딸에게로 상속될 것이다. 결혼해서 자식을 둔 유연의 세 누이도 각자의 몫을 확보할 수 있다. 유유와 유연의 경우 누가 승중자가 되느냐에 따라 상속 몫에 차이는 있겠지만 승중조 외에 각자의 상속분을 확보할 것이다. 문제는 유유가 실제 사망한다면 부인 백씨와 동생 유연의 관계가 복잡 미묘해진다는 데에 있었다. 실제 이 집안의 주요한 갈등 가운데 하나는 백씨와 유연 사이에서 일어났다.

총부, 큰며느리와 작은아들

장자長子의 아내로서 지아비가 죽고 아들이 없는 사람도 봉사奉祀할 집에
들어가서 살며 그 선대의 제사를 주관해 온 지가 오래이기 때문에 그의 직분이
또한 정해져 있는 것입니다. 조종조 이래로 성군과 현명한 재상이 적지 않았지만
총부가 제사를 주관하는 것에 일찍이 이견이 없었습니다.
_ 『명종실록』

흔들리는 큰며느리의 위상

중국의 종법은 맏이인 장남이 가계 계승자로서 제사를 주관하도
록 하였다. 조선의 법전은 이를 실천하기 어려운 상황을 대비하여
형망제급이라는 부차적 원칙을 천명하였다. 하지만 조선에서는 형
망제급과 충돌할 수 있는 오랜 관행이 존재했다. 바로 장남의 부인
을 총부冢婦라 하여 현실에서 우대하였던 것이다. 총부는 집안 내 여
러 며느리에 비해 지위가 월등하게 높았고 남편 유고 시 제사의 실
질적인 주관은 물론 가계를 이을 이를 선택할 수 있는 권한을 가지
고 있었다.

중국이 일찍부터 남성 중심의 부계 친족 질서를 확립하였다면 조선에서는 모계 친족의 영향력이 오랫동안 유지되었고 여성인 큰며느리의 역할도 컸다. 그런데 종법을 이상으로 생각했던 조선의 지배층은 처가살이의 전통을 시집살이로 바꾸고 모계 친족보다 부계 친족과의 일상적 유대를 강화하려고 하였다. 이 과정에서 총부의 권한도 논란이 될 수밖에 없었다. 유연이 살았던 16세기 명종 대에는 총부와 관련된 가장 많은 논란이 발생한 때이기도 했다.

총부는 넓게는 큰며느리를 가리키지만 주로 자식 없이 죽은 큰아들의 부인을 의미했다. 장남이 아들을 남기지 못하고 죽었을 때 법전대로 차남이 승중자로 제사를 주관할 것인지, 관습대로 총부가 남편 집안의 제사를 주관하고 가계를 이을 이를 선택할 것인지는 매우 미묘한 문제였다. 총부는 자신이 죽을 때까지 또는 양자를 들일 때까지 남편 집안의 제사를 주관할 수 있는 권한을 가졌던 것이다.

유유의 집안에서 총부는 장남 유치의 부인이었다. 하지만 유치와 그의 부인은 아버지 유예원보다 먼저 사망하였다. 그렇다면 이 집안에는 총부가 더는 존재하지 않는 것일까? 중종 대의 기록을 보면 "장남이 아들 없이 아내와 함께 죽었을 때는 차남의 아내가 장남의 아내를 대신해서 총부가 되어 조상의 제사를 받든다."[140]라는 내용이 있다. 이를 따른다면 장남 유치 부부가 죽은 상황에서 총부는 유유의 부인 백씨가 된다. 백씨는 유유의 유고 시 집안 제사를 이끌어 갈 권한을 가졌다.

총부가 양자를 들이지 않고 죽었을 때 차남의 승중이 인정되었으므로[141] 삼남인 유연의 승중은 형수 백씨가 양자를 들이지 않고 죽는 상황에서 가능했다. 하지만 총부의 권한은 형망제급 규정과 충돌할 수 있었다. 아마도 백씨는 총부권을 주장할 것이고, 유연은 형망제급을 내세울 것이다. 16세기의 논란은 현실에서 이런 상황이 여러 차례 발생했을 뿐만 아니라 궁극적으로 종법과 총부권이 충돌하기 때문에 일어난 것이었다.[142]

조정의 논의는 총부권을 강화하려는 입장과 형망제급을 준수하려는 입장으로 나뉘었고 어느 한쪽이 결정적 우위에 서지는 못하였다. 총부권을 지키려는 이들은 조선이 처한 현실과 관행을 존중해야 한다는 의견이었다.

> (우리의) 제도와 문물은 중국과 다릅니다. 사족 제도는 중국에는 없는데 우리나라에는 있고, 노비에 관한 법은 중국에는 없지만 우리나라에는 있습니다. 그렇다고 사족을 폐하고 노비를 없애겠습니까? (결혼해서) 부인이 남편의 집으로 가는 것이 순례順禮인데 우리나라에서는 남편이 부인의 집으로 갑니다. 무덤을 지키며 여막 살이 하는 것은 옛적부터 하던 일이 아닌데 우리나라에서는 3년을 여막 살이 합니다. 그렇다고 친영親迎을 복구하고 여막 살이를 폐하겠습니까? 이러한 일이 한 가지만이 아닌데 어떻게 한결같이 중국의 제도를 따를 수 있겠습니까?[143]

명종 대 사헌부에서 아뢴 이 내용은 조선과 중국의 문물제도가 다른데 일방적으로 중국의 제도를 따를 수만은 없다는 것이었다. 이러한 논리에 따라 중국에 없는 조선의 총부권도 존중되어야 함을 역설하였다. 이는 종법이 아직 뿌리내리지 않은 현실에서 나온 주장이기도 했다. 여기에는 형망제급의 실시로 총부권을 인정하지 않을 때 나타났던 사회적 갈등에 대한 우려도 깔려 있었다.

형망제급으로 차남이 가계를 잇고 제사를 주관하게 되면 그의 형수는 총부로서의 자격을 잃게 되었다. 차남의 부인이 총부의 지위를 이어받기 때문이었다. 이때 죽은 장남에 대한 제사와 홀로 남은 그의 부인에 대한 대우 때문에 갈등이 일어나는 집들이 있었다. 사헌부에서는 이를 "아들이 없는 형의 아내가 하루아침에 내침을 당하여 들판에서 울부짖고, 아우는 형의 죽음과 아들 없음을 다행으로 여겨 형의 집을 빼앗고 형의 아내를 내치고서 희희낙락하는" 패륜적 상황으로 이어진다고 보았다.[144]

다소 과장이 섞였지만 총부의 권한을 상실한 큰며느리의 입장은 매우 난처해질 수 있었던 것이다. 우선 그녀는 승중이나 봉사조 몫의 상속 재산을 모두 시동생에게 넘겨야 했다. 앞에서 보았듯이 전체 재산에서 차지하는 승중이나 봉사조 재산은 계속 늘어나고 있었다. 다음으로 조상의 신주가 보관된 집의 소유권을 시동생에게 넘겨야 했다. 이 때문에 거처를 옮겨야 할 수도 있었다. 하루아침에 들판에 내침을 당한다는 말은 여기에서 나온 것이다.

상속 대상 재산에는 토지와 노비 외에 주택도 당연히 포함되었다. 균분 상속의 관행이 유지되었을 때, 재주가 여러 채의 집을 소유하였다면 이 역시 자녀들에게 골고루 상속될 수 있었다. 이 경우 봉사조 주택은 다른 집에 비해서 규모가 큰 것이 일반적이었다. 만일 자녀에 비해 주택이 충분하지 않다면 봉사자 또는 승중자인 장남에게 우선 상속되었다.[145] 이런 경향은 상속에서 장남의 비중이 커질수록 확고해졌다.

총부와 시동생의 갈등 이면에는 재산 상속의 문제가 있었다. 더구나 시동생의 태도에 따라 총부는 매우 불안정한 삶을 살 수도 있었다. 이상적으로는 큰며느리와 작은아들 부부가 함께 살면서 제사에 공동 참여할 수도 있을 것이다. 그런데 당시 관료들은 이도 쉽지 않다고 보았다. 중국은 가옥 구조가 대가족을 수용할 수 있지만 조선은 형제도 같이 거주하기 어려운, 즉 소가족에 맞추어져 있다는 것이다. 또한 노비들도 주인이 누구냐에 따라 편이 갈려 싸우기 쉬운 현실에서 형제가 같이 사는 것이 매우 어렵다고 인식했다.

가옥 구조로 보나 일상에서의 갈등 발생 우려로 보나 큰며느리와 작은아들 부부가 한집에서 살기 어렵다는 것이다. 또한 여성의 재혼이 금지되어 있어 젊어서 총부가 된 이는 남편도 자식도 재산도 없이 쫓겨나 평생 홀로 지내야 한다는 우려도 있었다. 같이 살 수도 없고 총부가 쫓겨나서도 안 된다면 방법은 총부권을 인정하는 수밖에 없었다. 하지만 법전에 규정된 형망제급을 무시할 수도 없는 노릇이었다.

1554년(명종 9) 사헌부는 총부의 범주를 좀 더 명확히 하여 논란을 줄이려 하였다. 총부를 부모 사후 제사를 모시다 죽은 장남의 처와 부모 사망 이전에 먼저 죽은 장남의 처로 구분하였던 것이다. 이 가운데 총부권을 명확하게 인정한 것은 전자였다. 부모가 모두 죽은 뒤 제사를 주관하던 장남이 아들 없이 사망한 경우에만 그의 부인이 총부가 될 수 있도록 한 것이다. 그 나머지는 형망제급을 따라야 했다.

다시 유유의 집안으로 돌아오자. 유유와 유연의 어머니는 일찍 사망하고 아버지 유예원은 1561년에 죽었다. 가출한 유유가 첩, 서자와 함께 서울에 나타난 것은 1563년이고 동생 유연을 만나 대구로 돌아온 것은 1564년 초였다. 1554년에 규정된 총부의 범주를 따르면 유유는 부모 사후 생존해 있었으므로 부인 백씨는 총부가 될 수 있는 일차적 자격이 있었다. 문제는 1561년 유예원 사후 이 집안의 제사를 누가 주관하여 지냈는가 하는 점이다.

가출한 유유는 부모의 상과 제사를 돌보지 않았다. 만일 남편 유유의 부재 상황에서 백씨가 제사를 주관해 왔고 유유가 자식 없이 죽었다면 백씨의 총부권은 한층 명확해질 것이다. 그런데 유예원의 죽음 이후 1564년 유연이 처형당했던 시점까지 이 집안의 제사를 누가 주관했는지는 자료를 통해 확인하기 어렵다. 유연이 이를 주관하였고 유유가 사망했다면 유연이 형망제급에 의해 가계를 이을 가능성이 더 크다.

여러 정황상 유연이 집안의 제사를 주관했을 가능성이 있지만 그럼에도 불구하고 형이 살아 돌아온 이상 그 권한을 형에게로 넘겨야 했다. 사람들이 유유가 동생 유연에 의해 살해되었다고 보는 이유가 여기에 있었다. 반면 백씨는 집과 승중 재산을 시동생에게 넘기지 않기 위해서는 총부가 되어야 했다. 백씨가 시동생 유연을 살인자로 고발한 이면에는 이러한 재산권의 문제가 있었다.

백씨의 처지에서 보면 오랫동안 생사를 몰랐던 남편 유유가 돌아왔을 때 부부 사이가 좋았건 나빴건 간에 일단은 안도할 수 있었다. 남편 유유는 자신의 몫을 상속받을 뿐만 아니라 승중자의 위치에 서고 자신은 총부가 될 수 있었기 때문이다. 그런데 갑자기 감옥에 있던 유유가 사라졌다. 그가 가짜여서 도망했을 수도 있지만 남편의 장기 부재 혹은 사망은 시동생 유연이 승중자가 될 가능성이 더 커짐을 의미했다. 유연의 태도에 따라 그녀는 거처할 곳이 없을 수도 있었다.

1579년 영해의 이은보는 "장남이 젊은 나이로 죽고 며느리가 총부가 되지 못하여 승중 재산을 법전에 따라 차남에게 전한다."라고 하였다. 이은보는 1554년의 규정에 따라 부모보다 먼저 죽은 장남의 처를 총부로 인정하지 않고 형망제급에 따라 차남 이함을 승중자로 정했던 것이다. 1627년 이함은 자신의 몸이 병들자 유언의 형식으로 자식들에게 재산을 상속하였다. 그때 그는 "형님이 일찍 죽고 형수가 총부가 되지 못하여 아버지께서 승중 재산을 나에게 전해 주셨다. 집이 나의 것이 되고 형수는 집이 없어 거처할 곳을 빌려주었다."라고 하였다.[146]

남편이 일찍 죽어 총부가 되지 못한 이은보의 큰며느리는 시부모의 집이 시동생에게로 상속되자 갈 곳이 없었다. 이 때문에 집을

이함 유언_영해 인량 재령 이씨 충효당 소장(자료 제공: 한국국학진흥원)
1627년 74세 이함이 자손들에게 재산 처리에 관한 지침을 내리고 학문에 힘쓰기를
당부하며 만든 유언장. 형을 대신해 자신이 승중자가 된 사연도 포함되어 있다.

빌려서 기거한 것이다. 총부가 되지 못한 큰며느리는 이처럼 거처를
옮겨야 하는 경우가 실제 있었던 것이다. 더구나 부모 사후 제사를
지내다 죽은 장남의 부인이라고 해서 안심할 수는 없었다. 형망제급
은 총부가 아닌 작은아들의 권한을 우선으로 인정한 법 규정이었기
때문이다. 시간이 갈수록 조선의 고유 관행이었던 총부권은 위협을
받았다.

권리를 지키려는 총부

총부들은 이에 맞서 매우 적극적으로 자신의 지위를 지키려고
하였다. 시동생에게 재산이 넘어가기 전에 재산을 처분하는 이도

있었지만 이는 주변의 비난을 받을 수 있었다. 합법적이면서도 종법과 부합하는 유일한 해결책이 따로 있었다. 바로 양자를 들이는 것이었다. 양자는 죽은 남편을 이어 집안의 제사를 책임지고 승중재산을 상속받게 될 제일순위자였다. 양자라 하더라도 장남의 아들 신분으로 가계를 잇는 것이었으므로 여기에 시동생이 끼어들 여지가 없었다.

입양은 총부가 자신의 지위를 시동생으로부터 지키기 위해 받아들인 고육책이란 측면도 있었지만 종법과 충돌 없이 자신의 이익을 실현할 수 있는 좋은 수단이었다. 16세기 조선의 여성들은 매우 적극적으로 입양과 상속을 자신에게 유리한 방향으로 이끌려고 노력하였다. 이언적李彦迪의 처 박씨도 그러한 인물이었다.

이언적은 이황으로 이어지는 성리학의 학문적 전통을 세웠으며 경주 양동의 여주 이씨를 대표하는 인물이기도 했다. 그는 을사사화 당시 관직에서 물러났고 윤원형이 일으킨 양재역 벽서 사건에 연루되어 평안도 강계로 유배를 떠났다가 많은 저술을 남기고 그곳에서 세상을 떠났다. 그런데 그와 부인 박씨 사이에는 자식 없이 서자 이전인만 있었다. 이전인은 아버지 이언적을 강계 유배지에서 정성스럽게 모셨고 사후에는 시신을 운반하여 안장하였다.

서자 이전인이란 존재는 박씨를 매우 곤혹스럽게 만들었다. 남편이 다른 여성과 관계해서 태어난 서자에게 친자식과 같은 정이 가지는 않았겠지만 무엇보다도 당혹스러운 점은 남편과 자신이 죽은 뒤 가계 계승권은 물론 재산이 그에게 돌아갈 수 있다는 사실이었다. 박씨가 선택한 방식은 자신과 피 한 방울 섞이지 않은 점은 서자와 마찬가지지만 양자를 들이는 것이었다. 그녀는 유배지의 남편과 논의해 남편의 오촌 조카인 이응인을 양자로 들였다.[147]

박씨는 여기에서 한걸음 더 나아가 자신의 친정 조카를 양자 이응인과 결혼시켰다. 남편의 재산은 물론 자신이 친정으로부터 상속받은 재산을 양자와 자신의 친정 조카에게 상속할 수 있는 길을 연 것이다. 이처럼 박씨는 적극적으로 가계 계승과 재산 상속에 자신의 의중을 반영하려고 했다. 다만 이언적은 서자 이전인이 멀리 유배지로 찾아와 효도를 다한 것에 감동하여 죽기 전에 그에게 집 한 채와 노비 8명, 토지 5섬지기 이상을 상속해 주었다.[148] 이는 후일 그가 받을 수 있는 차별을 우려한 선제적 조처로 읽힌다. 이때 상속한 재산은 이언적 당대에 마련한 것으로 조상 대대로 내려온 재산은 가계를 잇는 양자에게 돌아갔다.

박씨는 이언적이 생존했을 때 양자를 들여 가계 계승 문제를 매듭지었다. 아들 없이 남편이 먼저 죽은 총부들 역시 적극적으로 양자를 받아들였다. 입양은 총부의 입지를 안정시키고 재산을 지키는 방편이었지만 아들이 없는 장남의 가계 계승을 보장하는 수단이기도 했다. 법적으로 일차적인 입양 대상자는 장남의 친조카였으나 이언적의 사례처럼 친조카가 없으면 5촌, 다시 7촌이나 그 이상으로 확대되었다.

한편으로 총부의 처지에서 보면 긴장 관계에 있었던 시동생의 아들을 양자로 삼으면 자신의 지위는 유지할 수 있으나 결국 제사 주관 권한과 승중 재산은 시동생의 아들에게 돌아가는 것이었다. 이 때문에 다소 먼 친척의 아들을 양자로 데려오려는 이들도 있었다. 이 또한 논란이 되었지만 입양의 확산과 함께 양자의 대상 범위도 갈수록 확대되었다. 조선 사회는 서자가 있어도 양자를 들이려 하였고, 장남이 아니라도 아들이 없는 양반들은 누구나 양자를 들이면서 양자의 대상 범위도 넓어졌다.[149]

이언적의 부인 박씨에 비해 유유의 부인 백씨는 훨씬 더 어려운 상황에 처해 있었다. 그녀에게는 자녀가 전혀 없었고 오랫동안 집을 나갔다가 남편을 자처하며 돌아온 이는 다시 행방이 묘연해졌다. 시동생 유연을 고발한 그녀는 한걸음 더 나아가 남편의 서자로 알려진 정백을 데려왔다. 남편 유유가 죽었고 정백이 서자라 하더라도 이제 백씨에게는 남편의 친아들이 생긴 것이다.

족보를 보면 유연에게는 인仁이라는 한 명의 아들이 존재한다. 구 족보에는 유연의 아들이 사호思潮로 기재되었다가 이후 사호는 유연의 사촌인 유황의 아들로 정정되고 그 자리에 인이 수록되었다. 더 이상의 내용이 족보에는 없어 이러한 혼란이 일어나게 된 원인을 정확하게 알 수는 없다. 「유연전」에도 유연의 아들 이야기는 나와 있지 않다. 아마도 어린아이여서 그랬을 것으로 보이는데, 유연이 27세에 죽었으므로 아들을 둘 만한 나이임은 틀림없었다.

족보의 기록대로 유연에게 아들이 있었다면 백씨는 더욱 불리하게 된다. 아버지의 상장례를 주관하고 아들까지 둔 그가 형님을 대신해 승중자가 될 가능성이 매우 컸기 때문이다. 백씨가 정백을 받아들인 것은 이러한 상황에 대한 적극적인 대응으로 보인다. 『경국대전』의 규정에 따라 유연에게 아들이 없거나 혹은 있더라도 어린 나이에 요절하는 일이라도 생긴다면 서자 정백이 이 집안의 유일한 친손자로 가계를 이어 나갈 수도 있었다.

정백의 존재는 백씨에게 총부의 지위를 누릴 수 있는 실낱같은 희망을 안겨 주었다. 더불어 승중 재산과 가옥도 유연에게 넘기지 않을 수 있었다. 그런데 유연은 아들의 유무와 상관없이 형을 살해한 죄로 결국 처형되었으므로 완전하게 승중자의 위치에서 멀어졌다. 이제 집안일의 주관은 일단 백씨에게로 권한이 넘어갔다. 그녀의 바람대로 모든 일이 전개된 것인지도 모른다.

당시 양반들은 서자의 가계 계승을 가문의 위상을 하락시키는 것으로 간주하여 적자가 없으면 양자를 들이곤 하였다. 하지만 백씨는 양자를 들이지 않았다. 시동생 유연의 아들을 입양할 리 만무했고 유연의 친척들로도 눈을 돌리지 않았다. 더구나 유연의 집안은 당시까지도 입양을 수용하지 않았다. 유연의 아버지 유예원에게는 모두 세 명의 형이 있었다. 큰형의 장남은 딸만 하나 있었고, 차남은 자식이 전혀 없었으나 모두 입양을 하지 않았다. 셋째 형에게도 아들이 한 사람 있었는데 그에게도 자식이 없었으나 역시 입양을 하지 않았다. 부계의 단절을 그대로 둔 것이다.

양반가에 따라서는 일찍부터 종법의 실천과 가계 계승에 관심을 가진 이들이 있었는가 하면 유연의 집안처럼 이를 받아들인 시기가 늦은 사례도 있었다. 여기에다 집안의 갈등과 백씨의 개인적 욕심이 더해져 유유의 양자는 고려되지 않았다. 더욱이 유유의 죽음이 확실하게 밝혀진 것도 아니었다. 유연의 살인 혐의가 강압을 못 이긴 허위 자백에 의한 것이라면 유유는 언제 다시 나타날지도 모를 일이었다.

사림의 세상, 이지의 재판

또 다른 유유의 출현

갑자년(1564)에 서울에서 유연이 그 형 유유를 죽인 일로 옥사가 일어났는데 승복을 받아 법으로 다스린 일이 있었다. 그 뒤에 내가 평안도를 왕래할 때 유유가 여전히 살아 있어서 마음속으로 적잖이 의심하였다. 수십 년이 지나서 다시 들어 보니 유유는 분명 죽지 않았다 하므로, 유연이 처형된 것은 실상 억울한 일이었다.

_『문소만록』

사림의 부상과 사건의 새 국면

유연이 처형되고 여러 해가 흘렀다. 그사이 조선의 국왕은 명종에서 선조로 바뀌었다. 선조의 즉위와 함께 정치적으로는 완전한 사림의 시대가 도래했다. 명종 대까지 사림 세력은 여러 차례의 사화를 거치며 큰 피해를 보았다. 앞서 언급한 이문건이나 유희춘도 직접적인 사화의 피해를 본 인물들이었다. 지방관이었던 유예원의 정치적 활동은 파악하기 어려우나 이문건과 수시로 교류하였고 아들 유연을 그에게 맡기기도 하였다.

사림과 훈구를 명확하게 구분하기는 어렵지만 일반적으로 훈구

165

는 세조 대 공신 세력을 필두로 왕실과의 혼인 관계 형성 등을 통해 오랫동안 정치권력을 장악했던 인물들을 말한다.[150] 윤원형과 심통원은 명종 대를 대표하는 훈구 척신이었다. 윤원형은 명종의 어머니인 문정왕후의 동생이었고 심통원은 명종비 인순왕후의 종조부였다. 윤원형은 문정왕후 사후 1565년(명종 20) 사림의 탄핵을 받아 관직을 삭탈당하고 지방으로 쫓겨났다 죽었다. 심통원은 같은 해 탄핵을 받고 사직했다가 1567년 선조의 즉위와 함께 이이 등의 탄핵을 다시 받아 결국 관직을 삭탈당했다.

심통원은 유연의 재판 당시 책임자였던 위관이었다. 유연의 자형 이지는 명종과의 교분으로 공신에 봉해진 인물이었다. 선조의 즉위는 사림의 중앙 정계 장악이라는 역사적 변화를 가져왔지만 유연 사건에도 미묘한 파장을 불러일으켰다. 탄핵당한 훈척 심통원이 지휘한 재판, 종친 이지가 관련된 재판의 정당성에 의문을 제기할 수 있게 된 것이다. 더구나 유연을 죽음으로 내몰았던 재판의 증거가 충분하지 않다는 비판은 당시에도 있었다.

「유연전」을 보면 유연의 추국에 참여한 관원으로 심통원 외에 홍섬洪暹, 기대항奇大恒과 홍인경洪仁慶의 이름이 보인다. 『명종실록』의 관직 임명 기록을 기준으로 할 때 홍섬은 당시 대제학, 기대항은 이조 참판이었고,[151] 홍인경은 신문 기록을 담당한 문사낭청問事郎廳이었다. 기대항은 가혹한 고문에, 홍섬과 홍인경은 증거가 충분하지 않음에 불만을 느꼈지만 심통원의 위세에 눌려 사건을 그대로 처리하였다.

기대항은 권신 이량과 가까워 비난을 받았으나 이후 이량의 축출에 공을 세워 사림이 화를 피했다는 이유로 칭송을 받기도 하였다.[152] 그는 유연이 처형당한 해에 사망하여 이 일을 더는 공론화할 기회가 없었다. 홍인경도 1568년(선조 1) 부친상을 당해 관직을 그만두었으므로[153] 유연 사건을 재론하기 어려웠다. 이량을 탄핵하고 사직한 전력이 있었던 홍섬은 후일 이 문제를 언급하였다. 이러한 언급과 비판은 다른 관료들에게도 직간접으로 전달되었다.

유연의 재판에 대한 재조사의 필요성을 실제 제기한 인물은 정엄鄭淹이었다.[154] 1571년(선조 4) 사헌부 장령이었던 그는 유연 사건에 의심의 여지가 있다는 의견을 냈다. 유연이 처형된 지 7년 만의 문제 제기였다. 유연과 정엄의 개인적인 연결고리는 확인되지 않는다.[155] 정엄의 의견은 오히려 그와 같은 사림이 중앙 정계의 전면에 등장하고 심통원과 같은 훈척이 처벌받았던 시대 상황과 관련 있는 것으로 보인다. 그는 유연의 죽음을 지난날 훈척 대신들에 의해 자행된 잘못된 재판의 하나로 판단했거나 적어도 증거가 불충분한 미심적은 사건으로 인지했을 가능성이 큰 것이다.

정엄은 광주 출신의 사림으로 기대승, 고경명, 유희춘 등과 친분이 있었다.[156] 『선조실록』에서 그의 평가는 공손, 성실, 단정, 정확 등 긍정적인 평가로 가득 차 있다. 지방관에 재직 중일 때에도 좋은 평가를 받았는데, 남원 부사 시절에는 주민들이 중앙 관리로 교체되어 가는 것을 바라지 않을 정도였다.[157] 이러한 사실들로 미루어 보아도 그의 문제 제기는 언관으로서의 직분에 충실했던 것으로 이해할 수 있다. 정엄의 문제 제기에 당시 추국에 참여했던 홍섬도 동조하였다.

하지만 선조는 그들의 의견을 수용하지 않았다. 이미 여러 해가 지난 판결이고 정치적 사건이 아닌 강상죄로 처벌받은 사안이었기 때문이다. 유희춘은 그의 일기에서 형옥에 대한 임금의 판단이 정확하다며 선조의 판단을 존중했다. 유희춘의 『미암일기』는 임진왜란으로 많은 사료가 불타고 없어져 『선조실록』을 편찬할 때 초반부의 공백을 메우는 데 활용되었다. 정엄과 관련된 부분도 『선조실록』에 그대로 삽입되었다.[158]

즉위 전의 선조에게 학문을 가르쳤고 선조 즉위와 함께 유배에서 풀려나 중앙 관계로 복귀한 유희춘은 새로운 국왕의 판단을 적극 지지하였다. 유연 사건의 정치성이 주목받지 않은 이상 다른 언관들도 정엄의 의견을 적극적으로 거들고 나서지 않았다. 사건의 새로운 증거가 나타나지도 않았고 당시 위관이었던 심통원은 이미 관직이 삭탈된 상태였다. 이러한 상황에서 선조의 거부로 정엄의 재조사 요구는 현실적인 동력을 상실할 수밖에 없었다.

그럼에도 불구하고 유유의 시체가 발견된 것은 아니어서 조정에서는 유유가 아직 살아 있다고 말하는 이들이 있었다. 관료들 가운데에는 당시 판결의 정당성에 의문을 가진 이들이 여전히 남아 있던 것이다. 정치적 갈등으로 인한 사건은 아니었지만 유연의 재판은 당대인들에게 상당한 관심의 대상이었다. 새로운 단서나 증거가 나타나면 이 사건은 얼마든지 다시 수면 위로 떠오를 수 있었다.

단순 사건의 정치화

유연의 사례와는 다르지만 단순해 보였던 재판이 커다란 정치적 파문을 불러오는 경우가 더러 있었다. 1575년(선조 8) 황해도 재령에서 양반 한 사람이 죽었다. 살인으로 의심되었고 피의자는 그 집의 노비였다. 노비의 주인 살해는 유연과 마찬가지로 강상죄의 하나였다. 삼성교좌의 방식으로 심문이 이루어졌는데 위관에 임명된 이가 좌의정 박순朴淳이었다. 그런데 시체에 대한 확인 조사 과정인 검시檢屍가 잘못되어 사인을 밝힐 수가 없자 박순은 판결을 미루었다.[159]

강상 범죄일 수 있는 중대한 사건에 증거가 명확하지 않은 난처한 상황이 벌어진 것이다. 박순이 계속 판결을 미루자 지의금부사 홍담이 증거가 없는 이상 피의자를 석방해야 한다는 주장을 펼쳤다. 이 때문에 검시가 다시 이루어졌는데, 사인을 적시하지 않거나 질병으로 인한 죽음의 가능성을 언급한 혼란스러운 보고가 올라왔다. 결국 박순은 조정으로 논의를 미루었고 여기에서도 결론이 나지 않자 선조는 피의자의 석방을 명령했다. 피의자인 노비를 고문하여 강상죄를 확정 짓기보다 증거 불충분으로 석방한 것은 유연 재판과 비교하면 진일보한 조처였다.

하지만 이것으로 사건이 종결되지는 못하였다. 사헌부에서 다시 노비를 가두고 심문할 것을 요청한 것이다. 사간원에서는 의견이 갈려 정언 김응남은 사헌부의 의견에 동조했으나, 대사간 유희춘은 옥사를 두 번 일으킬 수 없다며 국왕의 판단을 존중하였다. 의견이 갈리자 마지막으로 홍문관이 나섰다. 홍문관은 사헌부의 판단을 옳게 여기고 이에 동조한 사간원의 김응남을 제외한 나머지 간원들을 교체할 것을 요청하였다. 선조는 결국 홍문관의 요청을 받아들였다. 이로 인해 대사간은 유희춘에서 허엽으로 바뀌었다.

그런데 죽은 이의 친족으로 의심받았던 허엽은 노비를 반드시 처벌하려고 하였으며 위관 박순에 대한 추고推考까지 요구하였다. 이는 막대한 정치적 파장을 불러일으켰다. 평소 심의겸과 갈등 관계였던 김효원이 허엽의 견해에 동조하면서 박순을 심의겸과 같은 부류로 내몰았다. 조정 내 대립이 갈수록 커지는 가운데 이이가 이를 조정하려 하였으나 실패하였다. 김효원과 심의겸이 평소 이조전랑吏曹銓郞 자리를 두고 빚었던 갈등은 이 사건으로 더욱 격화하여 동인과 서인이라는 당파의 형성으로 귀결되었다.[160]

재령에서 발생한 한 양반의 의문스러운 죽음은 사건의 처리 과정에서 정치적 갈등으로 변질되었다. 조선왕조실록이나 여타의 기록들은 피의자인 노비가 어떻게 되었는지 서술하지 않았다.[161] 관심은 온통 정치적 대립에 쏠렸고 기록자의 위치에 따라 특정 세력을 비난하는 데 집중하였다. 그나마 유연 재판보다 진전된 점은 강상죄의 혐의가 있다고 하더라도 증거가 명확하지 않은 상황에서 피의자를 처벌해서는 안 된다는 견제가 이루어졌다는 사실이다.

진짜 유유의 등장

심통원이 유연에게 가혹한 고문으로 자백을 강요했을 때 주변에서 누군가 증거가 없으므로 처벌할 수 없다는 견해를 강력하게 밝혔다면 재판의 결과는 달라졌을 수 있었다. 하지만 당시 재판에 참여했던 관료들은 미심쩍어하면서도 척신 심통원의 위세에 눌려 반대 의견을 제시하지 못했다. 결국 유유의 시체가 발견되지도 않았고 그가 어떤 식으로 죽음에 이르렀는지도 명확하게 드러나지 않은 상황에서 피의자 유연은 처형되고 말았다.

이 사건의 극적인 전환은 다시 여러 해가 흐른 뒤에 일어났다. 살아 있는 유유를 목격한 사람이 나타난 것이다. 그는 홍문관 수찬修撰 윤국형尹國馨(윤선각尹先覺)이었다. 윤국형이 유유를 만난 것은 1560년(명종 15)이었다.[162] 그는 장인을 따라 평안도 순안의 한 산사에서 독서를 하며 머물렀다.[163] 이때 천유용天裕勇이라는 이름의 거지 형색을 한 사람과 같이 지낸 적이 있었다. 천유용은 학식이 있어 아이들을 가르치며 먹고살았는데, 영남의 지리와 양반 사족들에 대해 아는 것이 많았다.

윤국형도 영남 의성 출신이었으므로 천유용에게 호기심이 갔지만 그는 자신에 대한 구체적인 언급을 피했다. 윤국형이 순안을 떠난 뒤 고향 사람에게 천유용에 관한 일을 말하자 그가 분명 유유라며 놀라워했다. 실제 유유는 가출 이후 오랫동안 평안도 지역에 머무르고 있었다. 고향 대구에서 워낙 멀리 떨어진 곳이었으므로 그에 관한 소식이 전해질 수는 없었다. 평안도까지 간 것으로 보면 유유는 고향으로 다시 돌아갈 생각이 없었던 것 같다. 그의 마음의 병이나 가족과의 갈등을 충분하게 알 수는 없지만 그만큼 정신적 고통이나 방황이 컸다고 할 수 있다.

그런데 몇 년 뒤 윤국형에게 유유가 동생 유연에게 살해당하고 유연은 처형되었다는 소식이 들렸다. 윤국형은 1568년에 과거에 급제하여 1564년 유연의 처형 당시 관료는 아니었다. 그는 평안도에서 신분을 숨기고 살던 유유가 갑자기 고향으로 돌아가 동생에게 죽임을 당했다는 사실을 쉽게 받아들일 수 없었다. 오히려 윤국형은 평안도 사람들을 만날 일이 있으면 천유용의 안부를 물었고 여전히 그가 살아 있다고 확신하게 되었다.

과거 급제 뒤 사간원 정언 등을 거친 윤국형은 마침내 홍문관 수찬으로 있으면서 이 사실을 국왕 선조에게 직접 아뢰기로 했다. 1579년 겨울 윤국형은 선조에게 자신의 경험을 이야기하며 유유의 생존 가능성, 즉 유연 재판의 오류 가능성에 대해 언급하였다. 정엄의 공식적인 문제 제기 이후 8년 만의 일이었다. 선조는 윤국형의 의견을 받아들여 천유용이 과연 유유가 맞는지를 조사하도록 했다.

천유용이 유유가 맞다면 유유는 유연에 의해 살해된 것이 아니며, 이는 유연의 재판이 잘못되었음을 의미한다. 재판의 오류가 확인되면 관련자들이 처벌을 받아야 하겠지만 이미 처형된 유연은 되살아날 수가 없다. 더욱이 문제가 되는 것은 유유를 자처하며 나타난 채응규가 가짜임이 확실한 이상, 이 사건에는 또 다른 음모가 숨어 있을 수 있다는 점이다. 유연은 이 음모의 희생자일 가능성도 배제할 수 없게 된 것이다.

국왕의 명에 따라 사헌부에서는 평안도에 공문을 보내 천유용을 잡아 서울로 압송하도록 했다. 잡혀 온 천유용은 사헌부의 심문 과정에서 자신이 유유임을 자백하였다. 그는 조상의 계보와 집안의 사소한 일까지 모두 정확하게 진술하였다.[164] 다만 옥사가 일어나 동생이 처형된 사실은 모르고 있었다. 유유임을 확정하기 위해 이지와 심륭 및 그의 친구들을 불러 확인하도록 하였는데, 모두 그가 유유라는 데 이견이 없었다.

결국 유유는 살아 있었고 채응규라는 이름으로 서울과 대구에 나타난 일도 없었다. 그는 부인 및 아버지와의 갈등을 겪으며 가출한 이후 오랫동안 평안도에 머무르고 있었던 것이다. 유연의 재판 이후 16년 만에 진짜 유유가 나타나면서 유연이 억울하게 처형되었음이 입증되었다. 잘못된 재판을 바로잡기 위해 가장 먼저 해야 할 일은 사건의 단초를 만든 가짜 유유, 즉 채응규를 잡아들이는 일이었다. 이제 사건은 채응규가 왜 가짜 유유 행세를 했는지, 그 배후에 다른 인물은 없는지로 초점이 이동할 수밖에 없었다.

채응규라는 이는 경산현의 관속官屬이었다. 일찍이 유유의 여종에게 장가들어
그 집 일을 엿보아 잘 알고 있었다. 채응규도 역시 집을 나와 떠돌다가
다른 지방에서 유유를 만나 침식을 함께하였다. 유유의 마음을 채응규가
일일이 헤아려 비록 털끝만 한 일도 모르는 것이 없었다.
_『송계만록』

채응규의 자결과 진실의 행방

채응규를 서울로 붙잡아 오는 일은 의외로 쉽게 풀렸다. 그가 여
전히 해주 일대에서 활동하고 있었기 때문이다. 사헌부에서는 비밀
리에 해주 관아에 공문을 보내 채응규와 그의 첩 춘수를 체포하도
록 하였다. 해주부에서는 즉시 채응규와 춘수를 붙잡아 서울로 압
송하였다. 그런데 도중에 채응규는 스스로 목을 찔러 자결하고 말았
다.[165] 유연 사건의 핵심 당사자인 채응규의 죽음으로 모든 진실이
드러나기는 어렵게 되었다. 이제 채응규의 행적은 춘수의 입을 통해
확인해야 했다.

죄인을 잡아들이는 모습_김준근, 「기산풍속도」

1564년 유연과 채응규가 처음 대면하였고, 채응규는 대구 관아에 투옥되었다가 보석으로 풀려난 뒤 도망하였다. 같은 해 유연은 형장의 이슬로 사라졌다. 1579년 채응규는 황해도 장연에 가 있다가 체포되어 해주로 끌려왔다. 채응규가 처음 가짜 유유 행세를 하였을 때에도 그는 해주에 거주하였다. 그렇다면 채응규가 대구에서 사라지고 유연이 재판을 받는 과정에서 해주 일대를 수색할 필요가 있었다. 하지만 유연이 형을 살해한 것으로 확신한 신문관은 채응규가 가짜라는 의심을 하지 못했고 해주 지역의 수색도 진행하지 않았다.

채응규가 유유 행세를 한 것은 여러 이익이 있었기 때문이다. 그의 진위를 두고 설왕설래하는 과정에서 백씨가 유유라고 인정했다면 채응규는 정말 유유가 될 수도 있었다. 이 경우 채응규는 백씨와 결합하여 춘수를 첩으로 두고 살아갔을지도 모른다. 또한 그는 한 집안의 승중자가 되어 제사를 주관하고 많은 재산을 상속받았을 것이다.

채응규가 과연 얼마나 오랫동안, 어느 수위까지 유유 행세를 하려고 계획했는지는 그의 죽음으로 실상을 알 수 없게 되었다. 그가 대구에서 도망한 것은 처음 계획과는 달리 가짜임이 탄로 날 우려가 컸기 때문이다. 서울로 압송되는 와중에 자결한 것은 자신으로 인해 유연이 처형된 이상 그 자신도 살아남기 어렵다고 보았기 때문이다. 다만 그가 가짜 유유 행세를 한 대가로 누구로부터 어떤 경제적 이익을 얻었는지는 알 수가 없다.

채응규 자신이 사건을 주도하여 처음부터 장기간 유유 행세를 하려고 하였던 것인지, 아니면 누군가의 사주를 받아 잠깐 가짜 유유 노릇을 하기로 한 것인지는 이제 새롭게 규명되어야 했다. 이와 관련해서는 기록마다 차이가 있다. 우선 채응규가 유유의 친족이나 친구들마저 헷갈리게 할 정도로 많은 정보를 습득할 수 있었던 통로는 무엇이었을까?

16세기 인물인 권응인權應仁의 『송계만록松溪漫錄』에서는 채응규가 대구 근방 경산의 관속으로 유유의 여종과 혼인했다고 기록하였다.[166] 관속이라고 했지만 하급 아전인지, 양인 직역자인지, 관노인지는 불분명하다. 그가 유유의 여종과 혼인한 이력이 있다면 유유의 용모나 집안 사정에 대해서는 어느 정도 인지할 수 있었을 것이다.『송계만록』에는 채응규가 다른 지방을 떠돌다가 유유를 만나 같이 지냈으며, 이로 인해 유유에 관해 더 많은 것을 알게 된 것으로 보았다.

이황의 제자였던 권응인은 유연 사건이 일어났던 당대에 활동한 인물로 이 사건을 알고 있었던 것으로 보인다. 다만 채응규의 이력에 관한 정보는 다른 문헌을 통해 일치하는지를 확인하기가 어렵다. 그가 경산현의 관속으로 유유의 여종과 혼인한 적이 있는지는 알 수 없으나 16세기 용궁현 서면(오늘날 문경군) 출신 고상안高尙顔이 지은 문집에서도 유유와 채응규가 같이 지낸 적이 있다고 하였다.[167] 고상안은 대구에 온 채응규를 유유가 아니라고 강력하게 주장했던 서형의 아들과 친분이 있었다.

당대 대구 인근 출신 인물들이 유유와 채응규가 같이 지낸 적이 있다고 한 것으로 보아 실제 두 사람이 인연이 있었거나 아니면 대구 인근에 그렇게 소문이 난 것으로 생각할 수 있다. 두 사람의 기록을 사실로 받아들인다면 채응규가 가짜 유유 행세를 할 수 있었던 것은 유유와의 생활 경험에서 얻은 정보를 통해서였다. 이는 보기에 따라 채응규가 처음부터 사건을 기획, 주도하였다고 할 수 있는 여지가 있다.

이지의 입장을 대변하는 「이생송원록」은 권응인의 글을 인용하여 채응규를 사건의 발단을 연 흉악한 인물로 규정하였다. 하지만 『송계만록』은 채응규가 유유 행세를 한 것은 결국 이지와의 모의를 통해서였다고 하였다. 가짜 유유 노릇이 채응규의 의도에 의한 것인지, 이지의 음모에서 시작된 것인지는 알 수 없다. 하지만 권응인과 고상안은 모두 채응규와 이지가 공모하여 유유 집안의 재산을 나누기로 한 것으로 간주하였다.

따라서 사건의 핵심은 채응규가 유유에 대한 정보를 어떻게 확보하였는가, 단독 범행인가 아니면 공모자가 있었는가 하는 점이다. 채응규가 유유와의 생활을 통해 그에 대한 정보를 얻었다는 기록과는 달리 「유연전」은 모든 것이 이지의 계략이라는 점에 초점을 맞추었다. 이지는 신문 과정에서 자신이 채응규를 찾아간 것이 아니라 채응규가 자신의 집으로 찾아왔으며, 유유가 정말 맞는지 확인하기 위해 유연을 부른 것이라 주장하였다. 채응규가 사건의 주모자라는 것이다.

그런데 춘수의 공초 내용은 완전히 달랐다. 서울로 압송된 그녀는 세 차례의 신문을 받으면서도 입을 열지 않았다. 춘수가 구체적인 진술을 한 것은 신문 관원들이 점차 이지에게 혐의를 두고 그녀를 압박하면서였다. 춘수는 채응규와 살면서 유유라는 이름을 한 번도 듣지 못했는데, 1562년 이지가 노비를 보내 채응규를 유유라 했다고 진술했다. 다음 해 봄에 채응규는 서울에 머물다 돌아온 뒤 자신을 유유라 했으며, 그해 겨울에는 춘수와 채응규가 같이 서울로 가 이지 부자의 대접을 여러 차례 받았다고도 하였다. 더불어 춘수는 서울에 머물던 채응규가 유유 주변의 일을 계속 익혔다는 점도 강조하였다.

이는 이지가 사건을 주도하였으며 채응규는 그의 사주를 받아 유유처럼 보이도록 노력했다는 것으로 읽힌다. 춘수가 붙잡혀 온 이후 재조사와 신문 과정에서는 많은 인물이 등장하지 않았다. 가짜 유유 채응규는 자결하였으므로 직접적인 신문이 불가능했다. 또 다른 혐의자인 춘수는 공초에서 이지를 주모자로 지목하였다. 이제 이지의 자백을 받는다면 사건은 종결될 수 있었다.

하지만 이지는 쉽게 승복하지 않았다. 그는 채응규를 주모자로 보았고, 춘수의 진술은 자신에 대한 무고로 간주하였다. 물론 춘수의 진술에 허점이 없는 것은 아니었다. 유연의 재판 당시 춘수는 1562년 봄에 평안병사의 군관 이자첨이 해주에서 머무를 때 채응규가 그와 함께 지냈으며, 이 시기에 채응규가 스스로 유유임을 밝혔다고 진술하였다. 하지만 이지의 재판 과정에서는 1563년 서울에서 이지를 만나고 온 채응규가 자신이 유유임을 밝혔다고 진술하였다.

채응규가 자신을 유유라 밝힌 시점과 배경에 대한 춘수의 진술은 1564년과 1579년 혹은 1580년 신문에서 차이가 있었던 것이다. 1564년 진술에서 등장하는 이자첨은 유유의 고종사촌으로, 유연에게 채응규가 유유라며 편지를 보낸 인물이다. 이자첨은 1564년 공초에서 해주에서 만난 채응규의 말을 듣고 그가 유유라고 믿었다고 하였다. 이자첨이 채응규의 연기에 속아 그를 유유라 확신하고 이 사실을 이지에게도 알렸다면 이자첨과 이지는 모두 채응규에게 속은 것이 된다.

그러나 이자첨과 이지가 채응규와 함께 공모하였거나 혹은 이지와 채응규가 공모하여 이자첨을 활용하였다면 혐의는 이지에게 돌아간다. 이자첨의 관여 여부는 그를 직접 조사해야 파악할 수 있지만 그는 이미 죽고 없었다. 채응규에 이어 주요 관련자의 죽음으로 춘수의 진술이 더 중요해질 수밖에 없었다. 춘수의 말 한마디에 이지의 목숨이 달린 상황이었다.

춘수의 진술

춘수의 전후 진술에서는 채응규를 유유로 알게 된 시점이나 배경을 비롯해 몇 가지 혼란스러운 내용이 있었다. 이는 「이생송원록」에서 이지를 변호하는 근거가 되기도 하였다. 과연 춘수는 신문과 고문을 못 이겨 이지를 주모자로 모는 허위 진술을 한 것일까, 아니면 이지와 채응규의 뜻을 따라 1564년 유연의 재판에서 허위 진술을 한 것일까?

1564년 공초에서 춘수는 같이 살던 채응규가 스스로를 유유라고 한 과정, 서울에서 유유의 친족들을 만난 상황, 채응규가 옥에 갇힌 뒤 자신이 보살핀 사실들을 차례로 진술하였다. 그런데 말미에 유연이 뇌물을 써서 옥에 있는 채응규에게 큰 칼을 씌워 죽음을 재촉하였다거나 채응규가 보석으로 나오자 그를 죽여서 흔적을 없앴다는 등의 근거가 없는 내용을 같이 언급하였다. 이는 전혀 사실이 아니어서 춘수의 진술 신빙성에 의심이 가는 대목이다.

당시 추국관은 춘수의 증언이 무고라고 한 다른 증인들의 말을 듣지 않고 그녀의 진술을 사실로 받아들였다. 춘수는 채응규가 사라진 뒤부터 줄곧 유연이 그를 죽였다는 입장이었다. 그녀의 진술은 유연의 처형에 주요한 근거가 되었다. 가짜 유유 채응규의 실종은 그가 유유임으로 해서 얻을 수 있는 경제적 이익의 상실을 의미했다. 그러한 상황에서 춘수가 유연을 살인자로 내몬 것은 무엇보다도 자신과 주변 인물들을 보호하기 위해서였다.

유유의 부인 백씨도 유연을 살인자로 간주했지만 백씨와 채응규가 공모했다는 명확한 증거는 없다. 두 사람이 공모했다면 채응규는 잠적했더라도 백씨로부터 일정한 보상을 받았을 것이다. 그렇지 않은 이상 채응규의 이익은 그가 실제 유유로 인정받거나 적어도 유유로 행세할 때만 확보될 수 있었다. 이제 그러한 기회는 사라졌다. 하지만 유씨 집안의 상속에서 채응규나 춘수가 간여할 여지는 아직 남아 있었다.

백씨가 춘수의 아들 정백을 유유의 서자로 인정했기 때문이다. 유연이 형을 죽인 살인자가 된다면 이 집안의 상속에서 백씨의 영향력은 커지고 정백에게도 기회가 생기는 것이다. 실제로 백씨는 유연의 재판이 끝난 이후 정백을 데려가 자신을 봉양하도록 하였다. 채응규와 춘수는 당장의 이득을 포기하더라도 그들의 아들은 유씨 집안의 상속에 참여할 수 있게 되었다. 이는 유연의 죽음이 그들에게 주는 또 다른 이익이기도 했다.

유연의 재판 과정에서 춘수는 유연을 살인자로 확신했지만 어떠한 증거도 가지고 있지 않았으며 오히려 거짓 증언을 하였다. 이를 통해 춘수는 자신과 채응규를 보호할 수 있었다. 하지만 재조사가 시작되면서 채응규는 자결하였고 춘수는 더는 자신을 지킬 수 없었다. 그녀는 자백과 함께 처형될 것이 분명하였다. 그녀는 사건의 또 다른 관련자를 두둔할 이유도, 여력도 없었다. 혹독한 신문 절차가 그녀를 기다리고 있었기 때문이다.

몇 차례의 신문에도 입을 열지 않던 춘수는 마침내 이지와 관련된 구체적인 진술을 이어 갔다. 춘수의 공초는 원본이 없고 「유연전」과 「이생송원록」의 기록도 다소 차이가 있다. 다만 분명한 것은 신문과 고문을 못 이겨 한 자백이라고 보기에는 그 내용이나 등장인물이 매우 구체적이라는 사실이다. 이지가 이 사건과 관련이 없다면 할 수 없는 진술이 포함되어 있었던 것이다.

「유연전」과 「이생송원록」의 차이는 춘수의 공초를 작자가 자신의 방식대로 옮기는 과정에서 발생한 것으로 보인다. 「유연전」에는 이지가 유유의 고종사촌 매형인 심륭에게 채응규를 유유로 믿도록 유도하는 과정이 나온다. 이지는 채응규에게 심륭이 자신의 집에 방문하는 날 여종 흔개[168]에게 식사를 나르도록 할 것이니, 이때 들러서 그녀를 아는 척하도록 하였다. "이 아이 흔개는 지난날 나에게 주기로 하였는데 형은 잊었소."라고 하여 심륭의 의심을 풀게 하라는 것이었다.

그런데 「이생송원록」은 춘수의 원래 공초에 채응규가 흔개와 사통하여 10여 년을 출입했다는 진술이 들어 있을 뿐이라고 하였다. 이를 굳이 강조한 것은 「유연전」의 서술에 오류가 있다는 점과 그 내용이 사실이라면 이지의 집과 유연의 처가가 이웃하였으므로 유연의 처가 사람들 가운데 채응규를 목격한 이가 있었을 것이라는 점을 드러내기 위해서였다. 곧 춘수의 진술이 거짓이며 「유연전」의 내용도 잘못되었다는 것이다.

심륭을 믿게 하려고 채응규가 흔개를 잠시 아는 척한 것인지, 실제 채응규와 흔개 사이에 왕래가 있었던 것인지는 알기 어렵다. 중요한 것은 흔개가 실제 이지의 노비였고, 춘수가 그녀의 이름을 기억하고 있었다는 사실이다. 다시 말해 춘수는 이 집안의 노비 이름을 알 정도로 이지와 연관이 있었던 것이다. 「이생송원록」은 춘수의 자백이 허위임을 강변하지만 오히려 곳곳에서 이지와 채응규, 그리고 춘수가 연결되어 있음이 드러난다.

또한 춘수의 공초에는 이지가 채응규에게 "네 스스로 유유라 하고, 나도 유유라 한다면 그 누가 분별할 수 있겠는가?"라고 한 적이 있다고 하였다. 「이생송원록」은 서울과 대구에 유유의 친척과 친구, 노비가 많은데 이지가 이런 말을 할 리가 없다고 보았다. 하지만 채응규가 이지와 같은 인물의 도움 없이 그 많은 사람을 속일 수 있다고 여겨 홀로 사건을 주도했다고 보기는 더욱 어렵다. 이지가 유연에게 채응규의 존재를 알린 편지를 보낸 일과 채응규가 대구 유유의 본가로 바로 향하지 않고 서울 이지의 집을 먼저 방문한 사실에서도 두 사람의 관계를 의심해 볼 수 있다.

「유연전」에 기록된 춘수의 진술에 심통원이 등장하는 것도 주목할 만한 부분이다. 심통원은 유연 재판의 책임자로 가혹한 고문 끝에 유연의 처형을 끌어낸 인물이다. 춘수는 이 심통원의 편지를 대구 부사 박응천에게 전달하였다고 했다. 심통원은 당시 우의정이었으므로 그의 편지는 대구 부사에게 상당한 영향력을 미칠 수 있었다. 그는 판결에 앞서 유연 사건에 이미 개입하였다고 볼 수 있는 대목이다.

하지만 「이생송원록」에서는 이지와 심통원의 집이 멀리 떨어져 있지는 않지만 두 사람이 오래된 갈등이 있는 데다 평소 교류가 전혀 없었다고 하였다. 「유연전」의 내용이 허위라는 것이다. 춘수의 공초 원본이 없는 이상 허위 여부를 판단하기는 어렵다. 「유연전」의 경우 이지와 심통원의 연관 가능성을 제기한 것이고, 이미 살펴보았듯이 그 가능성이 전혀 없었던 것은 아니다.

이지의 죽음

춘수가 이지의 혐의를 인정한 이상, 이지는 목숨을 부지하기 어렵게 되었다. 당시의 신문과 재판 과정은 피의자와 증인의 진술에 절대적으로 의존한 데다 신문을 맡은 관리들은 이미 이지가 사건에 연관되었다는 심증을 굳힌 상태였다. 이지는 자신의 혐의를 인정하게 되면 처가의 재산을 탐내 가짜 처남을 내세워 또 다른 처남 유연을 죽게 한 죄로 사형을 면하지 못할 것이었다. 설령 혐의를 인정하지 않더라도 신문관들은 춘수의 자백을 내세워 그가 인정할 때까지 신문과 고문을 반복하기 마련이었다.

그럼에도 이지는 쉽게 자신의 혐의를 인정하지 않았다. 사형은 죄인의 자백을 전제로 국왕의 명령에 따라 집행되었다. 그런데 이지는 사형을 당하지 않았다. 그는 신문과 고문을 버텨 내지 못했던 것이다. 사건의 마지막 처리에 관한 『선조실록』의 기록을 보자.

의금부에 이송하여 국문하니 달성령 이지가 거짓으로 타인을 데려다가 유유인 것처럼 꾸며 유연이 형을 시해한 죄에 빠지도록 한 것이었다. 그 정상이 매우 흉악하고 간특하여 장신杖訊을 써서 철저히 국문하였다. 유유는 아비를 피하여 초상에도 가지 않아 인륜을 무너뜨린 죄로 장 일백 도 삼년 형을 시행하게 하였고, 이지는 형장 아래서 죽었다.[169]

이지는 결국 신문 과정에서 죽음을 맞이하였다. 당시의 판결은 이지가 채응규를 내세워 유연을 죽음으로 몰았던, 다시 말해 그를 사건의 주모자로 보았다. 춘수의 진술을 대체로 인정한 판결이었다. 왕실의 일원이자 명종과 친분이 깊어 공신으로 대우받았던 이지는 그렇게 비참한 최후를 맞았다. 선조의 즉위와 사림의 권력 장악으로 그를 두둔해 줄 사람도 더는 없었다. 더구나 억울한 인물이 최초의 재판에서 사형을 당하였고, 그 죽음에 관련된 인물들이 자결하거나 혐의를 인정한 이상, 이지를 두둔할 수 있는 분위기도 아니었다.

천유용으로 살았던 진짜 유유도 처벌을 면하지 못하였다. 그 이유는 가출 때문이 아니라 아버지의 상장례에 참여하지 않아서였다. 유유는 아버지의 상장례를 주관할 의무가 있었다. 재판관들은 가출로 연락이 끊긴 상태였지만 결과적으로 아버지의 상장례에 참여하지 않아 인륜을 저버렸다고 판결한 것이다. 동생 유연의 죽음이 그의 가출에서부터 시작되었다는 점도 고려되었을 것으로 보인다.

유유에게는 100대의 장형과 3년의 도형이 내려졌다. 강제노역형인 도형에는 장형이 뒤따랐다. 그 내용은 장 60에 도 1년, 장 70에 도 1년 반, 장 80에 도 2년, 장 90에 도 2년 반, 장 100에 도 3년 등 모두 다섯 등급으로 나누어져 있었다. 유유에게는 이 가운데 최고 수준의 형벌이 집행되어 당시 재판관들이 이 사건을 매우 엄중하게 인식하였다는 사실을 알 수 있게 해 준다. 도형에 해당하는 주요 범죄에는 직계존속이나 친척과 관련된 내용이 많이 포함되어 있었다. 유유는 이러한 범죄의 직접적인 가해자는 아니었더라도 여러 사람이 죽은 큰 옥사의 한 원인을 제공했다는 점에서 그에게 무거운 처벌이 내려졌던 것이다.

도형은 특정 지역에서 노역을 해야 했는데, 소금을 굽거나 쇠를 녹이거나 혹은 종이나 기와를 만드는 일이 여기에 해당하였다. 자신이 살던 지역에서 멀리 떨어져 노역에 종사할 경우 일종의 유배에 해당할 수도 있었으나 기간이 한정되어 있고 벽지나 오지로 가지는 않는다는 점에서 유배형보다는 낮은 처벌이었다. 하지만 양반 출신이었던 유유가 최고 등급의 도형을 받았다는 사실 자체로도 그에게는 큰 고통이 되었다.

「유연전」에는 유유가 도형을 받은 지역이 평안도 용강龍岡으로 되어 있다. 『세종실록』「지리지」를 보면 용강현에는 두 곳의 염소鹽所와 한 곳의 도기소陶器所가 있다.[170] 유유가 여기에서 소금을 굽거나 도기를 만드는 일에 동원되었을 가능성은 있지만 단정할 수는 없다.

3년의 도형을 돈으로 대신하려면 조선 전기에는 5승포 120필을, 후기에는 면포 6필과 돈 21냥을 바쳐야 했다. 조선 후기에 그 속가贖價가 크게 줄어든 것이다. 유유는 속가를 바치고 도형을 대신하지 않고 3년을 모두 채운 뒤 고향 대구로 돌아왔다. 귀향 후 그는 2년 만에 죽었다.

춘수의 처벌에 관한 실록의 기록은 없는데「유연전」에서는 교형絞刑에 처해졌다고 했다. 목을 졸라 죽이는 교형은 참형과 함께 사형의 한 종류였다. 신체를 절단하는 참형보다는 덜 가혹했던 교형은 양반이나 부녀자가 그 대상이 되었다. 고위 관료와 같이 양반 중에서도 특별한 지위에 있었던 사람은 교형보다 더 낮추어 사약을 내리는 등의 방식으로 우대하였다. 결국 춘수는 사건의 공모자임이 인정되었으나 부녀자라는 이유로 교형에 처해졌던 것이다.

이로써 두 번째 조사와 재판도 모두 마무리되었다. 앞서 유연의 재판에서는 유연이 능지처사되고 그를 옹호했던 노비 금석과 몽합도 처형되었다. 이지의 재판에서는 채응규가 자결하고 춘수는 교형에 처해졌다. 사건의 주모자로 확정된 이지는 신문 과정에서 죽었고 가출했던 유유는 도형에 처해졌다. 결과적으로 유연과 그의 두 노비만 억울하게 죽은 셈이다. 유유의 가출에서 시작하여 이지, 채응규, 춘수의 공모를 거처 부실한 수사와 재판으로 만들어진 유연 사건은 억울한 죽음과 한 집안의 붕괴라는 결과를 초래하였다.

송사련은 옛 재상 안당의 노비였는데 안당이 매우 불쌍하게 여기고 속량해
관직에 임명되기까지 하였다. 기묘사화 뒤에 송사련이 안당의 아들 안처겸 등을
모반했다고 무고하여 안처겸은 처형되고 안당도 연좌되어 죽었으므로 사림이
모두 통분하였다. 간사한 무리가 몰락했을 때 송사련은 이미 죽었는데, 아들
다섯이 있었으니 곧 송익필·송한필 등이었다. 백유양의 무리가 조정의 실권을
잡고 있으면서 송사련을 매우 미워한 나머지 그의 자손을 노비로 되돌리도록
계청하여 송익필 등이 마침내 떠돌며 곤궁하게 지내다 죽었다.

_『인조실록』

송시열의 전팽령 비난

이지의 재판은 진짜 유유가 살아 있었기에 가능했다. 그것은 또
한 심통원의 축출과 사림의 전면적인 등장이라는 정치 상황의 변화
로 인해 가능한 것이기도 했다. 정치적인 사건은 정치 주체가 바뀌
면 재해석될 수 있지만, 상속 갈등이 본질이었던 유연 사건도 정치
세력의 변화로 새롭게 조명될 수 있었다. 같은 사안이 정치 세력에
따라 다르게 해석되는 경우는 얼마든지 있었다. 그 과정에서 상속에
대한 태도는 한 개인에 대한 도덕적 판단의 근거가 되기도 하였다.

유연과는 다른 사건에 대해 이야기해 보자. 1676년(숙종 2) 10월

7일 송시열은 자신의 문인 이선李選에게 편지를 보내 당시의 몇 가지 현안에 관한 생각을 밝혔다. 하나는 선조 대에 발생한 정여립鄭汝立 사건과 연관되었던 정개청鄭介淸에 대한 비판이었다. 전주 출신인 정여립은 원래 서인이었으나 동인으로 전향하여 자신을 후원했던 이 이를 비롯한 서인들과 사이가 벌어졌다.

그는 국왕 선조와 서인들에게 미움을 받아 낙향한 뒤에는 진안 죽도에 서실을 짓고 대동계를 만들어 많은 사람을 규합하였다. 이로 인해 역모 혐의로 고발당하자 관군의 체포를 피해 자결하고 말았다. 그가 실제 역모를 꾀했는지, 아니면 서인 측의 무고를 받은 것인지 는 논란이 있다. 당시 정여립 사건을 담당한 위관은 서인 정철鄭澈이 었다. 그는 역모와의 연관성이 명확하게 확인되지 않은 수많은 동인 인사들을 처형하였다. 기축옥사己丑獄事로 불리는 이 사건의 처리 과 정에서 3년에 걸쳐 1,000여 명이 처단되고, 결과적으로 호남 출신의 정계 진출도 제약을 받게 되었다.

나주 출신으로 정여립과 함께 모반을 꾀했다는 이유로 체포된 정개청은 함경도의 유배지에서 죽었다. 광해군 대에 신원되어 그를 배향한 자산서원紫山書院이 함평에 건립되었는데, 숙종 대까지 서인 집권기에는 훼철되고 남인 집권기에는 복설되는 우여곡절을 겪었다. 서인 송시열은 정개청을 배향한 서원의 존재 자체를 인정하지 않았다. 송시열은 정개청을 비난하면서 자산서원의 혁파를 촉구했다.

논란이 되었던 또 하나의 서원이 중종 대의 인물 곽시郭詩를 배향한 옥천의 삼계서원三溪書院이었다. 원래 전팽령全彭齡과 곽시를 배향했던 삼계서원은 임진왜란으로 소실된 뒤 광해군 대 지역의 북인계 유생들에 의해 중건이 논의되었고, 그 과정에서 조헌趙憲도 함께 배향하기로 하였다. 이때 배향 순서를 어떻게 할 것인지를 두고 분쟁이 있었는데, 인조반정 이후 서인들이 조헌의 도통을 강조하면서 이 문제는 당파 간 갈등으로 격화하였다. 서인들은 조헌의 위패를 삼계서원에서 빼내어 별도로 배향하고 삼계서원을 훼철하였다. 이후 남인의 집권으로 이 서원은 복설되고, 서인이 재집권하면서 다시 훼철되었다.

이선에게 보낸 편지에서 송시열은 곽시가 정자의 학설을 배척한 것을 문제 삼았을 뿐만 아니라 그가 관직에 있으면서 과음하다 갑자기 죽은 사실을 들어 비난하였다. 곽시의 학문 성향과 도덕성을 들어 그를 배향한 서원을 운영하고 있었던 반대 당파를 공격한 것이다. 반대 당파에서 추종하는 인물을 비난하는 일은 조선 후기 정치사에서 종종 있었던 일이다. 그러한 비난에는 도덕성이 중요한 잣대로 동원되었다.

송시열이 편지에서 마지막으로 비판했던 인물은 곽시와 함께 배향되었던 전팽령이었다. 그 내용을 보자.

> 전팽령은 비록 기묘년(1519, 중종 14) 천거 명부에 들어가 있었으나, 뒤에 고향 사람 김축金軸의 딸에게 장가들었다. 김축은 처가의 재산을 탐내어 처남을 물에 빠뜨려 죽인 자이다. 그 일은 차마 말하기도 어려운 것인데, 팽령은 그의 재산을 탐내어 그 딸에게 장가들었으

니 그자의 사람됨을 알 수 있다. 그러므로 동춘同春(송준길)이 어전에서 그의 서원을 없애도록 주청한 것이다.[171]

곽시와 달리 전팽령에 대한 송시열의 비난은 처가 재산을 탐낸 부도덕성에 초점이 맞추어져 있다. 실제 전팽령이 그러한 인물이었는지는 명확하지 않다. 다만 당파 대립 과정에서 송시열이 중종 대의 인물을 끌어들여 그의 도덕성을 문제 삼은 것은 매우 전략적인 행위였다고 할 수 있다. 송시열은 같은 내용을 여러 사람에게 편지로 보내 세력을 규합하였다. 이는 전팽령에 대한 비판의 논거를 갖추어 같은 정치 세력 사이의 여론을 결집하기 위한 시도로 읽힌다.

편지에 언급된 송준길의 서원 훼철 요청은 효종 대의 일이었다. 당시 송준길은 정개청과 곽시에 대해서 송시열과 같은 내용으로 비난하였다. 그런데 전팽령에 대해서는 말하기가 더럽다며 구체적인 잘못을 언급하지 않았다. 전팽령의 구체적인 악행에 대한 효종의 거듭된 물음에 송준길이 머뭇거리자 옆에 있던 민정중이 은밀한 악행이라 분명하게 말하지는 못하지만 유추해서 짐작할 만한 일이라고 얼버무렸다.[172]

그렇다면 왜 서원에 배향되었느냐는 효종의 질문에 송준길은 광해군 대 전팽령의 외손자가 이이첨 등과 합세해 서원을 세운 것이라고 답변했다. 광해군 대 북인 세력이 향론을 무시하고 세운 서원인 이상 더 이상의 논의가 필요 없다는 의미였다. 결국 이 서원은 훼철되었다가 숙종 대 다시 논란이 되었던 것이다.

여기에서 송준길과 민정중이 언급한 전팽령의 악행은 송시열에 의해 처가 재산을 탐낸 것으로 확정되었다. 송준길과 민정중이 효종에게 말하려 한 것이 이와 같은 내용인지, 아니면 두 사람이 명확하게 아는 사실이 없어 얼버무린 것인지는 분명하지 않다. 만일 후자라면 송시열이 전팽령의 악행을 구체화하여 서원 훼철의 논리를 만든 것으로 볼 수 있다. 그런데 김축과 전팽령의 부도덕한 행위는 송시열의 언급 외에 다른 자료에서 찾기는 쉽지 않다. 오히려 명종 대 전팽령은 청렴하고 성실한 지방관으로 자급이 올라가거나 천거를 받고 있었다.[173] 더구나 재물을 탐냈다는 비난과는 달리 관직을 그만둔 뒤에는 빈곤하게 살았다고도 하였다.[174]

전팽령에 대한 당대의 평가와 100여 년 뒤 송시열의 평가 사이에는 큰 차이가 있는 것이다. 어떤 평가가 사실에 가까운지 확인하기는 어렵다. 다만 서원이 처음 건립되었을 때나 임진왜란 이후 복구되었을 때에도 전팽령 개인의 문제가 논란이 되지는 않았다. 이후 이 서원을 두고 남인과 서인 사이에 대립이 격화하자 서인 송시열은 서원을 건립하고 운영한 세력만이 아니라 배향 대상인 전팽령의 도덕성을 문제 삼고 이를 훼철의 근거로 내세웠던 것이다.

안씨 집안 노비 소송

사실 여부를 떠나 처가 재산에 대한 전팽령의 태도는 정치적인 문제로 비약되었다. 이러한 현상은 앞서 언급한 정여립 사건의 처리 과정에서도 나타났다. 이 사건의 처리를 맡은 서인 정철과 결탁해 활약한 인물로 송익필宋翼弼이 있었다. 그는 학문에 조예가 깊었고 뛰어난 문장가이기도 했다. 일찍이 이이, 성혼과 더불어 성리학에 관해 논하였고 예학에도 밝아 김장생에게 영향을 주었다.

그런데 송익필은 그가 어울렸던 학자, 관료 들과 비교하면 신분상의 약점이 있었다. 그의 조모 감정甘丁은 성균관 사예 벼슬을 지낸 안돈후安敦厚란 인물의 천첩 소생이었다. 안돈후의 손자 안처겸安處謙은 여러 인사와 함께 기묘사화로 권력을 잡은 남곤 등을 제거하려 했는데, 이 사실을 송익필의 아버지인 송사련宋祀連이 고발하였다. 송사련은 안처겸에게 얼고종사촌이 된다. 송사련은 역모를 고발한 공로를 인정받아 당상관에 올랐고 시위대장을 역임하였다.

송사련은 송익필을 비롯해 다섯 명의 아들을 두었으며 딸은 종친인 이인수李獜壽와 결혼시켰다. 그녀 외에도 송사련의 자손들은 양반 사족들과 결혼하였다. 그 가운데에는 과거에 합격하여 관료가 된 이도 여럿 있었다. 송씨 집안의 구성원들은 당대 어엿한 양반가의 일원이었고, 학문에 밝았던 송익필 형제는 이름난 유학자들과 교류하여 명성을 쌓고 있었다.

그런데 1586년(선조 19) 안처겸의 아들인 안로安璐의 부인 윤씨가 장례원에 송사련 집안을 대상으로 소송을 벌였다.[175] 그 내용은 매우 파격적이었다. 송사련과 그의 어머니 감정을 시댁인 안씨 집안에서 결코 양인으로 속량한 적이 없다는 것이다. 따라서 송사련의 후손 70여 인을 모두 안씨 집안의 사노비로 환천해야 한다고 주장하였다. 송씨 집안으로서는 실로 마른하늘에 날벼락과 같은 일이 일어난 셈이었다.

이후 두 집안에서는 각자 유리한 증거 문서를 제출하며 소송을 이어 갔다. 몇 달 뒤 장례원의 최종 판결은 감정의 속량을 인정할 근거가 없다는 것이었다. 송사련의 관직은 삭탈되었고 70여 명의 자손은 모두 안씨 집안의 사노비로 전락했다. 그 가운데 다수는 노비가 되는 것을 피해 도망을 가 버렸다. 혈통상의 한계에도 불구하고 당대의 양반들과 어깨를 나란히 할 정도로 성장했던 송사련 집안은 하루아침에 몰락할 위기에 놓였던 것이다.

안씨 집안에서 소송을 벌인 것은 70여 명의 노비를 확보할 수 있다는 경제적 이익 때문이기도 했지만 송사련의 고발로 집안이 한때 몰락했던 일에 대한 복수의 성격도 있었다. 안처겸은 이미 복권되었고 소송 당시 그의 집안은 정치적으로 동인의 편에 서 있었다. 이로 인해 이 소송은 서인의 실력자였던 송익필을 제거하기 위한 동인의 정치적 소송으로 해석되기도 한다. 이러한 정치적 해석은 정여립 사건으로까지 이어진다. 동인에 대한 정철의 강경한 탄압 배후에는 소송에서 패한 송익필의 입김이 작용했다는 것이다.

정여립 사건의 실체에 대해서는 논란이 있는 만큼 송익필의 관여 여부 역시 논란이 있을 수 있다. 그가 개입했다면 자신의 정치적 성향과 소송으로 인한 집안의 몰락이 배경이었을 것이라고 짐작해 볼 수 있다. 이지의 재판은 사림의 권력 장악이라는 정치 현실의 변화로 가능했다. 그 몇 년 뒤에 일어난 안씨 집안의 노비 소송과 정여립 사건은 사림의 동서 분당과 연관이 있었다. 이들 사건은 16세기 정치 현실과 연관되었던 상속 사건의 대표적인 사례로 볼 수 있다. 그리고 17세기 송시열은 당시의 정치 현안을 해결하기 위해 16세기 인물 전팽령을 처가의 상속과 결부시켜 소환하였던 것이다.

이지는 신(유연)의 아비가 별급한 좋은 땅으로 인해 신이 신임과 사랑을 받는 것을
꺼렸습니다. 심륭은 신의 고모 유씨가 일찍이 집안의 재산을 그 아내에게 주며
말하기를, '네가 만약에 자식이 없게 되면 유예원의 아들에게 전하라.' 하였습니다.
심륭은 늘 재산을 빼앗길까 두려워하며 신을 미워하였기에 지금 이지와 함께
번갈아 호응하며 세를 이루어 소란을 피우는 것입니다.
_「유연전」

별급을 둘러싼 갈등

유연이 죽임을 당한 것은 장남의 자리를 빼앗아 재산을 전횡하
려 했다는 의심을 받아서였다. 하지만 유유가 죽고 그가 승중자가
된다고 해서 재산을 마음대로 차지할 수 있는 것은 아니었다. 당시
에는 대체로 균분 상속의 관행이 유지되는 가운데 승중자의 몫이 조
금씩 확대되는 과정이었다. 채응규가 사라진 뒤 백씨와 춘수의 고발
로 인해 유연은 억울한 누명을 쓴 것이지만 당대인들은 이를 유연의
재산 욕심에서 비롯된 것으로 이해하였다.

실제 유연이 재산을 독차지하려는 마음이 있었다고 하더라도 뜻

을 이루기는 어려웠다. 그에게는 형, 누이나 그들의 자녀들이 있었기 때문이다. 유연이 혹 재산을 독점한다면 그 가운데 누군가는 소송을 제기하였을 것이다. 예종 때 인물인 조무영趙武英이 그러한 경우였다. 그가 부모의 노비를 독차지하자 소송이 제기되었고, 정부는 당연히 이를 자손들이 골고루 나누도록 판결하였다.[176] 유연도 소송을 당하면 이길 수가 없었다. 그러므로 재산의 전횡이란 유연의 행위를 설명하거나 비난하기 위한 수사였을 뿐 현실적인 가능성은 없었다.

오히려 더 중요한 점은 이지의 의도였다. 도대체 그에게 어떠한 이익이 있어서 가짜 유유를 내세워 이처럼 큰 사건을 일으켰던 것일까? 이지는 끝내 자백을 하지 않고 죽었으므로 여러 정황 증거를 통해 그의 의도를 추정해 볼 수밖에 없다. 유연의 처 이씨가 가진 자료로 재구성된 「유연전」에 의하면 이 집안에는 재산 상속과 관련하여 몇 가지 갈등이 있었던 것으로 보인다.

우선 별급의 문제가 있었다. 이지가 장인 유예원이 유연에게 좋은 땅을 별급한 것을 시기하였다는 점이다. 이 내용은 유연과 춘수의 공초에 동일하게 등장한다. 유예원이 별급한 토지는 유연이 실질적으로 장남 노릇을 하고 그의 처 이씨가 현명하다는 이유로 준 것이었다. 유예원은 유연을 승중자로 선언한 것은 아니지만 그에게 나름 대우를 해 주었다. 이지의 아들은 별급 당시 이지가 증인으로 참여하였다고 했다. 다만 그 땅은 그렇게 넓지 않은 하천가 보리밭으로 시기를 할 만한 정도는 아니라고 하였다.

별급된 재산이 많지 않다고 하더라도 이는 특정한 자식에게 주는, 부모의 의지가 반영된 상속이었다. 그 이유가 과거 급제나 효도이건, 아니면 장남이란 이유로 주는 것이건 간에 별급은 부모의 관심과 애정의 표현이었음은 틀림없었다. 나머지 자녀들은 이를 두고 시기하는 마음을 가질 수 있었다. 더구나 별급의 양이 많아지면 이후 전체 자녀가 균분 상속받을 재산의 양은 줄어들게 되었다.

극단적인 사례이기는 하지만 특정 자녀에 대한 어머니의 노비 별급에 불만을 품은 아들 가운데 한 사람이 해당 노비를 살해한 일도 있었다.[177] 또한 상속을 보증하는 별급 문서를 위조하여 소송을 벌이는 경우도 존재했다. 성종 대 김극괴라는 인물은 어머니의 별급 문서를 위조해 형을 무고한 죄로 100대의 장형과 유배형의 처벌을 받기도 했다. 부모의 권한인 별급 행위에 대해 그 대상이 아닌 자녀들이 노골적으로 불만을 드러내기는 어려웠다. 간혹 별급의 수혜자가 된 형제나 누이를 시기할 수도 있었겠지만 이를 표현하거나 나아가 상속 문서를 위조하는 행위는 도덕적 비난은 물론 범죄로 간주되어 처벌을 받아야 했다.

이지는 처가의 상속에 관심이 많았던 것으로 보인다. 그는 부인 유씨와 사별하였는데 그녀와의 사이에 아들이 있었다. 만일 그 아들이 과거에 급제하거나 혹은 외조부 유예원에게 극진하게 대했다면 별급을 받을 수도 있었다. 하지만 그러한 기록은 없다. 이지도 부인 유씨가 죽고 재혼한 뒤에는 대구의 처가와 별다른 교류가 없었다. 그런 그가 오히려 처남 유연에 대한 장인의 별급에 불만을 품고 있었다.

처가와 갈등하는 사위들

딸에게도 상속이 이루어졌던 16세기, 처가와 갈등을 일으켰던 사위들이 더러 있었다. 처가로부터 재산을 상속받았으면서도 그의 부인이나 처가에 대한 의무에 소홀했던 이들이 그러한 경우에 해당했다. 1580년 죽은 참봉 고운高雲이란 사람의 부인 성씨가 자녀들에게 남긴 상속 문서를 보면 사위들에 대한 불만이 눈에 띈다.[178]

성씨의 딸 가운데 양종락에게 시집간 이는 자식도 없이 일찍 죽었다. 그러자 양종락은 처가에 발길을 끊었던 것 같다. 성씨는 이를 두고 "죽은 딸의 남편 양종락은 그의 처가 죽은 뒤에 나를 한 번도 보러 오지 않았을 뿐만 아니라 처의 제사를 한 번도 돌보지 않아 정이 떨어지는 것이 지극하니 정리상 길을 가는 타인과 다름없다."라고 하였다. 그녀는 사위의 행동을 못마땅해하면서도 딸의 제사를 지내도록 노비와 토지를 나누어 주었다. 다만 그 양은 다른 자녀들에 비해 훨씬 적었다.

성씨의 또 다른 사위 엄유열도 마찬가지였다. 그에 대해서는 "함부로 (재산을) 빼앗아 가려는 것을 막다가 내가 온갖 능욕을 당하였고…… 지극히 패악하여 정리상 길을 가는 타인과 다름없다."라고 하였다. 엄유열은 처가 재산을 차지하려다 장모와 갈등을 일으켰던 것이다. 그럼에도 불구하고 성씨는 자신의 딸에게 어린 아들이 있다는 이유로 역시 적지만 재산을 상속해 주었다.

사위와의 재산 갈등은 주로 딸이 죽은 뒤 사위의 처가나 죽은 부인에 대한 태도 변화와 관련이 있었고, 때로는 처가에 대한 횡포 때문에 일어나기도 했다. 이때 처가에서는 사위에게 상속할 재산의 규모에 차이를 두거나 이미 상속한 재산을 되돌려 받기도 했다. 이러한 일이 발생한 것은 딸과 사위 역시 아들과 마찬가지로 균등하게 재산을 상속받고 부모 봉양이나 조상의 제사에 대한 책임을 나누어 지고 있었기 때문이다.

균분 상속으로 인해 양반 남성들은 처가로부터 받은 상속을 통해 경제적 성장의 발판을 마련하기도 하였다. 남성들은 처가의 재산에 관심을 가지는 것을 자랑할 만한 일로 여기지는 않았지만 결혼과 함께 그들은 분명 처가의 상속 대상자가 되었다. 장인이나 장모 역시 사위에게—엄격하게는 딸에게—재산을 상속하는 것을 당연하게 여겼다. 만일 상속에 착오가 생기면 딸이나 사위 혹은 외손자가 나서서 소송을 통해서라도 바로잡으려 하였다.

1552년에 작성된 정공징鄭公徵 칠남매의 화회문기和會文記는 이를 잘 드러낸다.[179] 이들 칠남매는 1545년에 모여 부모가 남긴 재산을 나누어 가졌다. 그런데 이후 둘째 사위의 아들 이성이란 이가 상속에 오류가 있다고 관청에 고소하여 이를 바로잡았다. 1545년 분재 당시 이성이 병이 있어 참석하지 못하고 대신 이 집안의 첫째 사위의 아들인 유옥에게 자신의 역할까지 맡겼었다. 하지만 유옥이 집 한 채와 논 한 곳을 잘못 계산한 채로 상속이 마무리되자 이성이 문제를 제기한 것이다.

하지만 여전히 착오가 있다고 생각한 일족의 요청에 따라 1552년 재차 상속 내용을 조정하였다. 상속을 계속 바로잡는 번거로움에도 그들은 "비록 열 번을 고치는 일이 있더라도 병이 되지 않으니 각자 원하는 바에 따라 고쳐서 나누어 가질" 것을 천명하였다. 아들이나 딸, 나아가 친손이나 외손 모두 자신의 상속분에 오류가 생기는 일을 묵과하지 않았던 것이다. 이지는 그러한 점에서 자신의 몫은 물론 처남 유유가 사라진 뒤 처가의 재산이 어떤 식으로 분배될 것인지에 관심을 가졌을 법하다.

또 다른 인물인 유연의 고종사촌 매형 심륭 역시 유예원 집안의 상속에 관심이 있었다. 그는 유예원의 누이동생이자 유연의 고모인 유씨의 사위였다. 유씨는 자신의 딸과 사위 심륭에게 상속을 하면서 만일 둘 사이에 자식이 없다면 그 재산을 자신의 오빠인 유예원의 아들 즉, 친정 조카에게 주도록 했다. 실제 자식이 없었던 심륭은 처가로부터 받은 재산을 다시 돌려주어야 할 상황이었다.

아직 재산을 반환한 것은 아니지만 이 문제로 심륭이 불안해했을 뿐만 아니라 유연을 미워했다고 「유연전」은 이해하였다. 유유가 가출한 상황에서 그 재산의 실질적인 상속자는 유연이 될 가능성이 컸다. 만일 심륭이 먼저 죽는다면 그의 부인은 향후 친정어머니의 말을 따라 재산을 유연에게 상속시킬 것이다. 하지만 부인이 먼저 죽는다면 여러 변수가 발생해 심륭과 유연 사이에 갈등이 발생할 여지도 있었다.

유연 사건이 일어났을 당시에는 심륭과 유연 사이에 직접적인 갈등은 없었다. 또한 심륭이 이지와 사건을 모의했다는 증거도 발견되지 않았다. 그럼에도 불구하고 「유연전」에서 심륭을 강하게 비난한 것은 그가 이지와 함께 채응규를 진짜 유유로 주장했기 때문으로 보인다. 이지가 채응규와 모의하여 사건을 일으켰을 때 심륭도 적극적 혹은 소극적으로 동조했을 것으로 판단한 것이다.

유연은 대구 감옥에 갇혀 있을 당시 부인 이씨에게 아버지와 고모 유씨로부터 받은 상속 문서를 관청에 알리고 폐기할 것을 부탁하였다. 그는 자신이 형을 살해한 죄인으로 몰린 배경에 아버지와 고모로부터 뜻밖에 얻은 재산이 있어서였다고 생각한 것이다. 이는 유연과 그의 부인이 이지는 물론 심륭도 의심하였음을 보여 준다. 「유연전」 말미에 법망이 허술해서 심륭이 피해 나갔다고 서술한 것도 이와 관련이 있었다. 반면 「이생송원록」에서는 채응규와 백씨를 문제 삼고 이지와 심륭에게는 면죄부를 주었다.

이지와 심륭은 모두 서울에 거주하였으며 처가가 유연의 집안이었다. 두 사람은 향후 벌어질 처가의 상속 향배에 관심을 가졌던 것으로 보인다. 특히 유유가 가출한 뒤 유연이 차지하거나 향후 차지하게 될 몫에 불만을 품었다. 심륭이 이지와 공모한 직접적인 증거는 없지만 이지의 의향에 어떤 형태로든 동조했을 가능성은 있다.

그런데 유연에게 돌아간 별급만으로 이지가 이러한 범죄를 모의하였다고 보기는 어렵다. 그도 유예원의 사위로서 처가의 재산 상속에 참여할 수 있었다. 이와 관련하여 「이생송원록」에는 매우 주목할 만한 내용이 포함되어 있다. 유예원이 죽기 전에 그의 칠남매에게[180] 재산을 나누어 주고 각자 문서를 만들어 조그마한 땅이나 어린 노비라 하더라도 주인이 이미 정해져 있다는 것이다.

이것이 사실이라면 유예원은 유연에 대한 별급 이후에 그의 재산을 자녀들에게 분급하였고 이를 입증하는 상속 문서를 작성했다고 할 수 있다. 상속의 방식은 16세기 당대의 관행에 따라 큰 틀에서 균분의 기조를 유지하였을 것이다. 유연의 재판이 있었던 1564년과 가까운 시기였던 1570년 김두년金斗年이 다섯 자녀에게 재산을 분급한 문서를 살펴보자.[181] 이 분급문기分給文記는 경주 양동의 손씨가에 전해진 것이다. 김두년의 셋째 딸이 경주 손씨 손광서와 결혼했기 때문이다.

재주 김두년은 별급문기의 서두에서 자녀들에게 재산을 공평하게 균분 상속할 것임을 밝혔다. 실제 다섯 자녀는 각각 노비 11~12명, 논 28~30두락, 밭 31~40두락을 상속받아 그 양에 거의 차이가 없었다. 밭은 최소 31두락에서 최대 40두락으로 차이가 있었지만, 이는 비옥도의 차이를 참작한 것으로 실제 가치는 비슷했을 것으로 보인다. 16세기 후반에도 일단은 균분 상속의 관행이 유지되고 있었던 것이다.

다만 이 집안에서는 제사조로 기와집 1채와 노비 2명, 논 15두락을 따로 주었다. 노비 2명은 전체 노비의 2.9퍼센트에 해당하지만 논 15두락은 전체 논의 9.2퍼센트에 달한다. 제사조는 노비보다 토지의 비중이 훨씬 높았던 것이다. 또한 기와집이 포함되어 제사조는 장남이 가져갈 가능성이 컸다. 이 부분을 고려한다면 균분 상속의 기조하에서 장남의 몫이 늘어나는 당대의 분위기를 엿볼 수 있다.

둘째 딸의 남편 손광서는 손경孫曍의 장남이었다. 김두년이 딸에게 상속한 것처럼 손경도 아들 손광서에게 재산을 상속했다. 다만 실제 재산 분배는 손경이 죽은 뒤 부인 강씨에 의해 이루어졌다. 1562년 손경의 처 강씨 분급문기를 보면 장남 손광서를 비롯해 세 아들에게 재산을 나누어 주었는데, 역시 균분의 틀을 유지하였다.[182] 다만 이 집안에서도 장남에게 3명의 노비와 42부 4속의 논을 제사조로 별도로 마련해 주었다. 이는 전체 노비의 7퍼센트, 논의 10.4퍼센트에 해당하여 김두년의 집안보다 좀 더 많았다. 집안마다 제사조의 규모에는 차이가 있었으나 제사 비용 마련에 노비의 노동력보다 토지에서의 소출을 더 중시하였음을 알 수 있다.

이러한 관행에 미루어 보아 유예원도 자녀들에 대한 상속에서 균분의 방식을 적용하면서도 제사조를 따로 두었을 것이다. 제사조는 가출한 유유가 돌아오지 않으면 유연에게 돌아가도록 했을 가능성이 크다. 유유가 돌아왔을 때 상속분을 어떻게 조정할 것인가에 관한 내용도 포함되었을 수 있지만 확인할 길이 없다. 전반적으로 유연의 남매들이 각자의 몫을 차지하는 가운데 유연의 몫이 늘어났을 가능성이 있는 것으로 추측해 볼 만하다.

이지가 장인 유예원으로부터 받은 재산은 그의 부인이 죽었기 때문에 그들의 아들에게로 전해질 가능성이 있다. 이를 통해 유연이 형을 죽여 재산을 독차지하려 했다는 시각은 억측일 뿐이라는 사실을 다시 한 번 확인할 수 있다. 설령 상속 문서가 작성되지 않았다고 하더라도 이미 언급했듯이 유연이 재산을 독차지할 수는 없었다. 문제는 이지 역시 일정한 몫을 상속받았는데도 처남에 대한 별급에 불

김두년 분급문기_경주 양동 경주 손씨 서백당 소장(자료 제공: 한국학중앙연구원 한국고문서자료관)

융경隆慶 4년(1570) 경오년 1월 25일

…… 허여하여 (문서를) 만들어 두는 일은 이 몸이 나이가 많고 병이 있어 생사를 알기 어려워 안팎의 토지와 노비 등을 각자의 몫에 따라 공평하게 나누어 주니 각자 오래 사용하고 곡식을 갈아 먹되 …… 누군가가 자식이 없거든 남매 가운데 은혜와 의리가 큰 곳에 처리하되 …… 혈손 외에 남에게 주거든 불효로 관아에 고하여 막고서는 허용하지 말 것.

장남 김건 몫(노비 12구, 논 30두락, 밭 33두락)
장녀 김시수의 처 몫(노비 12구, 논 28두락, 밭 31두락)
차녀 고 손광서의 처 몫(노비 11구, 논 32두락, 밭 40두락)
차남 김곤 몫(노비 12구, 논 29두락, 밭 36두락)
삼녀 박사침의 처 몫(노비 12구, 논 29두락, 밭 32두락)
봉사조(노비 2구, 논 15두락, 기와집 1채)

재주財主 전 훈도 김두년 [착명] [서압]
증인 처 삼촌질 유천춘 [착명] [서압]
유몽서 [착명] [서압]
필집筆執 전 훈도 전춘 [착명] [서압]

만을 품고 가짜 유유를 내세웠을까 하는 점이다.

이지에 대한 합리적 의구심

한 가지 가능한 추측은 이지가 채응규를 내세워 진짜 유유에게 돌아갈 몫을 차지하게 하고 이를 두 사람이 나누어 가질 계획을 세웠을 수 있다는 사실이다. 이러한 계획이 성공하려면 채응규는 반드시 유유여야 하며 부인 백씨도 여기에 동조해야 한다. 백씨는 채응규가 나타났을 때 그의 진위를 적극적으로 가리지 않았고 그를 진짜로 받아들인 듯한 정황이 곳곳에서 발견된다. 더구나 채응규가 사라지자 시동생 유연이 자신의 남편을 죽였다고 고발하기까지 하였다.

백씨의 목적은 다른 데 있었지만 그녀는 결과적으로 이지의 의도에 동조한 셈이었다. 따라서 채응규가 연기만 잘한다면 이지의 목적은 달성될 수 있었다. 이지가 채응규를 진짜라고 분위기를 만들어나간 것은 이와 관련이 있었다. 이에 대해 이지와 재혼한 부인 사이에서 난 아들 이언용은 「이생송원록」에서 진짜 유유가 나타나면 탄로 날 일을 아버지가 했을 리 없다고 강변하였다. 더구나 주변의 이목을 무릅쓰고 가짜 유유가 재산을 아버지에게 나누어 줄 수도 없다는 것이다.

자식으로서 아버지를 대변한 말이지만 이는 일견 합리적인 의구심이기도 하다. 요행히도 채응규가 유유 역할을 한다고 하더라도 백씨와 유연의 눈을 피해 상속 재산을 이지와 나눈다는 것은 쉬운 일이 아니었다. 더불어 진짜 유유가 나타난다면 사건은 걷잡을 수 없이 커질 수도 있었다. 이를 모를 리 없었던 이지와 채응규가 어떠한 대비책을 세웠는지는 두 사람의 죽음으로 인해 확인할 길이 없다.

이언용은 또한 자신의 아버지가 유연에 대한 시기 때문에 그를 죽여 재산을 차지하려 했다는 항간의 추측에 대해서도 절대 동의하지 않았다. 채응규가 나타났을 때 유연이 그를 형으로 인정했더라도 유유와 유연에게는 각자의 재산이 있어 서로 간여할 수 없다는 것이다. 때문에 이지가 유연을 죽여 그의 재산을 차지하는 일은 가출한 유유의 재산을 차지하는 것보다 훨씬 어려운 일이라고 보았다.

정황상 이지가 처음부터 유연을 죽음으로 몰아넣을 계획을 세우기는 어려웠다는 것이 이언용의 주장이었다. 실제로 유연이 채응규를 형으로 받아들일지의 여부나 그가 결국 형장의 이슬로 사라질지에 대해서는 확신할 수 있는 상황이 아니었다. 이언용의 주장처럼 사건이 어떠한 방향으로 전개될지 모르는 상황에서 이지가 유유는 물론 유연의 재산까지 노렸다고 보기는 어렵다.

이러한 내용을 정리하면 이지는 적어도 장인 유예원이 처남 유연을 아끼고 재산을 별급한 것에 불만을 품고 있었다. 그렇다고 각자의 상속분이 있는 이상 이지가 유연의 재산까지 탐냈다고 할 수는 없다. 유연에게는 부인 이씨가 있었고 족보의 기록을 사실로 받아들인다면 한 명의 아들도 있었다. 그들을 모두 따돌리고 유연의 재산을 차지할 수는 없었다. 역으로 유연 또한 형과 누이의 상속분을 무시하고 재산을 독차지할 수 있는 것도 아니었다.

이지가 욕심을 낸 재산은 가출한 처남 유유의 상속분으로 보인다. 유유는 다른 형제, 누이와 함께 부모의 재산을 상속받을 것이며, 아버지의 특별한 유언이 없다면 승중자로서의 몫을 확보할 수도 있었다. 그런데 유유는 집을 나간 지 8년이 되도록 돌아오지 않았다. 그사이에 아버지가 죽었지만 상장례에도 나타나지 않았다. 이로 인해 이지는 유유가 돌아오지 않을 것이라고 확신했을 가능성이 크다.

이지와 채응규 중에 누가 먼저 가짜 유유를 만들 생각을 했는지는 알 수 없으나 친척과 친구들 일부의 눈을 속일 수 있었고 백씨도 동조하는 듯이 보였다. 대구에서 탄로 날 위기가 닥치자 채응규는 도망했지만 그는 분명 유유의 재산을 탐내고 유유 행세를 한 것임에 틀림없었다. 다만 이지와 재산을 어떻게 나눌 것인지, 재산을 나누는 과정에서 주위의 시선을 어떻게 피할 것인지에 대한 계획에 관해서는 확인할 수 없다.

이 때문에 이언용은 아버지 이지가 처음부터 처가의 상속과 재산에 관여할 의사가 없었다고 주장하였다. 하지만 춘수의 공초는 설령 그 내용을 모두 신뢰하기는 어렵다고 하더라도 이지와 채응규의 연관성에 대한 여러 단서를 보여 준다. 이 사건은 채응규와 춘수, 두 사람이 지역의 어엿한 양반가였던 유연 집안을 상대로 벌인 사기극이라고 하기에는 그 성공을 위해 넘어야 할 산이 너무 많았다. 이지와 같은 조력자가 필요했거나 혹은 그들이 이지의 조력자일 수밖에 없었다.

유연과 이지를 기억하는 방식

유연의 억울함을 알리다

달성령 이지가 채응규를 유유라고 하여 그 아우 유연을 죽이니, 하늘이 지극한
원통함을 살피시어 다행히 밝게 드러나게 되었으며, 이지는 자기 죄를 승복하였다.
오성 이항복이 그를 위하여 「유연전」을 지어서 세상에 돌아다닌다. 대체로
유연이 죽은 것은 가정嘉靖 갑자년(1564)이고 이지가 죽임을 당한 것은 만력萬曆
기묘년(1579)[183]이다. 정미년(1607)에 이르러 「유연전」이 처음으로 찬술되었으니,
전후 44년 동안의 일이다.

_『부계기문』

유연 부인의 노력

1564년 유연이 처형될 무렵 그의 부인 이씨는 친정이 있는 서울
로 갔다. 남편이 억울하게 죽임을 당하였다고 확신한 이씨가 할 수
있는 일은 사라진 채응규를 찾는 것이었다. 채응규만 발견한다면 남
편은 누명을 벗을 수 있었다. 유연이 형을 살해한 혐의를 받을 때 채
응규에 대한 조사가 동시에 이루어졌다면 사건은 전혀 다른 방향으
로 마무리되었을 것이다. 사법 당국이 하지 못한 채응규를 찾는 일
은 이제 이씨의 몫이 되었다.

이런 그녀에게 접근한 이들이 춘수의 언니 영수와 그녀의 남편

김헌이었다. 그들은 채응규와 춘수가 여전히 함께 살고 있으니 비용만 대면 추적할 수 있다고 이씨를 부추겼다. 이씨는 그들의 말을 믿고 큰 비용을 지급했으나 성과가 없었다. 오히려 사헌부 장령 정엄에 의해 유연 사건에 대한 재조사가 요청되었다는 소문이 퍼지자 영수는 사라지고 말았다. 결국 이씨는 형조에 이들을 고발하여 들인 비용을 받아냈다.

이씨가 직접 채응규를 찾는 일은 쉽지 않았다. 정엄의 재조사 요청이 있었던 1571년까지 이씨는 별다른 단서를 얻지 못했다. 영수와 같은 제보자도 다시는 나타나지 않았다. 그녀가 할 수 있는 일이란 채응규나 진짜 유유가 발견되기만을 고대하는 것밖에 없었다. 그녀의 바람이 실현된 것은 다시 8년의 세월이 흐른 뒤 홍문관 수찬 윤국형의 재조사 요구를 선조가 받아들이면서였다.

평안도에서 진짜 유유가 붙잡혀와 신문을 받게 되자 이씨는 남편 유연의 억울함을 호소하였다. 얼마 뒤 채응규가 자결하고 춘수가 끌려오면서 유연에게 가해진 혐의와 형벌이 잘못되었다는 사실이 다시 한 번 확인되었다. 이씨는 그제야 남편에게 씌워진 누명을 완전하게 바로잡을 수 있게 되었다. 이씨는 유유와 백씨가 있는 대구로 돌아가지 않고 서울에 그대로 머물러 살았다.

그사이 조선은 임진왜란으로 대혼란에 빠졌다. 전쟁이 끝난 뒤 이원익李元翼이 이씨의 집에 이웃하여 새 집을 짓고 거주하게 되자 이씨는 그간의 억울한 사정을 자세하게 알려주었다. 이원익은 이를 다시 이항복李恒福에게 전하면서 기록으로 후세에 남기기를 원했다.

이항복 초상과 「유연전」

여기에 동의한 이항복은 이씨의 집에 내려오는 자료들을 모아 「유연전」을 지었다. 그리하여 유연은 이항복의 글을 통해 다시 신원되었고, 「유연전」을 읽은 많은 사람은 그에게 동정을, 이지에게는 분노를 표출하였다. 이 또한 부인 이씨의 공이기도 하였다.

소설과 사실 사이

오늘날 국문학계는 「유연전」을 소설로 간주한다. 실제 사실에 근거하고 있지만 이항복의 풍부한 문장력을 바탕으로 흥미 있게 구성한 창작물이라는 것이다.[184] 다른 작품과는 달리 「유연전」은 당시 사회 문제에 대한 작자의 깊이 있는 통찰이 드러나는데, 이는 소설적 기법에 의해 구현되었다고도 한다.[185] 소설이기는 하지만 단순한 송사소설이 아니라 당대의 사회 문제를 다루었다는 데 의미를 두는 것이다.[186] 더불어 특정 인물에 대한 신원이나 포폄만이 아닌 사건 자체의 서사적 맥락을 '전(傳)'이란 양식을 통해 구현한 것으로 간주하였다.[187]

하지만 「유연전」을 소설로만 볼 수는 없다. 「유연전」에 등장하는 이들은 모두 실존 인물이었으며, 사건의 전반적인 흐름도 사실과 부합한다. 유연의 옥사라고 하는 하나의 사건은 공초와 같은 국가의 공식 기록과 이씨가 가진 가전 자료와 같은 사적인 기록으로 남겨졌다. 이항복은 이들을 참고하여 「유연전」을 지었다. 여기에서 실제 사실과 부합하지 않는 내용은 신문 기록인 공초에도 존재한다. 유연이 고문을 이기지 못해 자신이 형을 죽였다고 자백한 것도 실제와는 어긋나는 진술이다. 당시 신문을 받은 많은 사람은 자신의 이익을 위해, 또는 고문 때문에 거짓 진술을 했을 수 있지만, 이는 공식 문서인 공초에 사실로 기재되었다.

이씨가 가진 자료나 그녀가 이원익에게 한 말도 모두 사실은 아닐 것이다. 그녀의 목적은 전적으로 남편의 억울함을 밝히는 데 있었으므로 사실의 생략, 오류, 과장이 있었을 가능성이 크다. 특히 주변 사람들에게 전해들은 이야기 가운데에는 객관성을 결여한 내용이 분명 있었을 것이다. 이항복도 마찬가지이다. 1564년과 1580년에 유연과 이지가 각각 죽은 뒤 「유연전」은 1607년에 저술되었다. 시간도 많이 지났지만 사건의 당사자가 아닌 이항복은 자신의 관심과 관점에 따라 사건을 재구성하였다.

여기에서 공초, 이씨의 자료, 「유연전」의 내용 가운데 사실과 사실이 아닌 것을 하나하나 구분해 내기는 어렵다. 이 책의 서술은 이러한 자료들을 다른 자료와 비교하고 당대의 사회상을 최대한 고려하여 정리한 것이다. 하지만 이 또한 한계가 있음이 자명하다. 사실의 재구성과 함께 고려할 것은 기록을 남긴 작자의 의도와 관점이다. 「이생송원록」과 비교할 때 「유연전」은 범죄의 주체를 다르게 볼 뿐만 아니라 재구성한 사건의 내용도 다르다.

이항복의 관점

「유연전」을 보면 유연이 대구 감옥에 갇혀 있을 때 부인 이씨에게 보낸 편지에서 "이지의 음모, 심륭의 음모, 백씨의 음모, 채응규의 음모가 온 나라 사람의 마음과 눈을 가림이 이 지경까지 이르렀단 말인가?"라고 한 부분이 나온다. 이는 이항복이 이 사건을 바라보는 핵심적인 관점이다. 범죄의 주요 주체를 이지, 심륭, 채응규, 백씨로 보았던 것이다. 그는 이지가 채응규를 가짜 유유로 내세웠을 때 심륭과 백씨가 여기에 직접 또는 암묵적으로 동조한 것으로 간주하였다.

이항복은 유연의 억울한 죽음을 안타까워했고 이것이 재산 상속과 관련된 이지의 음모에서 비롯되었음을 「유연전」을 통해 알리고자 했다. 따라서 이지가 정당한 처벌을 받지 않고 신문 과정에서 죽은 것을 한탄하였다. 음모에 적극 가담한 채응규는 자결하였으므로 더는 평가를 하지는 않았는데, 상속 문제로 얽혀 있던 또 다른 인물인 심륭이 법망을 빠져나간 점은 아쉬워했다.

다만 유유의 부인 백씨가 어떤 식으로 사건과 연관되었는지는 이항복도 충분하게 설명하지 못하였다. 채응규가 나타났을 때 백씨가 직접 나서서 진위를 가리지 않은 것, 채응규가 사라지자 시동생 유연이 남편을 살해했다고 무고한 것은 충분히 의심할 만한 행위였다. 이항복은 백씨의 이러한 행동에 의구심을 가졌지만 그 의도에 대해서는 적극적으로 추론하지 않았다. 그녀를 사건 초기에 관청에서 직접 불러 조사하지 못한 점을 지적하는 정도였다.

이항복은 한편으로 유유에 대해서는 자식 도리를 다하지 않은 인물로 비난하였다. 설령 아버지 곁을 떠나야만 할 사정이 있더라도 자신의 자취는 알려야 하는데 완전하게 숨어 버려 동생을 죽음에 이르게 했다는 점도 비난하였다. 유유의 가출은 인륜에 어긋날 뿐만 아니라 현명하지 못한 처신으로 인해 유연의 죽음에 빌미를 제공했다는 인식이다.

유연의 부인 이씨에 대한 평가는 장인 권율이 자신에게 한 말로 대신하였다. "젊었을 때 인석姻席에서 유연을 여러 번 만났는데 키는 작지만 날쌔고 용감하였으며 강개하고 명성을 좋아하였다. 화를 입은 뒤에 아내가 능히 머리 빗질이나 얼굴을 다듬지 아니하고 정성을 다해 빌면서 흰머리가 되도록 변함이 없었으니 참화에 잘 대처하였다고 할 만하다."라고 한 것이다.

권율이 젊은 시절 유연을 만났다는 내용은 다른 기록에서는 찾아보기 어렵다. 이항복이 장인의 말을 인용한 것이므로 이는 사실일 것이다. 권율이 1537년(중종 32)~1599년(선조 32) 사이에 생존했고, 유연이 1537년에 나서 1564년에 죽었으므로 두 사람은 동갑이다. 권율은 1582년 46세의 나이로 뒤늦게 과거에 급제하였으므로 두 사람의 교류는 관직에 나가기 전이다.

권율과 유연이 어디에서 만났는지는 알 수가 없다. 권율의 혼인 관계를 보면 첫째 부인은 창녕 조씨, 둘째 부인은 죽산 박씨였고 외동딸은 이항복과 결혼하였다. 이항복의 생몰이 1556~1618년이고 아홉 살에 아버지가 죽었으므로 그는 유연과 직접 대면하지는 못했을 것으로 보인다. 그렇지만 자신의 장인 권율이 일찍이 유연과 교류하였고, 유연의 부인 이씨에 대해 호의적으로 평가한 것이 「유연전」 서술에도 영향을 미쳤다고 할 수 있다.

사적인 측면에서 보면 권율과 유연, 이원익과 이씨, 이원익과 이항복 사이에 인연이 있었으며, 이에 따라 「유연전」은 이씨가 가진 자료를 통해 유연의 억울함을 드러낸 것이라고 할 수 있다. 하지만 정치 세력의 변동이라는 측면에서 보면 이항복은 사림의 시대에 활동한 인물이었다. 그는 1580년 과거에 급제하여 벼슬살이를 시작하였다. 1580년은 이지의 재판을 통해 유연이 신원되었던 해이다.

그가 벼슬에 나가기 전에 이미 척신 윤원형은 쫓겨났고 선조의 즉위 이후 정치권력은 사림으로 확고하게 넘어갔다. 더불어 유연을 죽음으로 몰아넣은 척신 심통원도 선조 즉위로 관직에서 쫓겨났다. 명종의 강력한 비호를 받고 척신들과도 연결되어 있던 종친 이지에 대한 보호막은 이 시기에 더는 존재하지 않았다. 선조 대 관직에 나가 활동한 이항복은 이지나 심통원을 구시대의 인물로 여겼다. 더구나 한 사람은 범죄의 주모자로, 또 한 사람은 그를 옹호하여 유연을 처형으로 이끌었다고 판단한 것이다.

그러나 이항복은 「유연전」을 저술한 이후 이 사건에 대해 다소 모호한 태도를 보여 비판을 받기도 했다. 후일 호조 판서, 병조 판서 등을 역임한 김시양金時讓은 1608년 이지의 아들 이언관을 만난 적이 있었다. 이때 이언관은 이항복이 지은 「유연전」의 후서後敍와 자신의 집에 보관된 아버지의 재판에 관한 기록을 보여 주었다.[188] 「유연전 후서」는 「유연전」이 나온 이후 이언관이 이항복에게 부탁하여 얻은 글이다. 이 내용은 현존하지 않지만 이지를 주모자로 본 「유연전」과 충돌하는 내용이 들어 있었던 것으로 보인다.

김시양은 이항복이 이언관의 보복이 두려워 후서를 지었다고 했지만 그 배경을 정확하게 알 수 없다. 그는 이항복의 처신을 비판하고 그 글로 인해 이지의 죄악이 가려지지는 않는다고 주장하였다. 김시양 역시 이지를 범죄의 주체로 보고 있는 것이다. 그런데 그는 매우 흥미로운 이야기를 덧보탰다. 이언관이 보여 준 재판 기록에서 김귀영과 이산해를 대신에, 박홍구와 조인득을 대간으로 적시하였는데, 김귀영과 이산해는 당시 대신의 반열에 들지 못했고 박홍구와 조인득은 아직 과거에 급제하기 전이라는 것이다.

이는 한마디로 이언관의 문서가 허위일 수 있다는 점을 지적한 것이다. 김시양은 후일 다른 사람이 이언관의 문서를 본 적이 있는데, 그가 지적한 내용이 모두 수정되었다고 했다. 그는 임진왜란으로 국가의 문서가 소실된 것이 많자 이언관이 아버지를 위해 기록을 조작하였다고 보았다. 김시양은 이언관을 직접 만났고 해당 문서도 살펴보았다. 그가 이러한 내용을 남긴 이상 「이생송원록」의 내용 역시 전적으로 신뢰하기는 어렵다.

이항복과 긴밀한 관계였던 이덕형李德泂도 후서를 보고 난 뒤 이지의 신문 과정에 관한 내용이 자신이 들은 것과 차이가 있다며 이항복에게 의문을 제기하는 편지를 보냈다.[189] 「유연전」을 지은 이항복이 다시 후서를 써서 모호한 태도를 보인 것에 대해 같은 시기의 인물들이 납득하지 못하고 있었던 것이다. 당대의 인물들은 후서보다는 전반적으로 「유연전」에 더 신뢰를 보낸 것으로 보인다.

유연, 이지의 재판과 처벌은 다양한 논란을 불러일으킬 수 있었으므로 「유연전」의 시각이 모든 사람에게 동의를 얻은 것은 아니었다. 하지만 이지를 위한 「이생송원록」에 비해 「유연전」은 더 많은 사람으로부터 더 오랫동안 공감을 받았다.[190] 이시발李時發, 이익李瀷, 우하영禹夏永 등 유연 사건을 언급한 많은 이들은 「유연전」의 내용을 그대로 수용하거나 이지를 범죄를 저지른 악인으로 간주하였다.[191] 많은 사람은 유연의 억울한 죽음에 동정을 보내면서 신중하게 재판을 처리해야 할 필요성에 대해 강조하였다. 그 과정에서 이지의 죽음을 동정하는 시각은 설 자리를 잃게 되었다.

아! 기묘년(1564) 옥사가 뒤집힌 뒤로 사람들이 모두 이지에게 허물을 돌렸으니,
일의 시말을 알지도 못하면서 떠들어 대며 공격하는 자들로 넘쳐났다.
_『만회집』

사건을 보는 다른 입장

이지를 사건의 주범으로 보는 이항복의 「유연전」이 많은 사람으
로부터 호응을 받았지만 그의 관점에 동의하지 않은 이도 있었다.
대표적인 인물이 권득기權得己였다. 그가 경기도 남양에 머무르고 있
을 때 고을 사람 이언용이 「유연전 후서」를 들고 찾아왔다. 이언용
은 이지의 아들이자 이언관의 동생이었다. 이언관은 「유연전」이 나
온 이후 이항복을 찾아가 후서를 받은 인물이었다. 동생 언용은 여
기서 그치지 않고 아버지를 확실하게 신원할 수 있는 글을 얻고 싶
었다.

이언용은 「유연전 후서」로 인해 아버지의 억울함이 조금은 풀렸지만 상세한 내막이 다 드러나지 않았다고 여겨 권득기에게 글을 부탁한 것이다. 이에 따라 권득기는 「유연전 후서」와 이언용이 가진 집안 자료, 그리고 그의 진술을 토대로 이지를 위한 「이생송원록」을 지었다. 그 시기는 1607년에 「유연전」이 나온 뒤인 1608년에서 1609년 사이였다.[192] 「유연전」을 보고 이지의 아들들이 발 빠르게 움직인 셈이다.

권득기가 이언용의 부탁을 들어준 것은 남양에서 거주할 때 서로 교류가 있었기 때문으로 보인다. 하지만 서로 교류가 있다고 하더라도 유연의 억울함이 알려졌고 이지의 재판에 참여한 관료들이 그를 이미 주범으로 인정한 상황에서 신원록을 쓰는 것은 쉬운 일이 아니었다. 아마도 권득기는 이지를 주범으로 간주하는 시각 자체에 동의하지 않은 듯하다. 그가 가진 의구심의 일단은 평소 교분이 있었던 경준慶遵에게 보낸 편지로 엿볼 수 있다.

제가 바야흐로 어린 데다 어리석고 몽매하였으나 또한 의심이 없지 않았던 것은 대개 채응규를 유유로 인정하는 것이 이지에게 처음부터 손익이 없었기 때문입니다. (백씨의) 월경과 검은 점의 징험에 이르러서도 또한 이지가 알려준 것이라고 합니다. 하지만 이는 실로 규방의 비밀이니 친밀한 여종이라고 하더라도 알 수 없는 일입니다. 하물며 유유의 자형인 이지가 죽은 부인의 올케(백씨)의 은밀한 일을 알 수 있었겠습니까? 그런데도 중론이 모두 다 이지에게 옥사

의 책임을 돌리는 까닭을 알지 못하겠습니다.[193]

　권득기는 유연의 옥사와 관련하여 이지를 비난하는 이야기를 처음 들었을 때부터 이해하기 어려운 점이 있었다고 하였다. 그것은 무엇보다도 이지가 채응규를 유유라고 한다고 해서 이익이 될 것이 없다는 판단에서였다. 이는 일견 이해가 가는 측면이 있다. 채응규가 유유가 되기 위해서는 많은 사람의 인정을 받아야 하고, 재산상의 이익도 결국 그에게 돌아가기 때문이다.

　이지가 가짜 처남을 내세워 처가의 재산을 차지하려 했다면 치밀한 계획이 필요할 뿐만 아니라 성공을 장담하기도 어려웠다. 이러한 시도를 한다는 것 자체가 무모해 보일 수 있는 것이다. 권득기의 의구심은 여기에서 비롯되었다. 또한 이지는 충분한 진술을 남기지 않은 채 죽었고 그의 범행은 오로지 춘수의 입을 통해서만 확인되었다. 권득기는 춘수의 증언을 신뢰할 수 있는가라는 의구심도 동시에 가지고 있었다.

　사실 이지를 주범으로 보는 시각은 이 사건을 다시 처리한 관료들의 공적인 기록과 이항복의 「유연전」에 의해 확산되었다. 여기에서도 이지의 의도나 계획이 명확하게 드러나지는 않는다. 다만 이지와 채응규의 만남, 유연에게 보낸 이지의 편지 등을 통해 사건 초기부터 이지가 개입한 정황을 포착할 수 있다. 춘수의 공초에도 허위라고만 할 수 없는 이지의 노비 등에 관한 구체적인 내용이 포함되어 있다.

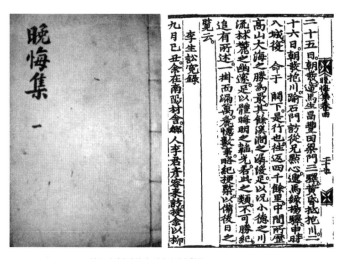

권득기의 『만회집』과 「이생송원록」

　그럼에도 권득기는 또 하나의 의문을 제기하였다. 그것은 대구 감옥에 갇힌 채응규를 진짜 유유라고 볼 수밖에 없었던 결정적인 진술의 문제였다. 당시 채응규는 결혼한 첫날밤 부인의 월경으로 치마를 벗기지 못했고 그녀의 정강이에 검은 점이 있다는 증언을 했는데, 모두 사실로 확인되었다. 사람들은 이를 이지가 채응규에게 미리 알려주었기 때문에 가능했다고 보았다. 하지만 권득기는 백씨의 여종도 알 수 없는 비밀스러운 일을 이지가 알았다는 사실에 의구심을 가졌다.

　채응규가 이런 비밀을 알게 된 통로는 알 수가 없다. 따라서 당대 사람들 가운데에는 백씨와 채응규의 관계를 의심하는 이도 있었다. 이지가 이를 알고 있었다면 유유의 누이이자 이지의 죽은 첫 부인 유씨를 통해서일 수도 있다. 혹은 처가에 대한 다양한 탐문을 통해 얻은 정보일 수도 있지만 명확하지는 않다. 결국 권득기는 이지가 이 사건에 가담한 의도를 찾기 어렵고, 그가 채응규에게 처가의 은밀한 일을 전할 만한 처지에 있지도 않았다는 점에서 이지를 주범으로 보는 시각을 받아들이지 않았다.

권득기의 관점

권득기가 유연 사건을 바라보는 시각은 「이생송원록」에서 명확하게 드러난다. 아버지에 대한 이언용의 입장과 마찬가지로 그는 이지를 사건의 주모자로 보지 않는다. 「이생송원록」은 「유연전」과 달리 이지가 처음부터 채응규를 유유라고 한 사실이 없다는 점을 강조하였다. 채응규에 대한 정보를 처음 알린 인물은 유유의 고종사촌 이자첨이며, 채응규를 처음에 유유로 확신한 인물은 오히려 동생 유연이었다는 것이다.

이지와 심륭은 채응규에 대해 반신반의했지만 유연의 확신을 따라갔을 뿐이며, 채응규란 인물을 알게 된 것도 이자첨에 의해서란 점을 내세워 이지의 사건 연관성을 부인하였다. 또한 이지에게 결정적으로 불리한 진술을 한 춘수의 공초는 가혹한 신문에 따른 허위 자백으로 보았다. 이지는 매우 수동적으로 사건에 개입하였을 뿐만 아니라 춘수의 공초는 무고로 믿을 것이 못 된다는 인식이다.

이 경우 사건의 주모자는 당연히 채응규가 된다. 「이생송원록」에서는 춘수의 말을 빌려 채응규가 속임수로 여러 사람을 희롱하고 다닌 사실을 언급하였다. 이지를 만나기 이전부터 채응규는 불량한 인물이었음을 드러낸 것이다. 이런 부가 장치가 아니라도 채응규 자신이 가짜 유유 행세를 한 이상 그는 처벌을 피할 길이 없었다. 문제는 이지와 채응규가 과연 연결되어 있었는가 하는 점이었다.

「이생송원록」은 이지와 채응규를 분리해서 판단하게 하려고 몇 가지 증거를 제시하였다. 우선 『송계만록』을 들어 채응규가 유유와 만난 적이 있었고, 이를 통해 유유와 관련된 많은 정보를 입수했다고 하였다. 이는 이지가 채응규에게 정보를 제공하지 않았음을 강조하는 것이다. 다음으로 유유의 첫날밤과 같은 비밀스러운 내용의 인지는 백씨와 채응규의 사통으로 가능했다고 보는 영남 인사의 추측을 제시하였다. 역시 이지의 소행이 아니라는 것이다.

결국 사건을 주도한 이는 채응규이며 유연을 죽음으로 내몬 이는 춘수와 백씨라는 인식이다. 더불어 「이생송원록」은 이지의 성품이 올곧고 인정이 많았다는 아들 이언용의 진술을 그대로 나열하였다. 이지가 자신의 동생을 말려 적자인 맏형과의 재산 소송을 중지하게 한 일, 여종이 친구의 첩이 되어 자식을 낳자 돈 한 푼 받지 않고 속량시켜 준 일 등이 그것이다. 아버지를 두둔하려는 아들의 말을 다 믿을 수는 없지만 이지가 재산에 연연하지 않았다는 사실을 들어 처가의 재산을 탐냈다는 세간의 평을 불식시키려 하였음을 알 수 있다.

또한 이언용은 아버지가 친구인 이관의 딸을 처남 유연과 혼인하도록 주선한 장본인이라고도 했다. 그에게 처남과 친구의 딸이 되는 유연 부부에게 고통을 줄 이유가 없다는 말이다. 이런 정황으로 인해 권득기는 이지가 주범일 리가 없다고 보았다. 이지는 권득기가 어릴 때 옥사했으므로 두 사람의 접촉은 없었다. 그는 이언용의 주장을 받아들였지만 이지가 과연 어떠한 성품을 가진 인물인지 확인해 볼 자료가 많지는 않다.

다만 이지를 가까이서 접할 수 있었던 인물로 이언용과는 다른 평가를 한 이가 있었다. 바로 이지의 동서인 하항이었다. 그는 동서 이지가 자신에게 재앙을 미칠 불길한 인물로 여겨 평소에 교류하지 않았다.[194] 이는 주관적이기는 하지만 이지의 친인척이 내린 평가라는 점에서 주목할 만하다. 이지의 인품에 대한 아들의 주장을 액면 그대로 믿을 수는 없는 것이다.

각자의 맥락

이언용은 한편으로 유연의 처 이씨가 보관해 온 자료는 주로 전해들은 말로 오류가 많으나 자신이 가진 공초는 신뢰할 수 있는 문서임을 강조하여 「유연전」의 내용을 비판하였다. 이씨의 자료나 「유연전」의 내용에서 오류나 과장, 왜곡이 있을 개연성은 충분하다. 하지만 이는 이언용의 자료에도 적용된다. 형 이언관의 집안 문서를 김시양이 허위 기록으로 논박한 것은 그 한 예이다.

「유연전」이 「이생송원록」에 비해 더 영향력을 가졌던 것은 이항복과 권득기의 관력 차이 때문일 수도 있다. 또한 두 글의 가독성 차이일 수도 있다. 「이생송원록」은 이지의 신원을 위해 「유연전」의 오류를 바로잡는 데 주력함으로써 관련 인물이 아닌 이상 독자가 제한될 수밖에 없었다. 반면 「유연전」은 비교적 흥미로운 서사에 명확한 선악 구조와 교훈을 담고 있다. 많은 사람이 「유연전」을 읽고 인용한 이유도 여기에 있었다. 그 과정에서 유연의 억울한 죽음과 이지의 악행이라는 구도가 더욱 두드러졌다.

다른 차원의 추론이기는 하지만 권득기의 인적 관계와 「이생송원록」의 저술을 연관 지어 볼 수도 있다. 권득기의 부인은 종친인 귀성군龜城君 이첨李瞻의 딸이었다. 귀성군의 아버지는 덕양군德陽君이며 조부는 중종이다. 덕양군은 이복형제인 명종과도 우애가 깊었으며 달성령 이지는 명종의 총애를 받았다. 이언용이 굳이 권득기를 찾아간 것은 이런 인연이 있었기 때문일 것이다.

권시權諰의 평가도 인적 관계와 무관해 보이지 않는다. 그는 「유연전」에서 유연이 채응규를 백씨에게 보이지 않고 관아로 넘긴 것을 애석해한 이항복의 평가를 비판하였다. 동생인 유연은 채응규를 서울에서 처음 보았을 때 가짜임을 알았을 것이라며 대구까지 데려갈 것이 아니라 바로 배척했어야 했다는 것이다. 이는 유연의 행동에 아쉬움을 표하면서도 백씨에게 판단을 맡겨야 했다는 이항복의 의견을 비난한 것이기도 하였다.

만일 백씨가 채응규를 유유가 아니라고 했다면 유연은 억울하게 죽지 않았을 것이고, 유유라고 했다면 죄는 백씨에게 돌아가 유연은 책임을 면할 수 있었다. 권시가 보기에 백씨에게 판단을 맡기는 일은 유연을 위해 좋은 계책이지만 의로운 행동은 아니라는 것이다. 이는 유연을 비판하는 듯하나 그러한 의견을 가진 이항복을 간접적으로 겨냥한 것이었다. 권시는 「유연전」을 끌어들여 인목대비의 유폐 과정에서 죽음으로 막지 않은 대신들을 비난하고 있었기 때문이다.

1617년(광해군 9)에 인목대비를 폐하자는 논의가 나왔을 때 영의정 기자헌은 자신이 책임을 회피하는 것이 아니라며 대신들에게 두루 의견을 구하자고 하였다. 당시 영부사 이항복과 좌의정 정인홍은 지방에 내려가 있었고, 우의정 한효순은 병으로 휴가 신청 중이었으며, 전 우의정 정창연은 두문불출하였다.[195] 이때 이항복은 효도로 나라를 다스려야 한다는 온건한 표현으로 인목대비 폐비를 반대하였다.[196]

인목대비 폐비와 관련해 고위 관료 중에는 병을 핑계 대거나 다른 이에게 미루거나 모호한 발언으로 비껴가려는 이들이 있었다. 권시는 이들을 비판하며 "죽음을 무릅쓰고 간언하고 간언할 수 없으면 자리에서 물러나며 물러나지 못한다면 죽는 것이 옳았다."고 하였다.[197] 이항복이 인목대비를 옹호한다는 이유로 결국에는 관직에서 삭탈되어 북청으로 유배 갔다 죽었지만 처음부터 강력하게 저항하지 않은 것을 문제 삼은 듯하다. 권시는 바로 권득기의 아들이다. 권득기는 '폐모살제' 논의 당시 버슬을 버리고 은거하였다. 권시의 이항복 비판은 이러한 배경이 작용한 것이다.

이처럼 유연 사건을 바라보는 각각의 입장에는 그들의 인적 관계가 개입되었을 가능성이 얼마든지 있다. 그렇다고 해서 「이생송원록」이 제기한 의구심이 모두 부정되는 것은 아니다. 특히 이지가 자백 없이 신문 과정에서 죽은 일은 당시 조선의 형벌과 재판 제도가 가진 한계를 잘 보여 준다. 일찍이 뚜렷한 증거 없이 위관 심통원이 유연을 살인자로 규정한 순간 유연은 죽을 수밖에 없었다.

마찬가지로 채응규의 속임수가 탄로 나고 춘수가 끌려왔을 때 신문을 맡은 관원들은 이지를 의심하였다. 충분한 증거의 확보보다는 이지와 춘수를 신문하고 고문하여 원하는 진술을 얻어 내는 전형적인 방식이 되풀이되었다. 권득기가 보기에 이지 또한 유연과 마찬가지로 국가 권력에 의한 잘못된 재판의 희생자일 수 있었던 것이다. 진술에 의존하거나 혹은 원하는 진술을 얻을 때까지 신문을 멈추지 않았던 당시의 재판 방식은 많은 사람을 억울한 죽음으로 몰아넣거나 혹은 죽은 이의 주변 사람들에게 그 죽음이 억울하다고 인식하도록 만들었다.

유유의 한마디 말이 없었다면 백씨는 장차 채응규의 처가 되어
'노비를 매수해 늙은이를 얻는다.'라는 말과 같이
다른 사람을 지아비라 일컬었을 것이니 한가지로 더러운 일이다.
_『태촌집』

백씨를 의심하는 근거

가짜 유유의 출현과 유연의 죽음 과정에서 가장 모호한 태도를
보인 인물은 백씨였다. 유유가 부인 백씨, 아버지 유예원과 갈등 관
계였음은 짐작할 수 있다. 그렇다고 하더라도 채응규의 출현 당시
그 진위를 적극적으로 가리지 않았고 시동생 유연이 형을 죽였다고
고발까지 한 배경은 쉽게 이해하기 어렵다. 채응규와 백씨가 사통하
였다는 추측은 이 때문에 나온 것이기도 하였다.

백씨의 의심스러운 행동은 그녀를 악인으로 간주하는 근거가
될 수 있었다. 이지가 채응규의 존재를 알려주었을 때 백씨는 그에

게 편지와 의복을 보내고 답장을 받았다. 유연은 형수가 그 편지를 보고 형의 진위를 알았을 텐데 입을 다물고 있고, 대구에 온 채응규를 직접 만나려 하지 않은 것에 불만을 느꼈다. 적어도 백씨는 채응규가 정말 남편이 맞는지 아닌지를 가리는 데 소극적이었다. 오히려 채응규가 사라졌을 때 유연을 살인자로 무고하는 일에 더 적극성을 보였다.

과연 백씨가 이지와 공모하고 채응규와도 편지로 말을 맞추었을까?[198] 「유연전」에서는 백씨의 음모가 있었다고 비난하지만 이지나 채응규와 결탁했는지에 대해서는 판단을 유보하였다. 그녀가 적극적으로 채응규의 진위를 가리지 않고 무고로 시동생을 죽게 만든 것에 분노할 뿐이었다. 관련자들의 공초나 유연의 처 이씨가 가진 자료에서도 백씨의 혐의가 뚜렷하게 나타나지 않아서였을 것이다.

반면 「이생송원록」에서는 채응규와 춘수는 물론 백씨까지 강하게 비난하였다. 역시 백씨가 채응규의 진위를 확인하지 않았고 춘수와 더불어 유연을 무고했다는 이유에서였다. 그런데 여기에서 더 나아가 채응규가 말한 첫날밤에 관한 일이나 백씨의 신체에 관한 내용도 이지가 아니라 백씨가 알려준 것으로 판단하였다. 두 사람이 사통했을 것이라는 항간의 추측을 언급한 것도 이와 관련이 있었다. 하지만 추측 이상의 증거를 제시한 것은 아니었다.

아버지의 상에 참여하지 않았다는 이유로 처벌을 받게 된 유유는 부인 백씨를 잠깐 만난 적이 있었다. 그는 지난날 백씨가 채응규를 자신으로 여겨 동생을 죽게 했다며 힐난하였다. 하지만 백씨도 남편 유유가 늘 자신에게 불측한 말을 했다며 맞섰다. 유유는 석방 뒤 고향 대구로 가서 2년 만에 죽었는데 백씨에게 서신 한 장 보내지 않았다. 두 사람은 원래 갈등이 있었던 데다가 사건 뒤에는 서로를 힐난하며 다시는 부부로 살지 않았던 것이다.

백씨는 가족들은 물론 지역 인사, 그리고 「유연전」이나 「이생송원록」을 통해서도 비난을 받았다. 하지만 현실에서 그녀는 직접적인 처벌을 받지는 않았다. 여러 의심스러운 정황은 있지만 범죄에 가담했다는 뚜렷한 증거가 없었기 때문이다. 실제 그녀가 이지나 채응규와 긴밀한 관계에 있었는지는 확인하기 어렵다. 남편 유유도 평소 부부 관계가 좋지 않은 데다 백씨의 행위가 결국 동생의 죽음에 일조했다는 데 분노했을 뿐 구체적인 근거를 들어 백씨를 고발하거나 하지는 않았다.

다만 그녀의 의도를 짐작해 볼 수 있는 하나의 단서는 채응규의 아들 정백을 데려온 데에 있다. 정백은 채응규와 함께 대구로 갔었고 채응규가 사라진 뒤 백씨의 요구로 그녀의 집에 들어갔다. 백씨는 채응규를 진짜 유유로 간주하였으므로 정백은 남편 유유의 서자인 셈이었다. 백씨는 그런 정백을 데려다 10여 년을 길렀다. 이후 채응규의 정체가 탄로 난 뒤 백씨는 정백을 묶어 관에 고발하였으나 조정에서 더는 문제 삼지 않았다.

남편 죽고 자식 없는 여성의 처지

백씨가 정백을 데려온 것은 그녀에게 자식이 없어서였다. 자식의 존재 여부는 상속에 어떤 영향을 주었을까? 자식이 없는 자녀에게 부모가 상속할 때 통일된 원칙이 존재한 것은 아니었다. 1549년(명종 4) 권의權檥가 자녀 8남매에게 재산을 나눠 준 분재기를 보면 자식이 없는 자녀는 그 재산을 타인에게 넘기지 말고 본손本孫 가운데 효도하는 이에게 물려주라고 하였다.[199] 권의의 당부는 자녀 가운데 자식을 끝내 얻지 못하는 이가 있으면 상속받은 재산을 다른 자손 가운데 효성스러운 이에게 넘겨주라는 것이다. 비슷한 맥락이지만 1580년 고운高雲의 처 성씨는 5남매에게 재산을 상속하면서 자식을 얻지 못한 자녀는 상속 재산을 본손에게 돌려주라고만 하였다.[200]

이는 손외여타孫外餘他의 금지, 즉 상속받은 재산을 본손이 아닌 다른 이에게 넘기지 말라는 상속의 일반적인 원칙과 부합한다.[201] 다만 여러 명의 본손 가운데 권의는 효도하는 이를 골라 상속하라고 그 대상을 한정해 두었다. 그의 당부는 미래에 대한 대비 차원이었지만 현실에서 더는 자식을 갖기 어려운 자녀의 상속 재산을 처리해야 할 경우도 있었다. 자식 없이 일찍 죽은 딸인 무자녀망녀無子女亡女가 아닌, 자식이 없으면서 생존해 있는 딸의 재산 처리 사례를 보자.

유희춘의 아들 유경렴에게는 2남 1녀가 있었다. 이 가운데 딸은 결혼 뒤 자식이 없는 데다 남편마저 죽고 말았다. 딸은 아직 생존해 있었지만 그녀가 부모로부터 상속받은 재산을 사후에 어떻게 할 것인가라는 문제가 남았다. 1602년 유경렴은 딸과 상의해 그 재산에 대한 처리 방침을 미리 정하였다. 딸에게 상속한 재산 가운데 일부를 미리 장손 유익원柳益源에게 별급하여 딸의 제사 비용에 쓰도록 한 것이다. 아울러 남은 재산은 딸이 죽은 뒤 여러 자손이 논의해서 공평하게 나누어 가지라고 하였다.[202] 결국 고모의 제사를 지내게 될 장조카가 고모의 재산 일부를 먼저 상속받고 나머지는 향후 자손들이 나누어 가지게 된 것이다.

이러한 관행으로 미루어 보아 자식이 없는 백씨도 그녀의 친정 부모로부터 상속을 받을 수 있었다. 그녀의 친정아버지 백거추에게는 한 명의 서자와 두 명의 딸이 있었으므로 적녀였던 백씨 자매는 서자보다 더 많은 재산을 상속받았을 것이다. 실제 그녀가 어느 정도의 재산을 상속받았는지는 분재기가 없어 확인이 어렵다. 남편 유유와는 끝내 별거하였으므로 백씨는 이 재산으로 자신의 생계를 이어 나갔을 가능성이 크다.

결국 백씨는 친정 부모로부터 상속받은 재산에 대한 처분권만 가지고 있었다. 남편 유유가 그의 부모에게 받은 재산의 소유나 처분권은 남편에게 있었다. 이때 남편이 죽고 자식이 없다면 남편의 재산은 장차 시동생이나 조카에게 돌아갈 수밖에 없었다. 만일 친정으로부터 상속을 받지 못했거나 그 양이 적다면 생계의 유지에도 어려움이 생기는 것이다. 따라서 가계 운영과 재산 상속을 둘러싸고 시동생 유연과 마찰을 벌일 수 있었던 백씨에게 남편 유유는 존재 자체로 하나의 안전판이 될 수 있었다. 앞서 서술했듯이 백씨는 총부였지만 승중 재산과 집의 소유권이 시동생 유연에게 넘어갈 위기에 직면해 있었다.

백씨의 전략

유유의 출현은 이러한 위기로부터 그녀를 지킬 수 있었다. 그녀로서는 평소 사이가 나빴던 남편의 진위보다 그의 출현 자체가 중요했을 수도 있다. 남편이 가짜일 수도 있었지만 백씨는 직접적인 판단을 미루었다. 그녀가 판단을 미루어도 이지와 같은 친족, 서시웅과 같은 고향 사람들이 채응규를 유유로 보았다. 백씨가 굳이 자신의 견해를 밝힐 필요가 없었던 것이다.

반면 시동생 유연은 형이 가짜라는 입장을 강경하게 고수하였다. 백씨가 관청에 나가 돌아온 남편을 가짜라고 하는 순간 그녀는 시동생 유연의 입장에 동조하는 것이 되며, 남편이 가짜라는 사실은 이로 인해 더욱 굳어질 수밖에 없었다. 그 결과는 가짜 유유 출현 이전의 상태, 다시 말해 백씨의 총부권이 위협받고 형망제급에 따라 유연의 위상이 강화되는 상황으로 이어질 것이었다. 결국 백씨는 남편의 진위 판단을 유보하는 전략을 취하였다. 이런 점에서 유연이 채응규를 집으로 데려와 백씨의 의견을 구하지 않고 바로 관아로 넘긴 것은 실수로 보인다.

그런데 진짜 유유여야만 하는 채응규가 보석 중에 사라져 버렸다. 남편의 출현과 그녀의 진위 판단 유보 전략으로 확보한 안전판이 상실된 것이다. 그럼에도 불구하고 그녀에게는 또 다른 기회가 있었다. 바로 채응규에게는 아들 정백이 있었기 때문이다. 남편의 진위를 가리지 않았던 백씨는 사라진 채응규를 남편이라고 강력하게 주장하기 시작했다. 그리고 시동생 유연이 재산을 탐내 남편을 죽였다고 고발하고, 이후에는 춘수에게서 정백을 데려왔다.

정백을 데려오기 위해서는 채응규가 실제 유유여야 했다. 그래야만 백씨는 남편의 서자를 통해 시동생의 가계 계승과 승중 재산 확보를 저지하고 총부로서의 지위를 유지할 수 있었다. 유연에게 아들이 없고 백씨가 따로 입양하지 않는다면 정백으로 가계가 이어질 가능성도 일부 있었다. 그런데 그녀는 자신을 지키는 것을 넘어서서 일을 확대하고 말았다. 백씨가 시동생 유연을 살인자로 고발하면서 사건의 파장은 걷잡을 수 없게 되었던 것이다. 이는 채응규가 가짜 인가의 여부를 넘어서는 문제였다.

그녀는 시동생에 대한 고발을 갈등의 뿌리를 원천적으로 제거하는 방법으로 생각했을지도 모른다. 하지만 그것은 한 인간의 죽음은 물론 집안의 몰락으로 이어질 수 있는 일이었고 실제로도 그렇게 되었다. 이 사건을 다룬 기록들이 정백을 데려온 일이 아니라 백씨의 무고 행위를 비난한 것도 그 때문이었다. 백씨의 행위는 총부권과 형망제급의 관행이 대립했던 시대의 소산물일 수 있었다. 하지만 그녀의 욕망과 가족 갈등은 그러한 대립을 극단적인 상황으로 이끌었다.

족
보
에
서
빼
다

공(유연)이 불행하게도 집안의 변고 때문에 옥중에서 억울하게 죽으니
당시의 의론이 애통하게 여겼다. 선조 임금 때 재상 이원익이 힘써
원통함을 풀어주고 백사 이항복이 전을 지어 그것을 논하였다.
공의 원통하고 억울한 일의 자취는 모두 전의 기록에 담겨 있다.
_『유씨 족보』

족보에서 사라진 이지

사건이 마무리된 후 유유와 유연 집안의 행방에 대해서는 알려진 바가 없다. 장남 유치 부부는 이미 죽었고 고향으로 돌아온 유유는 부인 백씨와 별거하였다. 유연이 죽은 뒤 서울 친정으로 갔던 부인 이씨는 「유연전」 서술에 중요한 역할을 하였다. 그녀가 남편이 없는 대구로 돌아갔는지는 명확하지 않으나 후대의 족보에서는 남편과 함께 성주 땅에 묻힌 것으로 기록하였다.

족보는 이 사건을 바라보는 후손들의 인식을 드러낸다. 우선 「이생송원록」에 등장하는 막내아들 사褫에 관한 기록은 어떤 족보에도

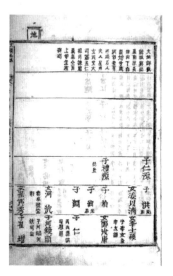

족보에 기재된 유연 남매

없다. 아마도 성인이 되기 전에 죽은 것으로 보인다. 나머지 아들 치, 유, 연은 1825년 족보에 이름만 등장한다. 치 아래에는 정여강과 혼인한 한 명의 딸이 있고 유는 무후无后, 즉 후손이 없다고 기록하였다. 연 아래에는 옛 족보에 잘못 기재되었다는 설명과 함께 인이라는 아들 한 명이 수록되었다.

치, 유, 연의 배우자에 관한 기록은 전혀 나오지 않는다. 이 집안 인물들 가운데에는 이처럼 배우자에 관한 내용이 없는 이들이 많다. 처음 족보를 만들 때 관련 자료를 다 확보하지 못해서였을 것이다. 그런데 더 흥미로운 내용은 딸들에 관한 기록에서 발견된다. 유예원의 딸은 모두 세 명으로 각각 이지, 하항, 최수인과 혼인하였다. 족보에는 이 가운데 맏딸과 사위 이지가 완전히 빠져 있다.

유유의 집안에서는 후일 족보를 만들면서 유연 사건의 주모자로 판결받은 이지를 완전히 빼 버린 것이다. 딸은 족보에서 사위의 이름으로 올라가고 그들의 자녀도 함께 기재되는데, 사위 이지가 빠짐으로 인해서 딸과 외손자도 모두 수록되지 않은 것이다. 조선시대 족보에서 혈연관계가 이처럼 분명한 자손을 빼는 것은 극히 예외적인 일이었다. 서얼 가운데에는 족보에서 빠지는 이들이 있었고, 서얼 당대는 기록하더라도 그 자손들이 빠지는 경우는 많았다.

하지만 적자녀를 족보에서 빼는 것은 성인이 되기 전에 사망한 경우가 아니라면 생각하기 어려운 일이었다. 그만큼 이 집안에서는 가문을 크나큰 위기로 몰아넣은 이지를 용서할 수 없었던 것이다. 딸과 외손자가 족보에서 배제되는 것을 감수하고서라도 이지와의 관계를 단절하려 했다고도 할 수 있는 것이다. 이후의 족보에서도 이지에 관한 기록은 계속 제외되었다.

다만 후대의 족보에서는 유연의 옥사에 관한 내용이 첨부되었다. 유연이 집안의 변고로 옥에서 억울하게 죽었으며, 이항복이 전을 지어 그의 억울함을 깨끗하게 풀어주었다는 간략한 내용이다. 여기에서도 이지를 구체적으로 언급하지는 않았다. 결국 유연의 집안에서는 이지를 족보에서 빼 버리고, 나아가 유연의 억울한 죽음을 드러내는 방식으로 이 사건을 기억하려 했던 것이다.

족보에서 작위가 올라간 이지

이지 집안의 기억 방식은 유연 집안과는 차이가 있었다. 이지가 그의 집안 족보에서 빠지는 일은 전혀 없었기 때문이다. 왕실 족보인 『선원록璿源錄』에는 달성령 이지와 그의 첫 부인 유씨, 둘째 부인 박씨가 모두 나와 있다. 유씨의 아버지는 유예원으로 현감을 역임했다는 사실도 나타난다. 또한 이지의 아들들 가운데 첫째는 유씨와의 사이에서 태어났고 나머지는 박씨와의 사이에서 태어났다는 사실도 확인할 수 있다.

이러한 내용은 이후에 편찬된 족보에서도 그대로 이어졌다. 물론 약간씩 차이가 나는 내용도 있다. 『선원록』에서는 이지가 첩의 아들로 어머니는 노비인 금성이란 사실을 명확하게 하였다. 더불어 이지를 달성령達城令, 형을 성안수成安守, 아버지를 화산부정花山副正이라 하여 최초로 받은 작위를 기록하였다. 『선원계보기략璿源系譜紀略』에는 이지를 화산군花山君의 서자 달성정達城正으로 표기하여 부자의 작위가 모두 올라갔다. 이지를 서자라고 했으나 어머니에 관한 기록은 생략하였다.

이후의 파보에서는 적서의 구분이 사라졌고 달성령은 달성도정達城都正으로 작위가 더 올라갔다. 달성도정은 명종 대 이지가 공신에 봉해지면서 파격적으로 상승한 작위였다. 족보는 될 수 있는 대로 조상들의 관직, 관품이나 업적을 돋보이도록 기록하였으므로 그의 작위가 올라간 것으로 보인다. 족보와는 달리 『명종실록』에서 이지는 달성도정이었지만 재판을 받다 죽은 내용을 담은 『선조실록』에서는 달성령으로 격하되었다. 이후 「유연전」을 비롯해 후대의 기록에서는 모두 달성령으로 표기되었다.

이지는 한때 달성도정에 봉해지기도 했으나 유연 사건을 겪으면서 최초의 작위인 달성령으로 내려갔다. 족보에서 그의 작위는 달성도정이었으며 유연 사건과의 연관성은 전혀 언급되지 않았다. 그의 아들들이 아버지의 죽음을 억울하다고 여겼고 이를 입증하기 위해 노력한 데에서 알 수 있듯이 적어도 이 집안에서 이지는 사건의 주모자가 아니었다. 당연히 족보에서 빠진다거나 하는 일도 일어나지 않았다. 이지가 빠지면 그의 수많은 후손도 모두 배제되므로 이는 사위인 이지가 처가 족보에서 빠지는 것과는 다른 차원의 문제이기도 했다.

공정한 재판에 대한 기대

유연의 원한이 조금은 풀렸다고 하지만 고금에 그와 같은 천추의 원한을 품은
사람이 누가 있겠는가? 옛날 사람은 세 번, 다섯 번 심리하고 아뢰는 방식으로
형벌을 신중하게 처리하였다. 법을 관장하는 사람은 유연의 일을 경계 삼아
옛 법을 본받아야 할 것이다. 모진 고문으로 무고하게 누명을 쓰는 이가 어찌
없겠는가?
_『송계만록』

동정, 비난, 비판

유연 사건은 후대의 사람들에게 각자의 방식으로 기억되었다.
「유연전」에서 이항복은 관련 인물들에 대한 자신의 소회를 다음과
같이 정리하였다. 무엇보다도 유연의 억울한 죽음에 대해 슬퍼하였
다. 이는 대부분의 사람이 공감하는 내용이었다. 다음으로 이지에
대해서는 끝내 자신의 잘못을 인정하지 않았지만 죽을죄가 드러난
것을 다행스럽게 여겼다. 「이생송원록」의 관점과는 차이가 있으나
유연을 동정하는 사람들은 대부분 이항복처럼 이지를 비난하였다.

한편 이항복은 백씨를 관청에서 조사하지 못한 것을 아쉬워하였

다. 백씨의 잘못을 제대로 밝혀내지 못했다고 그는 판단한 것이다. 백씨는 진짜 유유가 나타나자 10여 년 이상 데리고 있던 정백을 묶어 관청에 고발하였다. 관료 중에는 정백의 조사를 원하는 이들이 있었지만 실현되지는 않았다. 이항복은 정백보다는 유연을 모함하고 정백을 데려간 백씨를 조사하지 못한 것을 더 아쉬워하였다.

한편으로 그는 법망이 허술해 심륭이 처벌되지 않은 사실도 불만이었다. 이지에게 동조하고 유연과 상속 문제가 있었던 심륭도 어떤 식으로든지 이 사건과 관련되었다고 이항복은 판단한 것이다. 백씨나 심륭에 대한 의심은 유연의 처 이씨의 인식과도 같은 것이었다. 마지막으로 유유에 대해서도 아버지를 버리고 사라진 사실과 그로 인해 동생이 죽게 되었다는 점을 들어 강하게 비판하였다. 이는 사건을 재조사한 관료들이나 국왕의 생각과도 같아서 유유 역시 처벌을 받았다.

유연 사건을 기억하거나 「유연전」을 읽은 사람들이 공감하는 또 다른 사실은 정도의 차이는 있지만 누구나 그처럼 억울한 일을 당할 수 있다는 사실이었다. 시인 권필權韠은 「유연전」을 읽고 다음과 같은 시를 남겼다.[203]

한 번 펼쳐 읽고 한 번 슬퍼하니	一回披讀一傷神
원통함이 오래 지나서야 풀렸구나	冤屈從知久乃伸
청운에 기댄 것이 참으로 다행이니	得附靑雲眞幸耳
세간에 불평한 사람 어찌 한량 있으랴	世間何限不平人

여기에서 청운에 기대었다는 것은 관료였던 이원익과 이항복 덕택에 「유연전」이 나와 세상 사람들이 유연의 억울함을 널리 알게 되었다는 것을 말한다. 그러면서도 권필은 수많은 사람이 그와 같은 억울함을 지니고 있을 것이라고 읊었다. 시인은 유연의 억울함에 공감하고 또 다른 유연이 존재할 수 있다는 탄식으로 시를 마쳤다. 이 짧은 시에서 더는 작자의 현실 인식을 확인하기는 어렵다.

유연이 결국 누명을 벗게 된 것을 하늘의 섭리로 이해하는 이도 있었다. 형조 판서를 역임한 이시발李時發은 유연 사건과 같이 형옥이 제대로 처리되지 못하는 한계가 있음을 인정하였다. 그러면서도 그는 하늘이 반드시 악인에게 재앙을 내릴 것으로 보았다.[204] 억울한 누명은 언젠가는 밝혀질 것이라는 도덕적 낙관론이었다. 하지만 이러한 낙관론이 죽은 이의 목숨을 되살릴 수 있는 것은 아니었다. 무엇보다도 현실에서는 유연과 같은 일이 재발하지 않도록 하는 것이 중요했다.

판결에 대한 성찰

유유의 생존 사실을 확인하고 사건 재조사의 물꼬를 튼 윤국형은 세상일이란 실상을 알기 어려울 수가 있으므로, 자신의 자손들 가운데 옥사를 맡는 이가 있으면 이 일을 거울삼아 경계하라고 당부하였다.[205] 그는 옥사 그 자체를 처음부터 신중하게 처리해야 한다는 점을 강조한 것이다. 이지와 채응규가 사건을 모의하고, 백씨가 무고했다고 하더라도 추국을 맡은 관료들이 신중했다면 유연이 억울하게 처형되지는 않았을 것이라고 그는 판단하였다.

이는 유연이 처형되기에 앞서 채응규와 유유를 찾아본 뒤에 자신을 죽여도 늦지 않다면서 자신이 죽은 뒤 진짜 유유가 나타나면 어떻게 할 것이냐고 심통원에게 항의한 사실과 일맥상통한다. 사라진 채응규를 찾아 진위를 확인하는 일이 먼저였지만 이러한 절차는 모두 생략되었다. 「유연전」을 보면 유연의 항의에 대해 심통원은 나졸을 시켜 그의 머리채를 잡고 입을 치도록 했다고 한다. 「이생송원록」에서는 유연의 입을 질그릇과 돌로 짓뭉개도록 했다고 하였다. 따라서 유연의 항의를 들은 심통원이 유연을 가혹하게 고문하도록 한 것은 사실로 보인다.

이황의 제자 권응인은 이러한 고문 행위에 대해서도 비판적이었다.[206] 고문이 죄 없는 사람에게 누명을 씌우는 수단이 될 수 있다고 보았기 때문이다. 당시의 신문은 유죄 추정에 따라 원하는 진술을 받아내는 방식이었고, 그 과정에서 쉽사리 고문이 동원되었다. 고문은 신문과 재판을 빠르게 끝내는 수단이었지만 그만큼 억울한 죄인을 만들어 내기 쉬웠다. 유연 사건을 언급하면서 이처럼 고문을 비판하는 경우는 찾기가 어렵다. 일정한 고문은 제도적으로 보장된 것이기도 하지만 대부분은 유연의 억울한 죽음이라는 판결의 결과 자체에 더 관심이 있었기 때문이다.

권응인은 고문에 대한 비판과 함께 신중한 판결의 중요성에 대해서도 윤국형과 마찬가지로 강조하였다. 그는 옛사람들이 삼복오주三覆五奏의 방식으로 형벌을 신중하게 처리한 것을 본받아 법을 관장하는 이들은 이후 유연과 같은 일이 재발하지 않도록 해야 한다고 하였다. 여기에서 삼복이란 사형 죄인에 대해 초심, 재심, 삼심을 거쳐 처벌을 결정하는 방식을 말한다. 이를 삼복주三覆奏나 삼복계三覆啓라 하였고, 때로는 오복주五覆奏나 오복계五覆啓라고 해서 심리 과정을 더 늘리기도 하였다.

조선에서는 삼복제, 즉 세 차례 심리하고 국왕에게 아뢰어 최종 사형 판결을 내리는 방식을 이미 채택하고 있었다. 오늘날의 삼심제와 유사한 방식이 법적으로 보장되어 있었던 것이다. 권응인은 이러한 제도적 절차가 미비했음을 지적하는 것이 아니라 그 운용을 신중하게 하지 않았음을 비판한 것이다. 제도 이상으로 그 제도에 깃든 형옥에 대한 신중한 처리라는 정신을 잘 지켜 나가야 한다는 것이다.

형옥의 신중한 처리에 대한 강조는 좀 더 시간이 지나 유연을 언급한 이익의 글에서도 나타난다.[207] 유연 사건에 대한 평가를 남긴 다수의 인물은 공정하고 신중한 판결의 중요성에 공감하였다. 이 사건은 16세기 당대의 상속과 가족 갈등에 얽힌 사회 현상, 정치 세력 변동에 따른 판결의 번복이라는 정치 현상을 반영하고 있다. 그럼에도 불구하고 후대에까지 「유연전」을 읽는 이들의 독법에서 빠질 수 없는 요소는 신중한 재판을 통해 억울한 처분을 받는 사람이 없어야 한다는 점이었다.

적장자의 시대

천하의 온갖 법은 모두 천자天子와 제후諸侯로부터 나오니 천자와 제후는
그 나라에 이를 전하여 다스린다. 승중자는 그 전하는 것을 모두 전수받고,
여러 아들은 나라나 고을에 나누어 봉한다. 그들은 승중자의 공실公室에 비하면
모두 백의 하나도 차지하지 못한다. 어찌 사가私家의 법에서만 적자와
여러 아들에게 모두 공평하게 나누게 하고 승중자에게 오직 3분의 1만을
더 주며 혹은 5분의 1만을 더 줄 것인가.
_『목민심서』

종법의 변화

유연과 이지의 옥사를 바라보는 시각은 「유연전」과 「이생송원
록」 사이에 차이가 있었지만 후대의 사람들은 「유연전」을 더 폭넓게
받아들였다. 후대인들에게 유연의 억울한 죽음은 이지에 대한 비판
과 신중한 옥사 처리에 대한 갈구로 이어지고는 했다. 다만 그들은
관련 인물들의 도덕성과 재판의 정당성에 관심을 가진 나머지 상속
갈등이라는 사건의 이면에 눈길을 돌리지는 않았다.

시대가 변하기도 했다. 자녀 균분 상속은 아들 간 균분과 딸에 대
한 차별을 거쳐 적장자 우대 상속으로 바뀌어 나갔다. 균분 상속과

결부되었던 자녀 윤회 봉사는 아들 간 윤회 봉사와 딸의 배제를 거쳐 적장자 단독 봉사로 전환되어 나갔다. 자녀 균분 상속의 관행, 총부권과 형망제급 규정의 충돌이라는 유연 사건의 배경은 17세기 이후의 현실에서는 점차 낯선 일이 되고 있었다. 유유의 가출이나 장남 사후 가계를 이을 양자를 들이지 않은 일도 마찬가지였다.

현실의 변화에도 불구하고 균분 상속을 뒷받침한 『경국대전』의 규정은 바뀌지 않았다. 법과 현실이 유리되고 있었던 것이다. 그럼에도 불구하고 상속을 둘러싼 갈등은 오히려 줄어들고 있었다. 법조문 이상으로 현실을 규정했던 것은 이념과 경제력이었다. 오랜 시간을 거치며 종법은 사람들의 일상을 파고들었고, 상속 재산의 축소를 경험하는 집들이 늘어났다. 비교적 풍부한 재산과 법 규정을 배경으로 발생했던 상속 갈등은 줄어드는 재산과 적장자 우대라는 현실에 직면하여 움츠러들었다.

조선 후기 사람들은 법전의 규정이 아니라 변화된 현실에 맞게 새로운 상속 관행을 만들어 나갔다. 법전의 균분 상속 규정에 대해서도 비판적으로 이해하는 이들이 생겨났다. 대표적인 인물이 정약용이었다. 그는 종법과 상속의 관계를 탐구하며 조선의 현실을 비판하였다.

종법은 대종大宗을 중심으로 여러 소종小宗들을 결속시키는 친족 결합의 원리이자 적장자 계승을 원칙으로 하는 종자법宗子法을 가리킨다.[208] 중국 고대 주周나라의 종법은 종족과 정치적 분봉이 결합된 것이었다. 주왕周王(천자)은 왕실의 대종으로 적장자가 계승하고 왕의

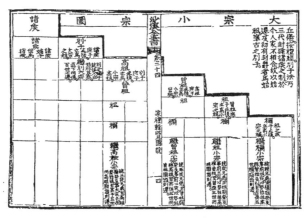

「사계전서」「대종소종도」

방계 형제나 자손 들은 제후에 분봉되어 왕실의 소종이 된다. 제후
들은 자신의 나라에서는 대종으로 적장자가 계승하고 제후의 방계
형제들은 경대부卿大夫에 분봉되어 공족公族의 소종이 된다. 경대부에
분봉된 별자別子들은 자신의 가문에서 대종이 되어 적장자가 계승하
고 나머지 아들들은 소종이 된다.

　주왕의 종주권이 쇠락하고 제후들이 패권을 다투었던 춘추시대
이후로는 제후를 중심으로 새로운 종법 질서가 형성되었다. 제후의
자리는 적장자가 계승하고, 제후의 다른 아들인 별자를 시조로 하
여 그의 적장자로 이어지는 직계가 대종이 된다. 이때 나머지 방계
는 소종이 된다. 대종은 백세토록 대대로 유지되지만 소종은 고조
즉, 4세까지만 이어진다. 이를 별자종법別子宗法이라 하는데 이후 중
국 종법의 기준이 되었다. 조선의 지식인들도 중국의 종법을 이와

같은 방식으로 이해하였다.

중국의 종법은 송대에 다시 큰 변화를 겪었다. 송대에는 사대부가 새로운 사회 중심 세력으로 부상하였다. 그들은 제후의 별자가 아니었으므로 기존의 별자종법 대신 소종을 중심으로 하는 종법을 추구하였고 이는 주자의 『가례』에도 반영되었다. 사당에 고조까지의 신주를 모시고 종자宗子가 제사를 주관하는 이러한 방식의 종법은 고려 말에 우리 사회에 소개된 뒤 조선에서 점차 뿌리를 내리게 되었다.

고조를 같이하는 자손들, 즉 8촌 이내가 소종이 되는데 조선에서는 당내堂內로 불렀다. 당내는 집안일을 함께 처리하며 긴밀하게 결속했던 부계 친족 집단이었다. 백세토록 이어지는 대종은 불천위不遷位와 관련이 있었다. 원래 큰 공훈이 있어 사당에서 옮기지 않고 영원히 모실 수 있도록 국가의 허락을 받은 신위가 불천위인데 각 집안에서 임의로 세우기도 하였다. 그러한 인물로는 특정 지역에 처음 정착하여 특정 성씨 집단의 토대를 마련한 입향조入鄕祖나 정치적 혹은 학문적으로 현달하여 가문의 성장에 공을 세운 현조顯祖가 있었다. 대종은 여기에서 나아가 동성동본 집단으로 더 확장될 수 있었으며 그 아래 수많은 소종이 존재하였다. 대종이나 소종을 대표하는 직계 적장자가 종자 혹은 종손이었다.

균분 상속에 대한 비판

정약용은 중국의 종법에서 적장자인 승중자는 월등하게 많은 것을 물려받아 나머지 아들들은 그에 비해 100분의 1도 갖지 못했다고 보았다. 그런데도 조선의 법전에서는 자녀들에게 똑같이 상속하고 승중자에게 단지 3분의 1이나 5분의 1만 더 주도록 하였다고 비판하였다.[209] 3분의 1과 5분의 1은 각각 공신전 상속과 일반 상속에서 승중자가 더 차지한 몫을 말한다. 많은 조선의 지식인들은 종법에 대한 이해와 현실 적용을 고민하였는데, 정약용은 이를 상속과 연관시키고 있었다. 그가 『경국대전』의 상속 조항을 비판한 이유는 다음 글에서 명확하게 드러난다.

> 법 제정하기를 이렇게 하였기 때문에 왕자대군王子大君의 집, 원훈대현元勳大賢의 집, 국구부마國舅駙馬의 집, 대신정경大臣正卿의 집이 몇 대를 넘지 못해서 그 본종本宗이 미약하여지고, 또 몇 대를 지나면 제사 향불을 잇지 못하여 집이 그만 없어지게 되니, 모두 법을 제정한 것이 잘못되어서이다. 필부·서민의 경우라면 위로부터 이어받을 것이 없고 아래로 전할 것이 없으며, 제사는 부모에 지나지 않고 집안이래야 형제에 지나지 않으니, 이는 집안을 이루지 못하는 것이다. 집안을 이루지 못하는 경우라면 그 재산을 공평하게 나누어도 불가할 것이 없으니, 목민관이 이런 송사를 만날 때면 국가 법전에 따라도 될 것이다.[210]

정약용은 주요 가문들의 본종이 어려움을 겪고 제사도 지내지 못하게 된 배경을 균분 상속에서 찾았다. 균분은 집안이라고 할 것도 없는 일반 민에게나 적용할 수 있는 방식이라고 보았던 것이다. 19세기 정약용의 시대에는 균분 상속이 적장자 우대 상속으로 바뀐 뒤였다. 그럼에도 불구하고 그가 균분 상속을 비판한 것은 종법이 오랫동안 정착하지 못했던 이유를 상속 제도에서 찾았기 때문이다. 균분 상속은 필연적으로 시간이 지나면서 재산의 감소를 가져왔고 이로 인해 적장자로 이어지는 종가가 유지될 수 없었다고 인식한 것이다.

이러한 판단은 많은 사람들에 의해 경험으로 입증된 것이기도 하였다. 17세기 이후의 사람들은 조상에 대한 제사가 안정적으로 이어지기를, 그리하여 자신들의 가계가 후대에도 영속하기를 염원하였다. 하지만 선대에 비해 자신들이 가진 재산, 자녀에게 상속할 재산이 줄어드는 경우가 많았다. 이와 함께 균분이 재산 감소와 빈곤을 불러와 종법이 실현되기 어렵다는 논리가 갈수록 확산하였다. 따라서 경제력의 악화를 저지하고 종법을 실천하기 위해 차별 상속을 고려하는 이들이 늘어났다.

김식金湜이 말하기를, "신은 주상께서 종법을 살펴보도록 하셨다는 말을 듣고 반가움을 견디지 못하였습니다. 종법은 곧 삼대三代 때의 법으로 인륜을 두텁게 하는 풍습을 만드니, 백성에게 근본을 알게 하고 선을 행하게 하는 데 있어서 이보다 나은 것이 없습니다. 그러나 이 일은 일일이 감독하여 행하게 해서는 안 되니, 귀척貴戚·대신大臣들부터 먼저 스스로 거행한다면 아랫사람들이 저절로 따르게 될 것입니다."라고 하였다.

_『중종실록』

종법 시행의 조건

국가 차원에서 종법에 대한 논의는 16세기 전반 중종 대 본격적으로 시작되었다. 반정으로 즉위한 중종은 연산조의 폐해를 바로잡는 과정에서 예제의 정비에 관심을 가졌다. 종법의 시행 역시 이러한 관심의 연장선에 있었다.[211] 하지만 당시 종법은 시행되지 않았고 조정 대신들의 이해도 높지 않았다. 조정의 논의는 국가가 강권하여 관습을 갑자기 바꿀 수는 없는 일이므로 고위 관료들부터 서서히 시행하여 아래 사람들이 본받게 하자는 것이었다.[212]

종법은 제도적 강제가 아닌 자율적 시행의 영역에 있었던 것이다. 종법은 장자로 이어지는 수직적 계통을 확립하는 것이었지만, 16세기 명종 대에도 장자에게 아들이 없으면 누가 가계를 계승할 것인가를 둘러싸고 논란이 계속되었다.[213] 이는 관료들의 종법에 대한 이해가 아직 심화하지 않았음을, 마찬가지로 유연의 집안에서도 유사한 혼란이 발생할 수 있었음을 보여 주는 것이었다. 이 시기에 민간에서는 개별적으로 종법을 수용하고 실천하려는 움직임들이 나타나고 있었다.

이황의 영향을 받은 안동의 풍산 유씨가는 유운룡柳雲龍, 유성룡 柳成龍 형제 대에 종법을 본격적으로 수용하여 조상의 가계 이력과 묘소의 위치를 정리하였다. 유성룡의 아들인 유진은 종법 수용과 함께 자신의 아들을 형의 양자로 보냈으며, 손자 유원지는 1650년에 종가를 중수하였다.[214] 종법은 단기간에 보급된 것이 아니라 특정 가문의 장기적인 노력과 주변에 대한 영향을 통해 확산하여 나갔던 것이다.

종법이 시행되기 위해서는 이를 도입, 적용하려 했던 인물 외에도 부계 친족을 결속하고 의례를 주관할 종손과 사당이 필요했으며, 장자 계승이라는 가계 계승의 원칙 또한 확립되어 있어야 했다.[215] 종법을 시행하려는 의지를 가진 인물도 관료로 재직할 때보다는 향리에서 이를 실현하는 것이 더 쉬웠다. 그런데 이때에도 당연히 부계 친족들이 주변에 거주하고 있어야 했다.

종법 시행 전에 이미 확산하여 나갔던 친영은 부계 친족 집단 형성의 주요한 배경이 되었다. 중종 대에는 종법만이 아니라 친영의

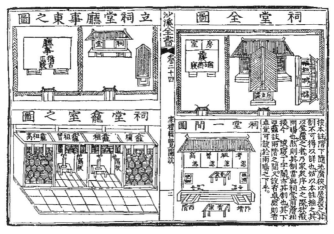

「사계전서」「사당도」

시행을 둘러싸고 치열한 논쟁이 있었다. 중종은 친영의 시행을 주장했으나 처가살이라는 오랜 관행을 바꾸는 것, 특히 이를 법으로 강제하려는 시도에 거부감을 드러낸 이도 많았다.[216] 따라서 조정의 관료들부터 서서히 시행하도록 하는 타협책을 찾았는데, 이로부터 친영을 시행하는 이들이 늘어났다.[217] 더구나 중종 자신이 문정왕후와의 혼인에서 친영례를 행하였고 세자 또한 친영하도록 하였다.

따라서 친영은 왕실과 관료의 혼례에서부터 시작하여 민간의 일반 양반들로 확산하여 나갔다. 실제로는 중국의 친영과는 달리 처가에서의 거주 기간을 대폭 줄여 나가는 반친영의 형태였지만 부계 친족의 결집과 종법 시행은 이로부터 가능할 수 있었다. 친영의 과정에서 모여든 부계 친족들의 결속에 종법이 이바지할 여지가 커졌으며, 양란이라는 두 차례의 큰 전쟁은 가계의 안정적인 유지와 계승에 대한 양반들의 관심을 환기시켰다. 이러한 분위기에서 종법에 관한 관심은 더욱 고조되었다.

다만 종가의 형성이나 입양의 수용 등에서 개별 가문이 처한 현실적 조건은 매우 달랐다. 비교적 일찍 종법을 수용한 안동의 풍산 유씨가도 16, 17세기에 걸쳐 지속해서 이를 강화해 나갔고 다른 가문들도 개별적으로 이를 수용하였다.[218] 영덕의 무안 박씨 박유朴瑜는 종가 건립을 위해 일찍부터 재원을 모았으나 뜻을 이루지 못하고 죽자 부인 손씨가 1620년 장남에게 별도의 재산을 주어 종가를 완성하도록 하였다.[219]

이러한 분위기는 18세기로 이어져 실학자 이익의 경우 대종大宗에 해당하는 집안의 인물을 별도로 세우고자 하였다. 그는 자신의 8대조 이계손李繼孫을 집안을 일으킨 인물로 간주하여 종가에 사당을 세우고 제위전을 마련하여 해마다 친족들과 제사를 지냈다.[220] 이와 더불어 묘위전을 설치하여 제사를 지내지 못했던 조상들의 묘에도 매년 10월 묘제를 지내도록 하였다.[221]

이익의 종법 실천은 다른 가문들에도 영향을 주었다. 종법이란 결국 개별 가문에 의해 지속해서 수용, 정착되는 과정에 있었다. 종법의 확산은 19세기에도 계속되어 무관이었던 노상추盧尙樞는 관직에서 물러난 후 1802년에 종가를 본격적으로 건축하고 자신의 집과 종가 주변에 가문의 위상을 높이기 위한 건축물들을 신축, 중건해 나갔다.[222] 종법은 이를 주도한 인물이 가문별로 존재하였고, 시행 과정은 개별 가문이 처한 조건에 따라 달랐던 것이다.

종법의 확산과 상속의 변화

종법의 수용과 심화는 재산 상속에 영향을 주었는데, 그 영향과 결과는 개별 가문마다 차이가 있었다. 재산 상속의 구체적인 양상이 가문별, 시기별로 달랐던 것은 그 때문이기도 했다. 그런데 종법이란 적장자로 이어지는 가계 계승의 이상을 실현하고 종손에게 가계의 주요한 의례, 특히 제사의 권한과 책임을 맡기는 것이었다. 이때 가계 계승과 연관된 재산 상속의 원칙이 명시적으로 규정된 것은 아니었다.

조선 사회가 영향을 받은 주자의 종법은 아들들이 함께 거주하며 재산을 공유하는 동거공재同居共財를 이상으로 삼았다.[223] 재산을 나누지 않고 제사를 책임진 종손이 그것을 관리하도록 한 것이다. 하지만 청나라의 지식인들도 재산 공유를 현실에서 구현하기란 어려운 이상일 뿐이라고 여겼다.[224] 실제로 명·청 대 중국 사회는 딸들을 재산 상속에서 배제하였지만, 아들들 사이에서는 일반적으로 균분이 지켜지고 있었고 재산 배분을 둘러싼 분쟁도 심했다.

종법에 대한 이해가 조선 사회보다 상대적으로 깊었던 중국에서도 아들들 사이의 균분 상속이 오랫동안 유지되었던 것이다. 조선의 경우에도 재산의 축소와 종법 수용이 보편화하는 시기까지 균분 상속의 흔적은 오랫동안 남아 있었다. 법전에서의 균분 규정과 현실의 균분 관행, 단지 이상에 머물렀던 유가의 공재 추구와 종법의 점진적인 수용도 균분을 지속시킨 요인이었다. 균분 상속에서 적장자 우대 상속으로 바뀌어 나간 18세기에도 균분의 유제는 부분적으로 남아 있었다.

　일례로 1703년 광주의 전의 이씨 이집李潗의 4남매는 봉사조를 제외하고 부모의 토지와 노비를 거의 균등하게 나누어 가졌다.[225] 1779년 우반동의 부안 김씨 종손 김정렬金鼎烈도 총액에서 네 명의 누이에 비해 월등하게 많은 재산을 상속 받았지만 부모가 직접 마련한 재산만큼은 부모 제사조를 제외하고 균등하게 나누어 가졌다.[226]

　하지만 제사와 관련된 제위조, 봉사조, 묘위조 등이 갈수록 확대되어 적장자와 다른 자녀들 사이의 실질적인 격차는 커지고 있었다. 제사와 관련된 이러한 상속분은 바로 종법과 연관된 것이었으며 여기에는 재산 공유의 성격도 부분적으로 포함되어 있었다. 1684년 안동의 전주 류씨가에서는 봉사조 재산을 확대하여 영원히 종가에서 관리하도록 하였다.[227] 비슷한 시기인 1689년 서산의 경주 김씨가에서도 묘위조 전답을 마련하여 종가가 주관하되 다른 자손들이 나누어 갖지 못하도록 하였다. 이 집안에서는 상속 노비의 수가 국법과는 맞지 않아도 선대의 가법家法에 따른 것이라고 하여 현실적으로 가법이『경국대전』의 규정에 우선됨을 밝히고 있었다.[228]

　조선의 상속과 제사는 장자 우대와 단독 봉사로 바뀌어 나갔다. 여기에 더해 종법은 제사의 범주를 더욱 확대시켰다. 주자는 자신이 정리한 기제忌祭와 사시제四時祭, 그리고 묘제墓祭를 제례의 중심으로 간주했다. 이 가운데 사계절의 가운데 달인 2·5·8·11월에 고조 이하의 조상을 대상으로 지내는 사시제는 조선의 주자학자들이 가장 중시했음에도 불구하고 제대로 시행되지 못하였다.[229]

묘제는 5대조 이상의 조상에게 3월에 한 번 묘에서 지내도록 한 제사였으나 조선에서는 설날, 한식, 단오, 추석 등 1년에 네 차례를 지내면서 기제와 함께 성행하였다.[230] 묘제와 시제는 혼용되었는데, 각 가문에서 종법을 주도한 인물들이 조상의 묘소를 정비하면서 묘제의 대상은 확대되었다. 이와 더불어 조선에서는 조상의 생일에 지내는 생일제라고 하는 독특한 제례가 별도로 존재했다. 4대조에 대한 기제를 비롯해 이처럼 다양한 제례는 경제적 부담을 증가시켜 종손이나 적장자에 대한 상속상의 우대로 이어졌다.

결국 종법은 시행과 정착이 가문별로 이루어졌을 뿐만 아니라 그 내용도 고정된 것이 아니었다. 적장자 계승의 원칙은 분명하게 조선 사회에 수용되었으나 재산을 공유한다는 이상은 실현되지 않았고 제례의 내용과 방식도 변용을 거쳤다. 이에 따라 제례의 책임을 진 장자에 대한 상속이라는 보상 역시 가문별로 차이를 드러낼 수밖에 없었다. 종법과 제례, 상속은 연결되어 있었지만, 장자 계승이라는 대원칙 이외의 구체적인 내용은 민간의 자율적 영역에 맡겨져 있었던 것이다.

아버님이 살아 계실 때 말씀하시기를, "얼마 되지 않는 토지와 노비를 여덟
명의 자식에게 골고루 나누어 주면 그들 모두 어렵게 될 뿐만 아니라 아들들은
돌아가며 지내는 선대의 제사를 빈곤하여 거행할 수 없을 것이니 정리로 보아
망극한 일이다. …… 세 아들에게 모든 재산을 나누어 주고 딸과 사위에게는 주지
않을 것이다."라고 하셨다.
_「권목남매화회문기」

아들에 대한 배려

종법의 이상이 조선 사회에 관철되기 위해서는 물리적 환경의
변화가 뒤따라야 했다. 그 과정은 개별적이고 장기적이었으며, 마찬
가지로 재산 상속 방식에 미치는 영향 역시 개별적이고 장기적이었
다. 종법은 한 가계의 모든 재산이 아니라 우선 제사와 관련된 상속
분의 조정을 고민하도록 만들었다. 이는 다시 누구에게 제사를 맡길
것인가라는 문제와 연관되어 있었고, 현실의 가족 관계 변화는 여기
에 직접적인 영향을 주었다.

상속에서 딸을 차별하기 시작한 부모들은 재산의 감소보다는

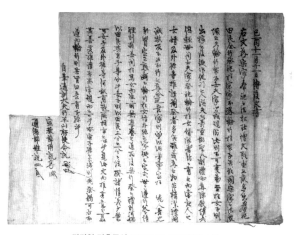

김명열 전후문서_부안 우반동 부안 김씨가 소장

 딸, 사위와의 관계가 소원해지고 그들이 친정 또는 처가의 제사에
정성을 다하지 않는다는 점을 더 문제 삼았다. 결혼한 딸과의 관계
변화는 친영, 즉 시집살이가 17세기 이후 확산하면서 예견된 일이었
다. 친영은 시가 지역에 거주하게 된 딸들이 친정의 제사에 소홀하
도록 만들었던 것이다. 부모들은 이를 빌미로 상속에서 딸들에 대한
차별을 시도하였다.

 부안의 부안 김씨 김명열金命說이 1669년 자손들에게 내린 유훈
에는 사위와 외손의 윤회 봉사를 금지하고 딸에게는 아들의 3분의
1만 상속한다는 내용을 담고 있었다.[231] 그는 조선 사회에 종법이 시
행되지 않고 있음을 안타까워하면서도 윤회 봉사는 오래된 관행이
라 바꿀 수 없다는 입장이었다. 그럼에도 불구하고 딸과 사위는 윤
회 봉사에서 배제하였다. 종법에 따라 장남이 제사를 지내는 것이

아니라 딸을 빼고 아들들이 돌아가며 지내는 방식으로 타협하고 있었던 것이다.

1689년 서산의 경주 김씨 집안 또한 아들들의 윤회 봉사만을 인정하여 딸을 차별하였다. 윤회 봉사에 필요한 제위조 전답은 자손들이 분담하여 내고, 세월이 흘러 더는 해당 제사를 지내지 않게 될 때 각자의 몫을 가져가기로 하였다.[232] 아마도 아들 간의 윤회 봉사였기 때문에 제사 비용을 추렴한 것이지만 장남이 제사를 단독으로 주관하였다면 처음부터 별도의 제위조 전답이 장남에게 귀속되었을 것이다.

이보다 조금 시간이 지난 18세기 초에 안동의 고성 이씨 집안 역시 딸들에게는 아들의 3분의 1만 상속하고 윤회 봉사에서 배제하였다.[233] 제사에서 딸을 제외하였지만 상속에서 완전히 배제하지 않으며, 아들 간 윤회 봉사를 지속하여 종법을 바로 실천하지 않는 방식이 시간과 공간을 달리하며 나타났던 것이다. 이로 미루어 보아 이들 가문에서는 이 시기까지 종법을 온전하게 실행할 만한 환경이 충분하게 조성되지도, 딸들을 상속에서 완전히 배제할 만큼 재산 감소가 일어나지도 않았다고 할 수 있다.

가문에 따라서는 18세기에도 딸들이나 차자를 상속에서 배려하더라도 재산 감소가 문제가 되지 않는 경우가 있었다. 딸에 대한 차별을 선언한 김명열의 조부인 김경순金景順은 1609년 부모로부터 50두락의 토지와 11명의 노비를 상속받았다. 김명열의 아버지는 얼마나 상속을 받았는지 알 수 없으나 김명열 자신은 1669년에 22명의 노비를 상속받았다. 뒤이어 김명열의 아들 김번金璠은 1677년에 70두락의 토지와 13명의 노비를 상속받았다.[234] 다음 해 김번은 아버지유훈에 따라 아들들만 별도로 나누어 가진 재산에서 다시 노비 15명과 논 60두락, 밭 15일경을 추가로 확보하였다.[235]

김번의 두 형제는 균분했는데 각자의 몫은 그 윗세대에 비해 줄어들지 않았고 오히려 늘어나기도 했다. 두 아들에 대한 아버지의우대는 재산 감소의 영향이라기보다는 이들을 같은 지역에 모여 살게 하려는 목적에서 비롯된 것이었다. 김번의 두 형제가 별도로 상속받은 토지와 노비는 모두 부안 우반동에 있었고, 이를 아들들만대대로 나누어 가지도록 했기 때문이다.[236]

토지뿐만 아니라 노비의 상속에서도 아들들은 배려를 받았다. 해남의 해남 윤씨가에서 윤선도尹善道 사후 1673년에 그의 자녀 5명이 재산을 상속한 내용을 보면 봉사조와 자녀들 각각이 스스로 획득한 노비 외에는 대체로 균분이 이루어졌다. 당시 윤선도의 자녀들은 500명이 넘는 막대한 노비를 나누어 가졌는데, 그 분포지는 호남만이 아니라, 서울, 충청도, 경상도, 황해도, 함경도 등 전국에 걸쳐 있었다. 특이한 내용은 이들 노비 가운데 세 명의 아들은 전체의60~70퍼센트 정도를 해남에 거주하는 노비를 상속받았지만 두 딸은 그 비율이 20퍼센트가 되지 않았다는 점이다.[237] 이는 노비 관리라는 측면에서 아들들에게 유리한 분재 방식이었으며, 부모의 거주지 주변으로 아들들의 재산을 집중시켜 그들을 결속시키는 효과도있었다.

친영의 확산은 자연스럽게 아들들을 아버지 주변으로 모여들게 했지만 17세기 후반의 양반들은 이를 확고하게 다지려고 하였다. 아들들 사이의 결속 강화 방편으로 상속에서 딸을 차별하고, 아들들에게 특정 지역의 재산을 집중적으로 물려주는 방식이 등장했던 것이다. 이 과정이 원활하게 진행되어야만이 아들에서 손자로 이어지는 부계 구성원의 결집을 통한 종법 실현의 가능성도 커질 수 있었다.

물론 17세기부터 재산 총액의 감소가 시작된 가문들도 있었다. 한 가계의 경제력은 부모로부터의 상속과 개인의 노력에 의해 축적된 재산으로 구분된다. 단순하게 상속분만을 고려할 때 균분 상속은 세대를 거듭할수록 개개인의 몫을 줄어들게 만든다. 이를 보충하기 위해서는 관직에 진출하거나 농업 경영에 주력해야 했다. 관직 진출은 부의 축적에 주요한 계기가 되었으나[238] 경쟁이 치열해지면서 갈수록 그 기회는 줄어들었다. 따라서 양반들은 관료를 꿈꾸면서도 농업 생산성 향상이나 토지 매입에도 관심을 기울일 수밖에 없었다.[239]

차별의 합리화와 내면화

다시 영해의 재령 이씨 집안을 보자. 17세기 들어 이 집안의 재산 상속 규모에 문제가 생기기 시작했다. 이애의 손자 이함李涵은 모두 161명의 노비를 자녀들에게 물려주었으나, 그의 장남 이시청李時淸은 88명밖에 물려줄 수가 없었다. 이시청의 장남 이신일李莘逸은 여기에서 더 줄어든 50여 명의 노비를 자녀들에게 상속해 주었다.[240] 이는 1634년에서 1664년 사이에 이루어진 일이었다. 이 시기 토지 또한 노비와 마찬가지로 큰 폭으로 줄어들었다. 이함은 821두락의 전답을 가졌으나 이신일은 400여 두락을 소유하는 데 그쳤다.[241] 이함은 6남매, 이시청은 5남매, 이신일은 2남매를 대상으로 균분 상속을 하면서 재산이 크게 감소하였다.

더구나 이함은 현감을 역임했으나 이시청은 진사에 머물렀고 이신일은 과거에 합격하지 못하였다. 균분으로 인한 감소에 더하여 이함 이후 관계로의 진출이 이루어지지 못하면서 재산 축적의 또 다른 통로를 확보하지 못하였다. 이들이 농업 경영에 얼마나 관심을 가졌는지 확인할 수 없으나 재산 규모가 계속 줄어든 것으로 보아 큰 성과를 거두지는 못했던 것 같다. 이 집안에서 과거 급제는 이신일의 아들 이해李楷에 의해 다시 성사되었다.

반면 비슷한 시기의 인물이었던 부안 김씨 김홍원金弘遠은 나주 목사와 담양 도호부사, 아들 김명열은 예조 좌랑, 남원 부사 등을 역임했고, 김명열의 아들 김번은 경기전 참봉을 지냈다. 이들은 계속 관직에 있었으므로 재산 축소의 흐름을 다소 억제할 수 있었다. 하지만 이 집안도 장기적으로는 관직 진출상의 한계에 부딪힐 수밖에 없었으므로 결국 농업 경영의 성과는 더 중요하게 될 것이었다.

그런데 이신일은 김명열처럼 명시적으로 딸을 차별하지는 않았으나 별급의 방식을 통해서 아들에게 막대한 양의 재산을 미리 상속해 두었다. 별급을 제외하면 균분이지만 이를 포함하면 아들은 딸보다 노비를 1.5배, 토지를 3배 정도 더 상속받았다. 김명열의 아들들도 딸들과 비교하면 노비와 토지 모두 3배가 넘는 양을 상속받았다.

가계 계승자와 제사 주관자로서 아들의 위상이 크게 높아지고 있었던 것이다.

조선 사회의 양반들은 후기로 갈수록 부모로부터 상속받는 재산의 총량은 줄어들고 처가로부터의 상속은 기대하기 힘들어졌으며 관료로의 진출도 실현하기 어려운 상황으로 빠지고 있었다. 앞의 부안 김씨나 재령 이씨의 경우 17세기 딸들에 대한 차별이 시작되었지만 아들들의 생계나 가계 계승의 위기감은 크지 않았다. 앞 세대보다 재산 규모가 축소되었지만 위기로 느낄 정도는 아니었던 것이다.

하지만 재산의 감소를 심각하게 받아들이는 가계들도 나타나고 있었다. 17세기의 인물 조극선趙克善은 자신의 집안에 종법을 시행하고 친족들을 결합하여 묘제를 적극적으로 거행하기를 희망했다. 하지만 그는 재산이 넉넉하지 않았다. 선대의 분재기를 살펴본 그는 풍족했던 재산이 몇 세대를 지나지 않아 크게 줄어들어 일가친척이 빈곤으로 흩어지게 되었다고 한탄하였다.[242] 그가 활동했던 시기를 고려하면 재산의 축소와 친족들의 이산은 분명 균분 상속과도 관련이 있었다.

같은 17세기 안동의 권목權霂 8남매는 부모의 재산을 나눌 때 딸들을 배제하라는 아버지의 유훈을 참고하였다.[243] 이들의 아버지는 많지 않은 재산을 자녀들에게 균분하면 모두가 가난해지고 아들들은 제사를 지내기도 어려울 것이라고 우려하였다. 아버지의 의중은 딸들을 제외한 채 세 아들에게만 상속하는 것이었다. 하지만 이들

남매는 아버지의 뜻과는 달리 실제 재산을 나눌 때 누이들을 완전하게 배제하지는 않았다. 그런데 주목할 것은 관례대로 균분 상속을 하면 재산이 줄어들어 제사를 지내지 못할 수도 있다는 아버지의 염려다. 상속에서 딸을 배제하는 명분을 균분 상속으로 인한 재산 감소에서 찾고 있었던 것이다. 이러한 분위기는 점차 확산되어 상속 재산의 감소를 막는 방안으로 아들 중심의 상속, 나아가 장자 우대 상속이 주목받게 되었다.

18세기 인물인 조학경趙學經은 잇따른 집안의 상을 치른 뒤 누이들과 재산을 나눌 때 "상을 치르느라 살림이 거덜 나서 노비와 전답이 많지 않고, 누이들은 다행히 가난이 심하지 않은데, 무엇 때문에 재산을 나누려 하는가."라는 집안 내부의 문제 제기에 직면했다.[244] 이는 거꾸로 해석하면 경제적인 여유가 있을 때 딸들에게까지 분재하는 것은 문제가 없지만 재산이 크게 줄어들면 아들 특히 장자를 우선 배려해야 한다는 논리이기도 했다.

이 시기에는 "종가가 가난해서 제사를 받들 수 없는데 어떻게 재산을 나누겠는가?"라는 언급이 여성의 입을 통해서 나오기도 했다.[245] 장자나 종손의 제사 봉행에 어려움이 있다면 딸은 물론 차자에 대한 상속 차별도 당연하게 받아들이는 것이 여성들에게 내면화하고 있었던 것이다. 경제적 곤란은 어떤 면에서 딸이나 차자의 차별을 통해 종법의 정착을 앞당기는 측면도 있었다. 이러한 분위기에서 딸에 대한 상속상의 차별, 나아가 차자에 대한 차별이 이루어졌던 것이다.[246]

선대로부터 전래된 승중조 재산, 반부班祔 제위조 및 선대에 별도로 얻은 재산,
우반동에 있는 재산은 많고 적음을 막론하고 종손에게만 전하며 나누어 가지는
몫에서는 거론하지 않는다는 것이 바로 선대의 간곡한 유훈이다. …… 우반동의
재산은 한결같이 선대의 가르침에 따라 아들에게만 대대로 전하여 주고 백대가
지나도 옮기지 말아야 한다.
_「김정렬남매화회문기」

딸에 대한 차별

이지의 처가 재산에 대한 욕심은 종법이 보편화하지 않았고 균
분 상속의 관행이 유지되었던 16세기라는 시대 상황과 연관되어 있
었다. 17세기 혹은 늦어도 18세기였다면 유연의 집안 역시 장남으
로 이어지는 가계 계승의 원칙이 확립되었을 것이다. 그 경우 유연
집안도 다른 가문들처럼 장남 유치를 이을 양자를 들이고 딸은 상속
에서 차별하거나 아예 배제할 것이다. 가계 계승과 제사 주관 권한
을 두고 백씨와 유연 사이에 다툼이 일어날 여지는 없게 되며, 모든
권한은 유치의 양자에게 넘어간다. 재산도 장남 유치와 그의 양자에

게 많은 양이 상속된다.

그러한 상황에서 이지의 부인 유씨는 아버지 유예원으로부터 소규모의 재산을 상속받거나 전혀 받지 못할 수도 있다. 이지는 자신의 부모로부터만 상속을 받을 것이며, 처가의 상속 향배에 관심을 가질 필요가 없게 된다. 서울에서 멀리 떨어져 있는 대구 처가의 제사에 참여할 일도 그다지 없다. 똑같은 일이 후대에 발생하였다면 이지는 아마도 다른 선택을 했을지 모를 일이다. 이해를 돕기 위해 17세기 이후의 상속에 관한 구체적인 내용을 살펴보도록 하자.

상속 방식의 변화는 개별 가계의 종법 수용과 정착, 재산 감소의 영향에 따라 점진적으로 이루어졌다. 친영은 균분의 관행에 균열을 가져왔고, 어떤 가계에서는 적극적으로 아들들 사이의 결합을 추구하였다. 딸들은 차별을 받았으나 부모들은 인간적인 정리상 상속에서 완전히 배제하지는 않았다. 그들은 먼저 윤회 봉사에서 제외되었다. 딸들이 상속에서 완전하게 배제되는 것은 제사나 가계 유지에 위험을 줄 정도로 재산이 감소하면서 나타나는 현상이었다.

딸에 대한 차별과 함께 아들들 사이의 균분 상속이 일정 기간 유지된 것은 제사에 대한 책임을 분산하면서도 부계 가족, 친족 집단 형성의 기틀을 만들기 위함이었다. 부계 집단이 결속해 나가면서 적장자의 제사 주관이라는 종법의 원칙이 적용될 수 있게 되었다. 여기에 경제력의 문제가 발생하면 아들들 사이의 균분 상속과 윤회 봉사는 장자 우대와 그의 제사 독점으로 전환된다. 그 시기나 방식은 개별 가계의 조건에 따라 다양하였다.

전반적으로는 17세기 중엽부터 자녀 균분에서 딸에 대한 차별과 아들 간 균분으로 전환하였으며, 18세기 전반까지 이러한 방식이 지속되었다. 이 시기 승중, 봉사, 제위, 묘위조 등 가계 계승과 제사에 관련된 상속분의 액수나 비중은 집안마다 차이가 있었다. 1634~1664년 사이 영해의 재령 이씨의 경우 노비 상속분의 3~9퍼센트, 토지의 6~10퍼센트 정도가 여기에 해당하였으며 토지의 비중이 조금 더 컸다.[247]

안동의 고성 이씨는 1618년 전체 노비의 2퍼센트, 토지의 7퍼센트 정도가 봉사, 제위조였으나 1680년과 1688년에는 노비의 5~7퍼센트, 토지의 18퍼센트 수준으로 대폭 증가하였다.[248] 17세기 후반으로 갈수록 봉사조의 비중이 늘어나고 노비보다는 토지가 중시되었던 것이다. 1697년 광주의 전의 이씨는 이보다 더 늘어 노비의 18.8퍼센트, 토지의 28.6퍼센트가 봉사조였다.[249] 많은 가문에서 봉사조가 늘어나는 가운데 수가 감소하고 있던 노비보다 생산성이 높아졌던 토지를 통해 봉사조를 안전하게 확보하고 있었던 것이다.

전의 이씨의 경우 이때 아들은 딸보다 노비는 2배, 토지는 2.6배 정도 더 상속을 받았다. 1690년 단성의 안동 권씨 권대유가 역시 아들들은 딸과 비교하여 노비나 토지 모두 2배에 조금 못 미치는 수준에서 상속을 받았다.[250]

권대유가의 봉사조는 전체 상속 재산의 11~12퍼센트 정도로 전의 이씨보다는 적었다. 자녀들의 몫을 보면 노비의 경우 적자들은 22~23명씩 차지하여 균분 상속이 이루어졌다. 하지만 적녀는 적자

1690년 권대유가의 상속 내용

구분		봉사	장남	이남	장녀	삼남	첩녀	첩자	합계
전답	두락	93	168	177	110	157	33	43	781
	비율(%)	12	22	23	14	20	4	6	100
노비	수	11	23	22	13	23	2	6	100
	비율(%)	11	23	22	13	23	2	6	100

의 절반보다 조금 많은 13명을 물려받았다. 전답 역시 면적 차이는 있으나 적자들에게는 균분한 것으로 판단된다. 표면적으로는 이남이 차지한 전답 면적이 가장 넓지만 장남과 삼남에 비해 논을 덜 가지고 밭을 더 가져가 각자 몫의 가치는 비슷할 것으로 추정되기 때문이다. 이때 적녀의 전답 몫은 적자의 절반을 좀 더 상회하였다. 첩자녀는 많은 차별을 받았는데, 첩녀보다는 첩자가 우대를 받았다.

이 집안 분재기에서는 아들과 딸을 차별한 이유를 두 가지로 설명하였다. 아들들이 처가에서 상속받은 재산이 없다는 사실과 딸이 제사를 지내지 않는다는 점이 그것이다. 처가로부터 온 재산이 없다는 것은 이 시기 양반가 일부가 딸을 상속에서 배제하였음을 보여준다. 권대유가는 결혼으로 상속 재산이 확대될 가능성이 줄어들면서 아들을 우대하는 전략적 선택을 하고 있는 것이다. 더구나 딸은 제사의 책임을 지지 않고 있었다. 그런데 이 집안에서는 아들들의 재산이 감소할 것을 우려하여 딸을 차별하면서도 완전하게 상속에서 배제하지는 않았다. 여전히 경제적 여유가 있었기 때문인데, 경제력의 감소가 커지면 딸에게 돌아가는 몫은 더 줄어들거나 아예 사라질 수도 있었다.

몇몇 집안의 사례지만 17세기 후반 딸에 대한 차별과 아들 간 균분이 이루어졌을 때, 아들은 딸보다 대략 2~3배 정도 많은 재산을 상속받았다. 재산은 감소 추세에 있었지만 아들에 대한 우대를 통해 부계 결속 전략을 편 것이 상속에서 딸을 차별하게 된 더 큰 배경이었다고 하더라도 2~3배의 차이란 결코 적지 않은 것이었다.

18, 19세기의 분재기는 남아 있는 것이 많지 않아 일부의 내용으로 추정할 수밖에 없지만 이러한 차이는 갈수록 확대된 것으로 보인다. 18세기 중엽인 1748년 광주 전의 이씨의 재산 규모는 큰 폭으로 감소하였다. 이 집안에서는 조상 대대로 전해 내려온 재산을 장남에게 주고 부모가 별도로 확보한 재산은 자녀들에게 나누어 주는 상속 방식을 택했다.[251] 부모의 별도 재산 가운데 노비는 자녀들에게 균분했으나 토지는 딸보다 아들에게 3배가량 더 주었다.

아들 사이의 차별

조상 대대로 전해 내려온 재산을 장남에게 집중적으로 상속시켜 그를 우대하는 방식은 갈수록 확대된 것으로 보인다. 이 역시 종법의 확산과 일맥상통한다. 반드시 지켜진 것은 아니지만 상속 당시 부모가 거처하던 가옥은 장남에게 주어야 한다는 인식이 조선 전기부터 있었다.[252] 장남의 다른 지역으로의 이동을 억제했던 이 방식은 조선 후기에는 일반적으로 지켜졌다. 여기에서 나아가 딸들을 차별하면서 장남 외 다른 아들들의 이주 억제와 결속도 강화되었다.

아들들 사이의 결속이 다져진 바탕 위에서 장남이 제사를 주관하였다. 이때 장남은 부모의 가옥뿐만 아니라 조상 대대로 내려온 재산을 우선 상속받았다. 조상에 대한 제사와 조상의 재산을 결합한 것이다. 부모가 독자적으로 확보한 재산 역시 결국 장남의 몫이 될 부모 제위조를 제외하고서야 전체 자녀들에게 배분되었다.

이는 1779년 부안 김씨가의 재산 상속에서 잘 드러난다.[253] 당시 독자였던 장남은 노비를 단독 상속받았고 토지는 딸들보다 무려 30배가 넘는 양을 물려받았다. 장남으로의 집중이 심화하는 가운데 나머지 4명의 딸도 10~15두락의 논을 상속받았다. 이는 그들의 부모가 별도로 획득한 토지가 있었기에 가능했다. 전체 재산 규모가 많이 축소되었거나 부모 당대에 확보한 재산이 별로 없었다면 딸들에게 돌아갈 몫은 훨씬 적거나 아니면 상속에서 완전히 배제되었을 것이다. 따라서 종법 심화와 재산 축소 상황에 직면한 다수 가문의 딸과 차자들은 이 집안의 사례에서보다 더 차별받을 수밖에 없었다.

비교적 일찍부터 아들들 사이의 차별마저 시작된 사례로는 아산의 장흥 임씨를 들 수 있다. 1729년 이 집안의 화회문기에서는 2남 1녀 가운데 딸에 대한 상속분은 보이지 않는다.[254] 상속 내용에는 제사를 위한 봉사조와 무덤 관리를 위한 묘직조, 무덤의 석물을 마련하기 위한 석물가조 등이 따로 구분되어 있다. 이들 항목이 전체 재산에서 차지하는 비율은 노비 20.9퍼센트, 논 24.6퍼센트, 밭 21.4퍼센트로 17세기 말의 전의 이씨와 비슷한 수준이다.[255]

그런데 이 집안에서는 아들들 사이의 차별이 나타나서 장남은

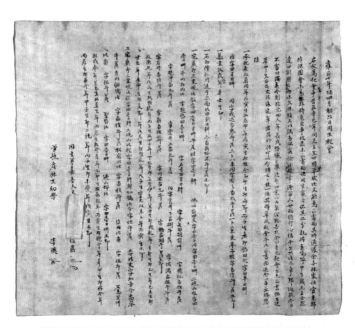

임욱 화회문기_아산 선교 장흥 임씨 소장 (자료 제공: 한국학중앙연구원 한국고문서자료관)

1729년 임욱 형제의 상속 내용

구분		봉사	묘직	석물	장남	이남	합계
전답	전(일경)	1		2	7	4	14
	비율(%)	7.1		14.3	50.0	28.6	100
	답(두락)	11.5		27	80	38	156.5
	비율(%)	7.3		17.3	51.1	24.3	100
노비	수	4	1		10	9	24
	비율(%)	16.7	4.2		41.7	37.5	100.1

차남과 비교하면 노비 수에서는 차이가 거의 없었지만 전답은 2배가량 더 상속받았다. 봉사조 등을 장남 몫에 포함하면 장남은 차남보다 노비의 1.7배, 토지의 3배 정도를 더 상속받은 셈이 되었다. 봉사조를 통한 장남 우대가 일찍부터 시작되었지만 집안에 따라서는 이를 제외한 상속분에서도 아들들 간에 차이를 두었던 것이다.

18세기 말인 1798년 안산의 진주 유씨 유중여柳重呂는 아버지의 유훈에 따라 동생들에게 재산을 나누어 주었다. 누이동생은 한 명의 노비도 상속받지 못했으나 남동생은 5명을 받았고, 논은 누이보다 20배 정도 더 물려받았다.[256] 장남의 몫은 보이지 않으나 나머지 모든 재산은 그의 소유였고 남동생보다 더 많았을 것으로 추정된다. 장남이 죽은 아버지를 대신해 동생들에게 재산을 나누어 주는 이러한 형식은 장남의 권한 확대를 상징적으로 보여 준다.

19세기에는 대다수의 집안에서 분재기를 남기지 않았지만 장남 우대는 별다른 저항 없이 관철되었다. 법적 규정보다 종법에 근거한 가부장적 이념이 더 큰 영향을 미치고 있었기 때문이다. 그럼에도 불구하고 조선 사회는 적장자가 대부분의 재산을 독차지하지는 않았다. 분할 상속의 흔적이 여전히 남아 있었던 것이다. 적장자 우대 상속은 현실적으로는 장남에 의한 가계 계승을 보장하면서도 나머지 아들들의 경제적 몰락을 억제하는 효과도 있었다.

상속 평민과 노비의

내가 나이가 많고 병든 사람으로 오늘내일 생사를 알지 못해
각자의 몫을 아울러 논하여 주고자 하므로
대저 다섯 명의 처 중에서 네 명의 처가 잘못한 것을
분명하게 드러내어 기록한다.
_「박의훤 분급문기」

평민의 상속

지금까지 살펴본 상속 내용은 대부분 양반가에 관한 것이다. 예상할 수 있듯이 평민이나 노비가의 상속 문서는 남아 있는 것이 많지 않다. 현재 평민으로 추정되는 이의 상속 문서로 널리 알려져 있는 것이 1602년 「박의훤 분급문기」이다.[257] 이 분재기가 주목받은 것은 양반과는 다른 결혼과 상속 양상을 드러내고 있기 때문이다.

박의훤은 모두 다섯 명의 부인과 결혼 생활을 하였다. 불행하게도 첫 부인 은화를 비롯하여 차례로 네 명의 부인은 모두 다른 남성과 눈이 맞아 그를 떠났다. 오직 마지막 부인 여배만이 그와 함께 40여 년

278

을 살았다. 네 명의 여인이 그에게 어떤 불만이 있었는지는 모르지만 박의훤의 일생은 양반과는 달리 결혼과 이별, 재혼이 비교적 자유로웠음을 보여 준다.

그는 모두 8명의 자녀를 두었는데, 분재기에서 네 부인의 잘못을 자세하게 기록한 것은 자녀 간 상속에 차별을 두기 위해서였다. 먼저 오랫동안 같이 산 여배와의 사이에서 태어난 아들 박대붕에게는 논 36두락, 밭 17두락, 노비 2명을 주었다. 또 다른 아들 박원붕에게는 논 35두락, 밭 22두락, 노비 2명을 주어 거의 균분하였다.

하지만 네 번째 여인 갓금과의 사이에서 태어난 딸 예영에게는 논 20두락, 밭 8두락, 노비 1명을 주어 차이를 두었다. 죽은 아들 몫도 배려하여 세 번째 여인 몽지 소생으로 죽은 아들 박천석에게는 논 20두락을 남겼다. 떠나간 부인들을 원망하였지만 그녀들과의 사이에서 태어난 자녀들에게 모두 상속을 하고 죽은 아들 역시 배려하였던 것이다. 다만 늙고 병들 때까지 여생을 같이한 마지막 부인 소생인 두 아들을 더 우대하였다.

박의훤은 복잡한 혼인 관계와 어머니가 다른 여러 자식들 때문에 차등 상속을 하였다. 하지만 마지막 부인과의 사이에서 태어난 두 아들에게는 균분 상속을 하고 있는 것으로 보아 양반이 아닌 신분의 상속이 차등 상속이었다고 단정할 수는 없다. 비슷한 시기인 1608년 평민 여성 임소사林召史가 세 자녀에게 노비를 상속할 때 양반들과 마찬가지로 균분을 적극 표방하였다.[258]

임소사의 분재기는 일반 양반가의 상속 문서 형식을 따르고 있다. 첫 부분을 보면 토지는 이미 나누어 주었는데 노비는 정유재란으로 문서를 잃어버려 자손들을 다시 모아 문서를 만들고 각자의 몫을 나누어 준다는 상속의 취지를 밝히고 있다. 상속 대상은 임소사가 남편에게 받은 세 명의 노비였다. 주목할 만한 내용은 임소사가 양반들의 상속 관행인 평균분집平均分執, 즉 균분 상속을 표방하고 있다는 점이다. 임소사가 상속을 한 17세기 초에는 양반층에서도 균분을 유지하는 집들이 여전히 많았다. 이러한 관행을 평민층도 따르고 있었던 것이다.

구체적으로 보면 임소사는 세 명의 노비를 세 명의 자녀에게 한 명씩 나누어 주었다. 세 명의 노비는 비 끝개와 그녀의 두 딸이었다. 그 가운데 일곱 살인 비 안심은 죽은 첫째 딸의 어린 아들에게 나이가 비슷하다는 이유로 물려주었다. 숫자가 많지는 않지만 세 남매에게 똑같이 상속했던 이러한 양상이 다른 평민가에서도 일반적이었는지는 단정적으로 말하기 어렵다. 비양반층의 상속 문서가 충분하지 않기 때문이다. 하지만 박의훤과 같은 특별한 내부 사정이 없고 상속 문서를 남길 정도로 재산이 비교적 많았던 평민들은 양반들의 균분 상속 관행을 따랐을 것으로 보인다.

임소사도 자신이 직접 작성하지는 않았지만 문서를 남기고 증인과 필집도 동원하였다. 상속 재산의 향방을 분명하게 하기 위해서였다. 다만 평민 여성이었던 임소사는 자신의 이름자를 변형한 착명이나 좋은 의미를 지닌 단어를 변형한 서압을 사용하지 않고 수장手掌으로 서명을 하였다. 수장은 문서에 손바닥을 대고 그려 넣은 것으

임소사 분급문기

만력 36년(1608) 무신 12월 15일 자녀 삼남매에게 허여하는 문서

이 문기를 작성하는 것은 다음과 같다. 전답은 이미 몫을 나누어 주었는데, 노비는 남편이 살아 있을 때 만들어 둔 도문기都文記를 적자 등이 받아두었다가 정유왜란에 잃어버린 뒤 아직 문기를 갖추지 못하였으므로 남편에게 몫으로 받은 비 끝개와 끝개의 소생인 비 예상, 비 안심 등을 자녀 3남매에게 몫으로 주지 못했다. 그러다가 올해 11월에 적자손 등 동생이 모였으므로 도문기의 본의에 따라 회회하여 만든 문기를 받은 후에야 삼남매에게 공평하게 나누어 주니, 자녀들은 가지고 부리며 영원히 자손에게 전할 것.

장녀 손자 김수억金守億 몫
남편 쪽 끝개 2소생 비 안심 나이 7 임인생. 장녀 해생亥生이 지난 무술년에 죽고 손자 수억은 나이가 어린 까닭에 비슷한 나이에 맞추려는 뜻으로 비 끝개 2소생인 비 안심을 허급하는 것
차남 종남終男 몫
남편 쪽 비 거비鉅非 8소생 비 끝개 나이 30 기묘생
말녀 막생莫生 몫
남편 쪽 비 끝개 1소생 비 예상 나이 9 경자생

재주 어머니 임소사林召史 [우장右掌]
증인 적손嫡孫 부장部將 임경발任慶潑 [착명][서압]
필집 사과司果 김의덕金毅德 [착명][서압]

로 임소사는 우장右掌, 즉 오른쪽 손바닥을 그려 넣었다. 평민들의 수결에는 수장 외에도 손가락을 그려 넣는 수촌手寸도 있었다.

노비의 상속

조선에서는 노비라고 할지라도 사유 재산을 가질 수 있었으므로 그들 역시 상속이 가능했다. 1678년 단성의 노비였던 수봉은 최소 세 명의 노비를 소유하고 있었고 이를 그의 아들에게 상속시켰다.[259]

노비의 사유 재산은 신분 해방과 이후 자손들의 사회적 성장에 일정한 도움을 주었다. 물론 다수의 노비는 주인가에 예속되어 신공身貢을 제공하였고 그들 스스로가 상속 대상이 되어 대대로 노비 신분에서 벗어나지 못하기도 하였다.

일부 노비는 많은 재산을 소유하고 있었지만 평민과 마찬가지로 상속 양상을 살펴볼 수 있는 자료는 많지 않다. 그런 점에서 1540년 사노 복만卜萬이 두 딸에게 재산을 물려주면서 만든 상속 문서는 노비층 상속의 특징을 잘 보여 주고 있다.[260] 이 문서는 안동의 진성 이씨 종가에 보존된 것으로, 복만은 이 집안의 노비였을 가능성이 높다. 그의 상속 문서에는 주인에게 바치는 재산이 일부 포함되어 있기 때문이다.

복만은 기와집 두 채와 큰 소 세 마리, 적지 않은 전답을 가진 부유한 노비였다. 그가 어떻게 이런 많은 재산을 소유하였는지는 알 수 없다. 부모에게 물려받은 재산도 있을 것이고 스스로 확보한 재산도 있을 것이다. 그런데 복만은 재산을 두 딸에게 나누어 주면서 주인에게도 일부를 기상記上하였다. 그것은 복만의 부인과 관련이 있었다. 복만의 부인은 복만과 주인이 달랐다. 따라서 두 사람 사이에서 태어난 딸들은 복만 부인의 주인 소유가 되었다. 복만은 당시 노비주들이 가장 꺼려 하는 형태의 결혼을 하여 자신의 주인에게 손해를 끼친 셈이었다.

노비주들은 자신의 노비와 노비가 결혼하거나 자신의 노비와 양인이 결혼해야 그 자녀들을 소유할 수 있었다. 복만이 남의 집 비와

1540년 사노 복만의 상속 내용

구분	논	밭	집	소	기타
상전	16부	3부		큰 소 2마리	놋화로 1개, 놋동이 1개
장녀	6두락 14부	8두락 42부	기와집 1채		과일나무 10그루, 가마솥 1개, 독 5개 등
차녀	6두락 20부	8두락 20부	기와집 1채	큰 소 1마리	과일나무 10그루, 가마솥 1개, 독 5개 등

결혼하여 그들의 자녀에 대한 소유권을 상실한 복만의 주인은 그가 76세가 되도록 신공을 면제해 주지 않았고 다양한 요구들을 덧보태 곤 하였다. 이에 복만은 약간의 토지와 소 두 마리, 놋화로 한 개, 놋 동이 한 개를 주인에게 바쳐 손실을 보상해 주었다.

나머지 재산은 두 딸에게 골고루 상속한 것으로 보인다. 차녀에 게 소 한 마리를 별도로 주었으나 이는 장녀에게 더 큰 기와집을 준 것에 대한 배려였다. 이 외에도 과일나무와 다양한 가재도구, 농기 구, 곡식을 나누어 주었다. 복만 역시 주인에게 기상한 몫을 빼면 전 반적으로 균분을 추구하였다고 볼 수 있다. 아마도 평민이나 노비들 도 비교적 재산에 여유가 있고, 특별한 집안 사정이 없다면 균분 상 속을 실행한 것으로 추정된다.

양반 모방과 수용

이들이 17세기 이후 양반들과 마찬가지로 딸들을 차별하고 적장 자 우대로 나갔는지는 자료가 많지 않아 확인하기 어렵다. 일단 노비들은 그 수가 급격하게 감소해 나갔다. 경제력 있는 노비들은 자신들의 재산을 바탕으로 속량을 추구하였고, 그렇지 못한 이들은 도망의 방식으로 노비 신분에서 벗어났다. 여기에 종모법의 시행으로 노비의 수는 더 줄어들었다. 경제력 있는 노비들이 점차 신분 해방을 이루어 나갔다면 나머지 노비들은 상속할 만한 재산이 충분하지 않았을 것이다. 이 무렵 양반들의 상속 재산에서도 노비보다 토지의 비중이나 가치가 더 커졌다.

노비에서 해방된 평민이건 원래 평민이건 간에 양반의 문화를 모방하거나 수용하는 이들은 갈수록 늘어났다. 그들은 유학幼學 직역을 얻기 위해 노력하였고 조상의 제사에 관심을 기울였다. 노동력 확보나 노후 봉양을 위해 양자를 들이는 방식도 점차 가계를 이어 나가기 위한 입양으로 바뀌었다. 평민들 역시 대대로 가계가 이어지고 조상에 대한 제사가 끊어지지 않기를 염원했던 것이다. 그들은 양반들처럼 부계 혈연집단이 집거하는 동성촌락을 곳곳에서 만들어 나가기도 하였다. 그렇다면 상속의 방향도 적장자 우대로 향했을 것이라고 추정해 볼 수 있겠다.

유유와 마르탱 게르

두 명의
가출자

몇 년간의 성 불능 이후 불안정한 성 생활, 곧 결혼할 누이들로 이루어진 가정,
아들 상시의 출생으로 이제 분명해진 상속자로서의 그의 지위, 마르탱은 이 중
어느 것도 원하지 않았다. 바스크 가족 내에서 나이 든 가장과 젊은 가장 사이의
관계는 잘해야 미묘한 것이었다. 완고한 아버지 상시와 고집 센 아들 마르탱의
사이가 어떠했을지 상상할 수 있을 것이다.
_『마르탱 게르의 귀향』[261]

마르탱 게르의 가출

1548년 프랑스의 작은 마을 아르티가의 농민 마르탱 게르는 아
내와 아이를 남겨 두고 집을 떠났다. 유유가 가출하기 8년 전의 일이
니, 두 인물은 동시대를 살았다고 할 수 있다. 성적으로 문제가 있었
던 마르탱 게르는 결혼 뒤 8년이 지나서야 아이를 얻을 수 있었다.

유유가 그랬던 것처럼 마르탱 게르와 부인 베르트랑드와의 관계
가 원만하지 않았을지도 모른다. 하지만 아이가 없는 동안 결혼 관
계의 청산을 재촉했던 친정 식구들의 요청을 베르트랑드는 받아들
이지 않았다. 그런데 막상 아이가 생긴 뒤 마르탱 게르는 집을 떠났

다. 역시 유유와 마찬가지로 아버지와의 관계가 좋지 않았던 마르탱 게르는 자신의 소식을 전하기 어려운 에스파냐 영역으로 들어갔다. 그러고서는 몇 년 동안 고향으로 돌아올 생각을 하지 않았다.

마르탱의 부모는 이후 다시는 아들을 보지 못하고 세상을 떠났다. 아버지는 마르탱을 재산 상속자로 지명하는 유언을 남겼다. 하지만 마르탱은 없었다. 그에게 상속된 재산은 당분간 삼촌 피에르 게르가 관리하게 되었다. 가출을 감행한 마르탱 게르는 유유처럼 상속 재산에 관심이 없었는지 모르지만, 이는 갈등의 요인이 될 수 있었다.

아버지 상시 게르는 아르티가로 가족들과 함께 이주하기 전에 앙데란 곳에 살았다. 이곳에는 조상에게 물려받아 쉽게 처분할 수 없는 토지가 있었고, 이는 상시 게르를 거쳐 아들 마르탱에게 상속될 것이었다. 조선에서 점차 가계 계승자에게 돌아갔던 조상 전래 토지와 같은 성격의 재산이었다. 상시는 그가 취득하여 자유롭게 처분할 수 있었던 재산만을 가지고 아르티가로 이주하였다.

아르티가 주변 지역에서 농민들은 아들들에게 균분 상속을 하고 딸에게는 지참금을 주었다. 이 지역에서는 아직 장자 상속을 받아들이지 않았지만 같은 시기 조선에서와 같이 자녀 균분 상속이 시행된 것도 아니었다. 결혼한 프랑스 여성들의 경제력은 남편의 선의에, 남편이 죽은 뒤에는 아들들의 선의에 종속되어 있었다. 다만 아르티가를 포함하는 랑그독 지방의 관습은 남편이 죽은 뒤 배우자에게 그녀가 가져온 지참금과 그것의 3분의 1에 해당하는 액수를 함께 보

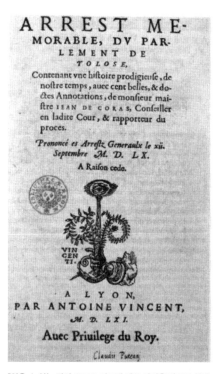

ARREST ME-
MORABLE, DV PAR-
LEMENT DE
TOLOSE,
Contenant vne hiftoire prodigieufe, de
noftre temps, auec cent belles, & do-
ctes Annotations, de monfieur mai-
ftre IEAN DE CORAS, Confeiller
en ladite Cour, & rapporteur du
proces.

Prononcé es Arreftz Generaulx le xii.
Septembre *M. D. LX.*

A Raifon cede.

VIN
CEN
TI.

A LYON,
PAR ANTOINE VINCENT,
M. D. LXI.

Auec Priuilege du Roy.

Claudii Puteau

『잊을 수 없는 판결』(1561). 마르탱 게르 사건을 다루고 있다.
_프랑스 국립도서관

장해 주었다.

부유한 집안의 딸이었던 베르트랑드는 마르탱과 결혼하면서 현금과 포도밭을 지참금으로 가져갔다. 마르탱의 가출 이후 명확한 과부도 아니었던 베르트랑드는 재혼이 쉽지 않았지만 그렇게 하려고 하지도 않았다. 남편의 재산은 언젠가 그녀의 아들에게 상속될 것이었고 그녀는 자연스럽게 아들 곁에 머물렀다. 유유의 부인 백씨는 친정에서 상속을 받았지만 남편의 가출 이후 베르트랑드와 마찬가지로 가족 내의 지위는 불안정하였다. 백씨는 시동생과 상속 재산을 둘러싸고 갈등을 겪었지만 베르트랑드에게는 그러한 권리가 없었다.

가짜의 출현

베르트랑드의 삶에 새로운 전기가 찾아온 것은 가짜 남편인 아르노 뒤 틸의 출현 이후였다. 마르탱 게르가 가출한 지 8년째 되던 해에 나타난 아르노 뒤 틸은 채응규류의 전형적인 사기꾼이었다. 그가 곳곳을 떠돌다가 마르탱을 만나 많은 사실들을 듣고 가짜 마르탱 흉내를 내기로 했다고도 하나 분명하지는 않다. 누구로부터 정보를 얻었건 간에 그는 치밀한 조사와 준비, 예행 연습을 거쳐 베르트랑드 앞에 나타났다. 채응규도 떠돌다 유유를 만난 적이 있다고 했지만 그에게 결정적인 도움을 준 것은 유유의 자형 이지였다. 아르노에게는 이지와 같은 조력자가 없었지만 그는 완벽하게 마르탱의 흉내를 냈다.

아르노는 채응규와 마찬가지로 과거의 추억과 기억을 떠올리며 의심스러워하는 가족과 마을 사람들을 속일 수 있었다. 마르탱의 모습이 달라지기는 했으나 사람들은 세월이 그를 변하게 만든 것이라고 여겼다. 베르트랑드는 어땠을까? 『마르탱 게르의 귀향』을 쓴 나탈리 제먼 데이비스의 분석처럼 그녀는 돌아온 남편이 가짜라는 사실을 알았을 가능성이 크다. 그럼에도 그녀는 아르노를 진짜 남편으로 받아들이기로 했다. 아르노와 지내는 동안 과거 마르탱과는 가질 수 없었던 새로운 행복을 찾을 수 있었기 때문이다. 그들 사이에서는 3년 만에 두 딸이 태어났다.

베르트랑드와는 달리 백씨는 채응규를 진짜 남편으로 완전하게 받아들이지 않았다. 그녀가 채응규와 사통했다는 소문이 떠돌기도 했으나 백씨에게 필요했던 것은 남편이라는 방패막이이지 채응규 자체는 아니었다. 그녀는 시동생과의 갈등을 해결하면서 상속에서 유리한 위치에 서기 위해 가짜 남편을 진짜로 인정만 하고 만나지는 않는 전략을 취하였다. 이는 백씨와 베르트랑드가 다른 세계 혹은 다른 신분에 있었기 때문에 벌어진 일이기도 했다.

가짜 마르탱의 수난은 역시 상속 재산 문제에서 시작되었다. 그는 아버지 상시 게르에게서 물려받은 토지 일부를 매각하였다. 나아가 그동안 재산을 관리했던 삼촌 피에르 게르가 재산 일부를 편취했다고 여겨 소송을 제기하였다. 이 일로 피에르는 마르탱을 유심히 관찰하면서 그가 가짜라는 결론을 내렸다. 이후 마르탱의 진위 문제는 채응규의 진위 논란과 마찬가지로 가족과 마을 사람들을 분열시켰다. 마르탱이 가짜라는 증거가 점차 늘어나면서 피에르는 그를 붙잡아 감옥으로 넘겼다. 더불어 베르트랑드에게 그의 편에 서기를 강요하는 것도 잊지 않았다.

아르노는 채응규보다 훨씬 치밀하게 준비하였고 베르트랑드의 인정 속에 오랫동안 가짜 마르탱 노릇을 할 수 있었다. 상속 재산으로 갈등을 겪은 피에르는 베르트랑드의 의사를 무시하고 아르노의 진위를 밝히고자 하였다. 유유의 동생 유연은 단지 채응규를 고발하고 진짜 형을 찾고 싶었을 뿐이었지만 형수 백씨와 주변 사람들은 그를 상속 재산을 탐낸 파렴치한으로 몰았다. 아르티가 마을에서 피에르와 베르트랑드는 상속의 직접적인 대상자가 아니었으므로 상속 재산에 대한 가장 적극적인 행위 주체는 아르노였다. 반면 대구에서는 상속과 직접적으로 연관된 백씨와 이지가 그런 인물이었다.

감옥에 갇힌 아르노는 두 차례의 재판을 받았다. 대략 150명이 증언을 했지만 그들의 의견은 갈렸다. 판사는 고심 끝에 유죄를 인정했고 검사는 사형을 요청했다. 참수형이 선고된 가운데 아르노는 고등 법원에 항소하였다. 여전히 증언이 엇갈리는 가운데 고등 법원에서는 아르노를 마르탱으로 인정하려 했다. 진위에 대한 증언이 엇갈리기는 채응규에 대한 조사에서도 마찬가지였다. 하지만 그가 보석을 이용해 도망하면서 유연이 강상죄를 뒤집어쓴 것은 유교적 가족 질서를 중시했던 사회 분위기가 한몫하였다.

같은 사건, 다른 결말

유연에게는 억울하게도 죽음 이후 진짜 유유가 돌아왔지만 마르탱 게르는 고등 법원의 최종 판결이 있기 전에 나타났다. 대질 신문과 가족들의 확인으로 그가 진짜임이 판명 나면서 아르노 뒤 틸은 교수형에 처해졌다. 마르탱은 아내 베르트랑드를 비난했으나 판사들은 그녀의 결백을 인정하였다. 그녀는 어떠한 처벌도 받지 않았으며, 아르노는 교수대에 오를 때까지 그녀의 역할에 대해 침묵을 지켰다. 아르노 자신의 남은 재산은 베르트랑드와의 사이에서 태어난 딸에게 상속되었다.

유유의 부인 백씨 역시 여러 의심을 받았지만 아무런 처벌도 받지 않았다. 다만 돌아온 유유는 끝내 그녀와 화해하지 않았다. 자식이 없었고 양반 부인으로 재혼을 할 수도 없었던 백씨는 아마도 친정에서 받은 상속 재산으로 여생을 보냈을 것이다. 전쟁에서 다리를 잃고 불구가 된 마르탱 게르는 아내 베르트랑드를 결국 받아들였다. 베르트랑드는 다시 남편과 아이들의 아버지를 얻게 되었다. 그런 면에서 이들은 유유와 백씨보다는 행복했다고도 할 수 있다. 그것은 상속 재산의 향방이 분명했고, 유연처럼 가족 중의 누군가가 불행하게 죽임을 당하지도 않았기 때문에 가능한 일이기도 했다.

남성이 자신의 부동산 상속에 대한 어떠한 준비 없이 –즉 유언 없이– 죽게 되면
영국 법에 따라 장남은 모든 것을 승계하며 동생이나 미망인마저 배제된다.
아들이 없다면 부동산은 딸들이 동등하게 나누어 가진다.
_ 『Strict Settlement : A Guide for Historians』[262]

가족 유형과 상속의 방식

16세기 마르탱 게르가 살았던 프랑스의 아르티가에서 농민들은
아들들에게 재산을 균분 상속하였다. 하지만 유럽의 상속 방식은 한
국가 안에서도 지역이나 계층에 따라 달랐다. 상속은 크게 분할 상
속과 비분할 상속으로 나눌 수 있다. 균분 상속은 분할 상속에 해당
하며, 장자 상속이나 말자 상속은 비분할 상속의 방식이다.

프랑스의 역사학자이자 인류학자인 엠마뉘엘 토드는 상속 방식
을 가족 유형과 결합하여 설명하였다. 그는 중세 유럽의 가족 유형
을 절대적 핵가족, 평등적 핵가족, 직계가족, 공동체 가족으로 구분

하였다.[263]

절대적 핵가족은 부모와 자식 관계가 상대적으로 자유로우며 불평등한 상속이 이루어지는 가족 유형이다. 자식들은 성인이 되면 독립하여 별개의 가족을 구성하고 재산의 상당 부분은 주로 장남이 상속하였다. 이러한 가족 유형은 영국 동남부, 프랑스 서부 내륙, 덴마크 등에서 발견된다.

평등적 핵가족은 부모와 자식 관계가 역시 자유롭지만 비교적 평등하게 상속이 이루어지는 가족 유형이다. 자식들은 부모로부터 독립하여 별도의 가족을 구성하는데 재산은 형제들 간에 균분되었다. 프랑스 북부, 이탈리아 북서부와 남부, 스페인 중부와 남동부가 여기에 해당한다.

직계가족은 부모와 자식 관계가 권위적이며 불평등한 상속이 이루어지는 가족 유형이다. 부모는 한 명의 자식, 주로 장남과 같이 거주하며 재산의 대부분은 장남이 상속받는다. 나머지 자식들은 독신으로 남아 있거나 새로운 가정을 꾸려 나가거나 아니면 다른 삶을 찾아 떠났다. 영국 서부, 독일 서부, 프랑스 남부, 스페인 북부에서 주로 직계가족을 확인할 수 있다.

마지막으로 공동체 가족은 부모와 자식 관계가 역시 권위적이지만 상속은 비교적 평등하게 이루어지는 가족 유형이다. 이 유형에서 성년이 된 아들들은 모두 결혼할 수 있었으며 공동으로 거주하였다. 부모 사후에 재산은 형제들 간에 균분 상속되었다. 핀란드, 이탈리아 중부, 프랑스 중서부의 일부 지역에서 발견되는 가족 유형이다.

토드의 분류를 따른다면 유럽은 매우 다양한 가족과 상속 유형이 존재한다는 사실을 알 수 있다. 조선 양반의 경우 처가살이와 균분 상속의 전통이 유지되었을 때 그의 분류에 들어맞는 가족 유형을 선정하기는 어렵다. 다만 적장자 우대 상속으로 전환되는 18세기 이후로는 조선에서도 직계가족이 확산되었다. 이때 차남들은 장남 인근에 거주하며 부계의 동성촌락을 형성하였으므로 유럽과는 차이가 있었다.

유럽의 장자 상속제

상속 방식은 지역에 따라 다양했지만 유럽의 귀족들은 대체로 11~12세기를 거치며 장자 상속제를 채택하였다. 귀족들은 자신의 성城과 영지, 그리고 작위를 가지는 경우가 많았다. 이를 자녀들에게 공동으로 혹은 분할해서 상속하기는 어려웠다. 토지를 분할할 수도 있었지만 이는 가문의 경제력 하락은 물론 자녀들 사이의 대립과 갈등을 부추길 수 있었다. 귀족들은 결국 특정 자식, 즉 장남에게 재산의 대부분을 상속시켜 자신의 가문이 오랫동안 번성하기를 바랐다.

이때 차남들은 장남인 형으로부터 약간의 토지를 받아 생활하였지만 이마저도 자신이 죽은 뒤에는 형의 아들에게 돌려주어야 했다.[264] 장남이 아닌 아들들의 경제력과 생활 수준은 순전히 장남의 관대함에 비례할 수밖에 없었다. 귀족의 많은 차남들이 평생 독신으로 남아 장남 곁에 머물렀던 것도 상속에서 배제되었기 때문이다. 물론 그들에게는 남자 형제가 없거나 부유한 여성과 결혼하여 가정을 꾸리는 길은 남아 있었다.

유럽에서 조선보다 일찍 장자 상속제가 확립된 배경은 다양하다. 국왕의 권력이 주로 장남을 통해 계승되는 것은 유럽이나 조선이나 마찬가지였다. 하지만 유럽의 귀족들은 조선의 양반들이 오랫동안 고수했던 처가살이의 전통이 없었고, 여성에 대한 차별도 훨씬 강고하였다. 귀족의 수는 양반에 비해 적었으며 봉건제하에서 그들은 세습되는 영지와 작위, 농민에 대한 지배권을 가지고 있었다.[265]

양반 중에도 막대한 토지와 노비를 소유한 이들이 있었으나 그들의 토지와 노비는 곳곳에 흩어져 있었다. 양반들은 자신의 토지를 점차 거주지 주변으로 모아 나갔지만 한 양반의 토지 근처에는 보통 다른 양반의 토지와 농민들의 토지가 섞여 있었다. 촌락이나 면리에서의 지배력은 여러 양반들에 의해 공유되었고 군현의 중심에는 국왕이 파견한 수령이 버티고 있었다. 양반 한 사람이 독점적으로 권력을 행사할 수 있는 공간은 대단히 제한적이었던 것이다.

더구나 조선의 양반들에게는 세습할 수 있는 작위가 존재하지 않았다. 유럽의 귀족들이 향유했던 작위와 유사한 형태는 왕족에게서 발견된다. 왕위를 이어받지 못한 왕의 아들들은 종친 작위와 품계를 받았다. 그것은 적서에 따라, 장남이냐 아니냐에 따라 차등이 있었고 대를 거듭하면서 강등되었다. 그마저도 왕의 4대손까지만 보장되었다. 종친의 작위에서 멀어진 후손들은 일반 양반과 다름이 없었다. 유럽 귀족의 작위가 장남에게 대대로 계승되었던 것에 비해 조선 왕족의 작위 유지 기간은 한정적이었다.

오랜 중앙 집권제의 전통을 가진 조선은 국왕을 제외한 여타 인물이나 계층의 영원한 권력 향유를 인정하지 않았다. 양반들도 과거를 통해 관료가 되지 않는 이상 정치권력에 참여하기가 어려웠고 대대로 관직을 유지하기는 더욱 어려웠다. 그러면서도 그들은 장남이 아닌 아들들은 물론 딸들에게까지 균등하게 재산을 상속하였다. 재산이 분할될 위험이 있었으나 결혼을 통해 두 가계의 경제력이 결합되어 부분적으로 그 위험은 상쇄되었다. 가문의 수직적 유지 전략에서도 형망제급이라는 수평적 이동에 해당하는 보완 장치를 마련해 두었다. 장남의 유고 시 차남이 그를 대신할 수 있게 한 것이다. 이와 같은 가문의 권위와 경제력의 분산 방식은 재산의 축소가 거듭되고 가문의 존속이 위협받는 상황에서 중단되었다.

유럽 귀족의 장자 상속제는 장남이 아닌 아들들에게는 매우 가혹한 것이었다.[266] 장남 곁에서 방 한 칸을 차지하고 장남의 호의에 의해 생활하던 차남들은 새로운 삶을 찾아 떠나기 시작했다. 수도원의 성직자가 되거나 학자의 삶을 살거나 아니면 군인으로 전쟁에 참여하기도 하였다. 중세의 십자군에 이들이 다수 참여하였다는 것은 널리 알려진 사실이다. 장남이건 아니건 할 것 없이 조선의 양반 남성들이 유교적 교양을 갖추고 과거 합격에 전념하였던 것과는 다른 현상이다. 조선에서는 균분 상속에서건 장자 우대 상속에서건 차남들의 생활 방식에는 큰 변화가 없었다.

귀족 여성들은 아버지 사후 별도의 상속을 받지 않고 결혼과 함께 지참금을 받아 갔다. 부유한 귀족들은 상당히 많은 액수를 지참금으로 내어놓았다. 지참금의 상당 부분은 아내의 관리하에 있었으나 남편의 동의 없이 처분할 수는 없었다. 아내가 죽은 뒤 지참금은 자식들에게 상속되었다. 남편이 먼저 죽으면 아내는 남편 재산의 3분의 1가량을 '과부재산(dower)'이란 명목으로 받았다. 과부재산을 제외한 나머지는 주로 장남인 상속자에게 넘어갔다. 과부가 죽으면 이 재산은 다시 자식에게 상속되었다. 만일 자식이 없으면 남편의 근친에게 재산이 돌아갈 수 있었다.[267]

조선에서는 양반 남성이 먼저 죽을 경우 부인의 몫을 별도로 지정하지 않았다. 이 재산은 부인의 관리하에 남아 있다가 자식들에게 상속되었다. 여성은 자신의 친정에서 상속받은 재산을 관리할 권리가 있었고 죽은 남편의 재산 역시 자식에게 상속되기 전까지 관리할 수 있었다. 총부의 권한이 인정되었던 시기에는 제사를 주관하고 상속자를 지정할 수 있는 권리도 있었다. 하지만 상속에서 여성이 점차 배제되면서 그들의 권한은 축소되었다. 그럼에도 불구하고 자식에 대한 어머니의 권위는 온존하였으며, 자식들은 아버지와 마찬가지로 어머니를 봉양할 의무가 있었다.

『오만과 편견』

당초에 베넷 씨가 결혼했을 때에는 당연히 아들을 낳을 것을 예상했기 때문에 경제 문제에 대해서는 전혀 걱정할 필요가 없었다. 이 아들이 성년이 되는 대로 한사상속限嗣相續의 제한은 해제될 것이고 이로써 아내와 어린 자녀들의 생활은 보장될 것이었기 때문이다. 딸만 잇따라 다섯이나 낳았을 때에도 아직 아들에 대한 꿈을 버리지 않았고 리디아를 낳은 후에도 수년 동안 베넷 부인은 아들을 낳을 수 있다고 장담했었다.

_『오만과 편견』[268]

한사상속과 여성의 삶

문학 작품은 당대의 사회 현실이나 사람들의 욕망을 반영하기도 한다. 『흥부전』의 놀부는 탐욕스러운 경제 행위로 많은 부를 축적하였지만, 장남인 그는 원래 아버지로부터 흥부보다 더 많은 재산을 상속받았다. 『춘향전』의 춘향은 현실에서는 불가능한 양반의 부인이 되었다. 양반 신분이 아니었던 춘향은 현실에서는 이도령의 첩이 될 수밖에 없다. 만일 그녀가 남원부 관아의 관비였다면 이도령은 그녀를 마음대로 데려갈 수도 없었다.

유럽, 그 가운데서도 영국 사회의 상속 현실과 여성들의 욕망을

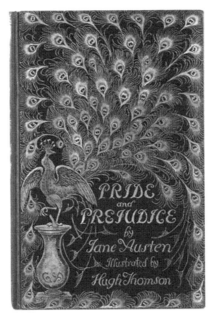

『오만과 편견』 1895년 판

잘 그려 낸 문학 작품으로 제인 오스틴(Jane Austen, 1775~1817)의 매력적인 소설 『오만과 편견』이 있다. 이 작품은 18세기 말 영국의 농촌 롱본이란 곳에서 벌어지는 젠트리들의 삶과 결혼을 다루고 있다. 그 내용 가운데 주목을 끄는 부분은 장자 상속제의 실상이다.

　다른 유럽 국가들에 비해 귀족의 수가 매우 적었던 영국에서 16세기 이후 상류층으로 부상했던 이들이 젠트리였다. 독일의 귀족은 장남이 작위를 상속했으나 나머지 아들과 딸들도 귀족 신분을 유지했다. 이러한 방식의 신분제 운영은 시간이 갈수록 정치적 실권이 없고 가난한 귀족들을 양산하였다. 반면 영국에서는 합법적으로 작위를 얻은 사람—주로 장남—만이 귀족이었다. 나머지 자녀들은 사회적으로 귀족 대우를 받았지만 법률적으로 귀족은 아니었다. 귀족의 작위가 없었던 농촌 지주, 부유한 상인, 정치인 등은 대부분 젠트리였다.[269]

젠트리는 혈통, 친족, 경제력 등에 의해 사회적 지위가 구분되었다.『오만과 편견』의 남자 주인공 다아시는 연 1만 파운드의 수입을 가진 부자로 외가는 백작 작위를 가진 귀족 집안이었다. 친가는 작위가 없는 일반 젠트리였다. 그와 결혼하는 엘리자베스의 아버지 베넷은 역시 젠트리였지만 연 수입은 2,000파운드에 불과했다. 그녀의 외가는 상업에 종사하는 등 다아시의 외가에 비해 격이 크게 떨어졌다.

엘리자베스의 어머니는 다섯 명의 딸을 부유한 남성과 결혼시키고 싶어 했다. 부유한 사위에 대한 그녀의 집착은 당시 영국 사회에 남아 있던 한사상속과도 관련이 있었다. 장자 상속제가 일찍부터 확립되었던 영국에서는 가문의 재산 분산을 막기 위해 재산 관리권을 남성 상속인에게 한정시키기도 하였다. 아들이 없는 경우 딸에게 재산을 상속할 수 있었지만 베넷 집안은 이를 용인하지 않았다. 딸만 남기고 아버지가 죽으면 주택과 토지의 관리권을 아버지의 가까운 남자 친척에게 상속하도록 한정했던 것이다.

친척에게 재산을 넘기지 않기 위해 베넷 부부는 아들의 출산을 기대했으나 뜻을 이루지 못했다. 아버지 생전에는 당장 문제가 되지 않겠지만 그의 죽음 이후 딸들은 가난에 시달리거나 결혼을 하지 못할 수도 있었다. 엘리자베스에게 약속된 상속 재산은 연 4퍼센트의 이자가 발생하는 1,000파운드의 공채였다. 다시 말해 그녀는 매해 40파운드의 수입을 얻게 될 뿐이었다.[270] 따라서 그녀의 어머니는 남편의 죽음 이전에 딸들을 결혼시키는 것, 그것도 가급적 부유한 남성과 결혼시키는 것이 최대의 관심거리였다. 이는 친정으로부터 많은 지참금을 받을 수 없었던 여성들이 일반적으로 기대하는 것이기도 했다.

엘리자베스의 어머니가 남편 재산의 상속자인 콜린스에게 그녀를 시집보내려 한 것도, 엘리자베스의 친구 샬롯이 결국 콜린스와 결혼하게 되었을 때 그녀의 부모가 기뻐한 것도 상속 재산 때문이었다. 소설은 장자 상속제하에서 여성의 삶을 현실처럼 생생하게 묘사하고 있는 것이다. 또 다른 인물인 다아시의 여동생에게 보장된 몫은 오빠 재산의 일부분인 3,000파운드였다. 다아시의 부유한 친구 빙리의 누이들도 오빠의 호의 속에서 그의 집에 머물거나 수시로 출입하였다. 귀족과 마찬가지로 젠트리들 역시 재산의 대부분을 장남에게 상속하였고, 딸들은 아버지나 장남의 호의에 의존하였다.

차남의 삶

장남이 아닌 아들들은 어땠을까? 소설은 다아시의 사촌 피츠윌리엄 대령을 통해 그들의 삶을 보여 준다. 많은 재산을 상속받은 귀족이나 젠트리의 장남들은 특별한 직업이 없어도 살아가는 데 지장이 없었다. 지나친 사치가 아니라면 여행이나 사교, 취미 등에 필요한 소비를 얼마든지 감당할 수 있었다. 반면 차남들에게는 그러한 여유가 없었다. 그들은 장남의 호의 속에서 살거나 새로운 직업을 마련해야 했다. 군인이 직업인 피츠윌리엄도 차남이었다. 그가 엘리자베스와 나눈 대화 한 부분을 보자.

다아시는 자기 마음대로 하기를 매우 좋아합니다. 그러나 누군들 그러고 싶지 않겠어요? 다만 다른 사람들은 가난하고 그는 부유하기 때문에 다른 사람들보다 자기 마음대로 할 수 있는 특권을 더 많이 가지고 있다는 것뿐이죠. 전 진정을 말씀드리는 겁니다. 장남이 아닌 차남은 대개 극기와 의존에 익숙해야만 하는 법이죠.

그의 말에는 장자 상속제의 수혜자인 사촌 다아시에 대한 부러움과 차남인 자신의 처지에 대한 한탄이 섞여 있다. 그의 말대로 장남이 아닌 아들들은 경제적 금욕과 장남에 대한 의존에 익숙해야 했다. 그렇지 않다면 새로운 직업을 찾아 떠나야 했다. 피츠윌리엄이 차남들은 돈이 없다면 마음에 드는 여성과 결혼할 수 없다고 한 말이나 엘리자베스가 그에게 차남들은 돈 많은 여성을 좋아한다고 한 말 모두 현실을 일정하게 반영하는 것이었다.

결국『오만과 편견』은 당대의 상속 관행에 영향을 받은 영국 젠트리들의 삶을 사실적으로 묘사했다고 할 수 있다. 저자 제인 오스틴 역시 이러한 시대를 살았다.[271] 그녀의 아버지는 어려서 부모를 잃고 큰아버지의 도움으로 학업을 마친 뒤 목사가 되었다. 아버지의 목사직은 후일 큰오빠에게 승계되었고 다섯째 오빠와 남동생은 군인이 되었다. 그녀와 언니는 평생 독신으로 살았다. 그녀는 아버지 생존 시에는 아버지와, 사후에는 어머니, 언니와 함께 살았다. 삶의 후반기에는 부유한 친척의 양자가 된 셋째 오빠가 마련해 준 집에서 기거하였다. 독신으로 살며 수입이 많지 않았던 그녀는 부유한 오빠의 도움으로 작품 활동을 이어 나갈 수 있었던 것이다.

우대 강화　조선의 적장자

재산의 분배는 일정한 표준이 없고, 상속자의 생각과 피상속자의 자격에 의해 액수가 결정된다. 보통 장남에게는 제사를 받들고 손님을 접대하는 비용이 많이 필요하여 전체 재산 가운데 3분의 2, 혹은 4분의 3을 준다. 차남 이하에게는 1,000석의 부를 가지고 있더라도 겨우 100석을 주는 데 그친다.

_『중추원조사자료』

19세기 조선의 상속

조선의 균분 상속은 딸에 대한 차별과 아들 사이의 균분을 거쳐 적장자 우대 상속으로 전환되었다. 이러한 상속 관행의 변화는 시간이 갈수록 지역과 계층에 상관없이 확대되었다. 상속 문서가 많이 남아 있지 않은 19세기의 상황은 일제의 조사 자료를 통해 확인할 수 있다. 1912년 영남 지역의 상속 현황에 대한 다음의 조사 기록은 19세기 이후로 지속된 관행을 보여 주는 것으로 판단된다.

자손에게 상속하는 관례를 보면 옛날에는 분깃기 또는 분재기를 첨부하여 관아에 알리고 입안立案했는데, 중년中年 이래 입안은 거론하지 않고 분깃기는 희소해졌다. 이것이 있더라도 아버지나 할아버지가 임종 때에 유서 혹은 유언으로 대신하였다. 보통의 관례는 차남 이하의 경우 결혼하여 20여 년이 되면 재산을 나누었다. 그러나 가난한 사람은 재산을 나눌 여지가 없고, 약간 부유한 자는 차남의 생활비에 적당한 정도를 주었다. …… 차남 이하는 단지 생활 비용만 필요하기 때문에 장남에게 많이 지급하고 차남에게는 적게 지급하는 것이다. 이런 까닭에 사족의 종가는 보통 부유하다.[272]

이 기록은 상속에 관한 여러 사실들을 알려준다. 우선 시간이 갈수록 분재기를 작성하지 않고 유서나 유언의 형식으로 상속을 하였다. 이는 현존하는 19세기의 분재기가 많지 않은 사실과 직결된다. 유언이나 유서로 자녀들 사이의 구체적인 재산 분배가 결정될 정도로 아버지의 권위가 커졌으며 적장자 우대 관행이 뿌리를 내렸다는 사실 또한 유추해 볼 수 있다.

다음으로 적장자 우대와 함께 차남 이하에 대한 차별이 커졌다. 장남이 아닌 아들들은 생활비를 충당할 수 있는 수준으로 재산을 나누어 주었지만 이는 부모의 경제력에 따라 차이가 있었다. 상속량은 부모의 의지와 경제력에 영향을 받았던 것이다. 그럼에도 불구하고 20세기 초에 이르도록 장남에게 재산 대부분을 주는 철저한 장자 상속은 아니었다.

마지막으로 적장자 우대는 종법의 실천 및 접빈객 봉제사라는 장남의 현실적인 부담에 대한 반대급부였다. 종법의 심화와 적장자의 제례 단독 봉행이라는 18세기 이후의 상황이 적장자 우대 상속에 직접적인 영향을 미쳤던 것이다. 이로 인해 종가가 다른 형제나 친족 집에 비해 더 부유하여 종가형 지주가 성장하였다는 사실도 유추할 수 있다.[273]

이 기록에서 딸에 대한 언급은 빠져 있지만 각 지역의 사례를 보면 딸들은 상속에 포함되어 적은 양을 배분받거나 완전히 배제되었다.[274] 그리하여 보통 적장자가 전체 재산의 3분의 2나 4분의 3을 차지하고 차남 이하에게는 그 나머지가 배분되었다. 안동에서 장남에게 600엔円, 차남에게 200엔, 딸에게 30엔을 상속한 사례는 대략 이와 일치한다.[275] 딸을 배제하지는 않았지만 그 몫은 장남의 20분의 1에 불과했다.

아들이 여러 명이라면 적장자가 2분의 1, 나머지 아들들이 2분의 1을 차지하였다. 나머지 아들들에게는 공평하게 배분하였고, 딸이 있을 경우에는 결혼 비용이나 생활비를 일부 지급하기도 하였다. 이를 보여 주는 진주의 사례에서는 적장자가 전체의 2분의 1, 나머지 아들들이 2분의 1을 상속받고 딸은 결혼 비용으로 10두락의 논을 받았다.[276]

이러한 사례들은 20세기 초에 조사된 것이지만 19세기 조선 사회 상속 관행의 연장선상에 있었다. 따라서 19세기 이후의 상속 방식은 적장자가 전체의 2분의 1에서 4분의 3 정도를 차지하여 적장자 우대가 지속 또는 심화하였다고 할 수 있다. 하지만 적장자의 몫이 절대적인 것은 아니어서 분할 상속의 흔적이 부분적으로 남아 있었다.

적장자 우대의 사회경제적 배경

조선 사회에서 종법 실천 과정이나 경제력 축소의 경험은 개별 가계마다 차이가 있었다. 한편으로 균분을 강제한 조선 초의 제도적 규정이 바뀐 적이 없으며, 종법과 형제 공동 소유를 연결지어 실현하려던 이상은 중국이나 조선에서 수용되지 않았다. 더구나 조선 왕조는 종법 자체를 강제하기보다 지배 관료층으로부터 아래 계층으로 자연스럽게 확산되는 방식을 택했다. 종법은 각자의 형편에 따라 자율적으로 실천해 나가는 영역이었던 것이다.

따라서 적장자의 단독 봉사가 이루어지기까지 많은 시간이 필요했으며 이 과정에서 강고한 분할 상속의 관행이 지속적으로 영향을 주었다. 적장자의 제례 주관으로 대표되는 종법의 실천 그 자체도 경제력에 직접적으로 영향을 받았다. 정몽주의 방계 후손으로 퇴계 학맥을 계승한 18세기 영천의 사족 정만양 형제는 집안이 빈한해지자 부모님 제례만 다시 삼형제가 윤행할 것을 결의하기도 하였다.[277]

이처럼 적장자 봉사라는 종법의 핵심 가치도 현실적 조건에 의해 완전하게 실현되지 않는 이상, 재산의 공동 소유와 이의 적장자 관리라는 이상은 더욱 실현되기 어려웠다. 제례를 다시 윤행하려는 일부의 시도도 많은 사람들의 선택을 받지는 못한 것으로 보인다. 경제력 축소에 대한 대응 양상은 대부분 적장자의 제례 책임 강화와 상속상의 우대로 흘러갔기 때문이다. 한정된 자산을 분산하기보다는 적장자를 우대함으로써 가계 계승과 제례를 지속시킬 수 있다고 판단한 것이다.

적장자의 우대는 재산의 영세화라는 경제적 측면 외에 양반들의 지위와 권위 하락이라는 사회적 요인에도 영향을 받았다. 조선 후기에는 서울의 노론들에게 점차 권력이 집중되면서 다수의 양반들은 관직 진출의 꿈을 실현하기 어려웠다. 간혹 과거에 합격하더라도 고위직으로 올라가기도 어려웠다. 반면에 수령과 향리의 영향력은 갈수록 커졌고, 일부 하층민은 경제적 성장을 바탕으로 신분 상승을 도모하면서 양반들의 문화를 모방하거나 때로는 그들의 특권에 도전하였다.[278]

부계 결속과 장자 우대는 이러한 시대 변화에 대한 대응이었으며, 종법은 어느 때보다 변화된 현실을 반영할 수 있는 논리가 되었다. 관직 진출의 어려움은 양반의 경제적 영세화만이 아니라 사회적 지위의 하향 평준화를 가져왔다. 통혼은 양반들의 지위를 유지하는 방편이었지만 자녀 균분 상속을 통해 상대 가계와 재력을 나누어 가졌던 관행을 더 이상 이어 가기는 어려웠다. 대부분의 가계는 통혼을 통해 자신들 당대의 성과보다는 선조들의 명성과 위업을 공유하는 데 만족해야 했다. 유력한 조상을 대대로 기억하고 추모하는 행위는 정치권력에 쉽게 접근하지 못하면서도 성장하는 하층민과의 혈통상 구분이 필요했던 양반들에게는 가치 있는 문화 자산이었다.[279]

제례 거행과 조상 현창은 부계 친족의 결속을 위해 반드시 필요한 일이었지만 현재의 어려움을 과거의 기억을 통해 넘어서려 했다는 점에서 퇴영적인 것이기도 했다. 하지만 정치권력이 소수에게 독점되고 하층민들의 성장이 확산되는 가운데 지역 공동체에 대한 지배력마저 관권의 침투로 약화되면서 양반들의 선택은 제한될 수밖에 없었다. 그들은 감소하고 있었던 재산의 최소 절반 이상을 적장자에게 상속시키고 제례를 매개로 아들 간 결속을 도모하였다. 나아가 친족 사이의 결속을 위해 상속과는 별도로 각각의 가계에서 염출된 자원으로 족계族契나 종계宗契를 운영하기도 하였다. 장자 독점이 아닌 나머지 아들들에 대한 부분적 분할 상속이나 종계의 상호부조 행위는 차남들이나 지손들의 경제적 몰락을 억제하는 방편이 되었다.

　　양반들은 자신들의 혈연 공동체를 떠나 도시나 타 지역으로의 이주를 꺼려 하였다. 더구나 농업을 벗어나 새로운 경제 수단을 확보하는 데에도 소극적이어서 지역의 혈연 공동체에 더욱 의존적일 수밖에 없었다. 그럼에도 확산 일로에 있었던 계후 입양은 종손이나 장남 외에도 대다수 가계의 영구 존속을 실현시키고 있었다. 이는 장남이 아닌 아들들에 대한 최소한의 보호 장치를 필요로 하였다. 장자 우대가 심화되는 가운데 나머지 아들들을 상속에서 배려한 것은 그 때문이기도 했다.

　　한정된 자원의 효율적 배분이라는 전략은 장남의 부담과 책임 증가, 나머지 아들들의 경제적 조건 악화, 모든 가계의 존속 기대라는 현실 속에서 장자 우대와 함께 나머지 아들들에 대한 배려라는 상속 방식을 택하도록 하였다. 장남 독점이 아니면서 균분의 틀을 깬 이러한 상속 방식은 당대 조선 사회의 현실적 조건에서 선택할 수 있는 최선의 방편이기도 했다. 물론 장남에게 주어진 몫은 근대로 갈수록 더욱 확대되어 나갔다.

중동이 아닌 서유럽이 근대적인 조직 형태를 만들어 냈던 시기에 서유럽은 세대에
걸쳐 재산을 온전하게 유지하도록 고안된 상속 관행에 훨씬 더 호의적이었다.
_『The Long Divergence』[280]

상속과 경제 성장

16세기 조선의 양반 출신 유유는 그가 살고 있던 대구에서 멀리
떨어진 평안도로 숨어 버렸다. 그의 상상 속에서 평안도는 자신의
신분이 드러나지 않을 가장 먼 공간이었을지도 모른다. 하지만 이곳
역시 조선의 국경 내부였다. 그는 아이들을 가르치며 생계를 유지하
였다. 양반가에서 출생하여 획득한 지식이 여전히 삶의 방편이 되었
던 것이다. 반면 같은 시대 프랑스 아르티가의 농민 마르탱 게르는
에스파냐 지역으로 숨어들어 갔다. 그는 프랑스와 분쟁 중이던 펠리
페 2세의 군인이 되어 프랑스군과 싸웠다. 마르탱 게르는 프랑스를

벗어났고 용병이라는 새로운 직업을 얻었던 것이다.

동시대 유럽과 조선의 차이는 유유와 마르탱 게르의 간격, 그 이상이었다. 앞에서 유럽의 상속 관행에 관해 간략하게 서술했지만 시기, 지역, 계층에 따라 그 내용은 크게 달랐다. 조선 내부에서도 양반이 아닌 계층이나 유교 문화의 세례를 늦게 받은 지역의 상속 관행이 일반적으로 알려진 사실과 다른 양상을 띠었을 가능성은 있지만 이를 입증할 수 있는 자료는 거의 없다. 그러므로 유럽과 조선의 상속 관행과 이를 둘러싼 사회경제적 조건을 일면적으로 비교하기는 어렵다.

다만 유럽 귀족의 경우 11~12세기를 지나며 장자 단독 상속에 가까운 방식을 선택하였고, 조선의 양반은 18세기 이후 장자 우대 상속으로 전환한 뒤 장자의 몫을 늘려 나가는 과정이었다. 유럽의 귀족에 비해 상대적으로 특권이 약했던 조선의 양반은 자신의 경제력마저 오랫동안 자녀들에게 분할 상속하였다. 균분 상속은 세대를 거듭하면서 개별 가계의 경제력을 축소시키기는 하였지만 자식들 사이의 격차가 상속으로 인해 벌어지지는 않았다.

유럽 중에서도 귀족의 수가 적었던 영국은 특권의 상속에 엄격했으며, 장자 상속제를 일찍부터 여러 지역과 계층에서 수용하였다. 개방 농지 지역의 농민들도 이미 12~13세기에 세습 토지를 주로 장남에게 상속하고 있었다.[281] 이러한 상속 방식은 장남과 나머지 자녀들 사이의 경제적 격차를 키울 수밖에 없었다.

장자 상속은 장남이 아닌 다른 자녀에게는 매우 폭력적이었지만 부의 집중을 통해 재산의 분산과 파편화를 억제하였다. 상속에서 배제된 나머지 아들들은 또 다른 삶의 방편을 꾸준하게 모색하였다. 그들은 유럽의 곳곳에서 벌어졌던 전쟁이나 약탈에 군인으로 참여하거나 새로운 전문 직업에 종사하였다. 자본주의의 성장은 그들에게 하나의 탈출구가 되었다.[282] 부유한 농촌의 젠트리들은 자본가로 변신해 나갔고 토지를 물려받지 못한 농민들은 임금 노동자가 될 준비가 되어 있었다.

이러한 양상 때문에 일부 경제사가는 영국을 포함한 유럽의 장자 상속제가 부의 집중을 통해 지속적인 경제 성장을 이루게 한 발판이 되었다고 이해한다. 반면 이슬람 사회와 같이 공평한 분할 상속을 실시했던 지역은 재산의 파편화로 자본 축적과 근대적 경제 성장이 어려웠다고 보기도 한다.[283] 하지만 상속과 경제 성장의 연결 고리를 확인할 수 있는 연구가 충분하지 않은 상황에서 이러한 견해는 유럽 중심주의나 결과론적 해석이라는 비판에 직면하기 싶다.

상속이 경제 성장에 영향을 주었다고 하더라도 그것은 수많은 요인 가운데 하나일 따름이다. 유럽에서 시작된 근대적 경제 체제는 매우 우연한 역사의 산물이며 영국의 성공은 우연과 행운이 겹쳐 이루어진 것이었다. 우연과 행운에 가까운 요소까지 포함해 근대 자본주의 경제로의 이행에 필요한 조건들을 찾아볼 수 있겠지만 그 완벽한 집합을 구하는 것은 불가능하다.[284] 또한 그러한 조건을 갖추었다고 해서 이행과 성장이 반드시 이루어질 것이라고 기대할 수도 없다.

이미 많은 비판이 이루어졌지만 서유럽과 유사한 발전 양상을 우리 역사 속에서 찾으려는 입장은 물론, 그 자체를 부정하면서 일본에 의한 근대적 성장만을 강조하는 견해 모두 단순하고 피상적인 논리일 뿐이다.[285] 자본주의를 근대 역사의 필연적 과정으로 이해할 필요도 없지만 그 이행이나 발전 양상을 두고 특정 사회의 우열을 논할 것도 없다. 개별 국가나 사회의 역사는 고유한 발전 과정과 한계를 지녔을 따름이다.

유럽과 조선의 간격

조선의 상속 관행은 오랜 전통과 경제 조건, 인간들의 심성과 사유가 결합되어 형성, 변화하였다. 조선의 장자 우대 상속은 당대 사회 구조에 맞게 변형된 것이었으며 그 목적과 방향이 유럽과 차이가 있었다. 조선 사회는 장남을 우대하면서 조상에 대한 중단 없는 의례와 가계의 장기 존속을 기대하였다. 접빈객 봉제사가 일상을 지배했던 그들에게는 재산의 유지를 넘어서는 부의 축적이 간절하지 않았다. 종가나 장남은 상대적으로 부유했지만 수입의 상당 부분은 그러한 일상을 이어 나가는 데 활용되었다. 장남은 유학적 교양을 갖춘 지식인이었고 그들의 꿈은 과거에 합격하여 관료가 되는 것이었다. 관료가 되지 못한 대부분의 장남들은 과거 준비와 지식인으로서의 품위 유지에도 비용을 들여야 했다.

차남들이라고 해서 크게 다를 것은 없었다. 그들은 장남을 도와 가문을 유지하고 현창하는 데 앞장섰으며, 장남은 물론 자신의 가계도 영속할 수 있도록 주의를 기울였다. 그들 역시 장남과 마찬가지로 과거를 준비하고 유교 지식인으로 살아가기를 바랐다. 대부분의 양반들은 장남이든 아니든 토지를 관리하고 학문을 익히는 이상의 새로운 세계를 모색할 필요가 없었다. 관료제와 같이 근대를 상징하는 또 다른 요소가 조선 사회에 일찍부터 뿌리를 내리고 장기간 유지된 데에는 이러한 사회 구조의 영향도 있었다.

한편으로 양반들의 활동 공간은 주로 농촌의 동성촌락이었다. 형제와 부계 친족이 집거하는 가운데 대부분의 차남들도 동성촌락이나 그 주변에서의 이탈을 꿈꾸지 않았다. 비교적 소비 여력이 있던 양반들이 촌락에 거주하며 주변의 장시를 활용하면서 도시의 발달은 상대적으로 더뎠다. 두 차례의 전쟁 이후 조선 사회는 안정되어 있었고 경제력의 확대보다는 일상의 유지와 절제에 더 익숙했다. 반면 유럽은 백년 전쟁 이후로도 갈등과 대립, 전쟁이 연속되었다. 여기에 국왕과 부유한 귀족들의 사치성 소비가 이어지면서 경제력 확대와 성장 욕구를 자극하였다. 그 과정에서 도시 경제도 발달하였다.

권위와 특권, 경제력을 장남에게 집중시킨 유럽의 장자 상속제와는 달리 부계 공동체의 안정적인 존속을 기대했던 조선의 상속 방식은 장남을 우대하면서도 나머지 아들들을 배려하는 방향으로 흘러갔다. 경제적으로 여유가 있었던 농민들은 신분 상승을 기대하며 양반의 삶을 모방하였다. 그들 역시 부계 공동체에 관심을 가지고 동성촌락을 형성해 나갔으며 장자 우대 상속을 수용하였다. 근대 이후 장남의 상속 몫은 더 늘어났는데 이는 지역과 계층을 불문하고 나타난 현상으로 보인다. 균분 상속은 부계 공동체와 그것의 장기 지속에 대한 염원이 아직 절실하지 않았을 때, 처가살이의 관행이 지속되고 딸에 대한 차별이 필요하지 않았을 때, 개별 가계의 경제력이 유지되거나 성장할 것이라는 기대가 있었을 때 조선이 선택한 방식이었다. 장자 우대 상속은 이러한 조건이나 기대가 반대 방향으로 이동하면서 나타난 방식이었다. 상속 관행이 사회 변화에 적응해 간 것이라면 그 새로운 전환은 부계 공동체의 이완과 평등 의식의 성장, 경제력의 확대라는 조건이 충족되어야 가능한 것이다.

마치며

　유유의 가출과 유연, 이지의 재판으로 이어진 일련의 사건은 분명 비일상적인 것이었다. 하지만 이 사건에는 상속을 둘러싼 당대인의 욕망과 갈등, 관습과 제도가 응축되어 있었다. 유유는 정신적 고통과 가족 갈등을 겪으며 집을 뛰쳐나갔다. 이는 장남의 죽음 이후 그에 대한 아버지 유예원의 기대에 반하는 것이었다. 반면 유연은 형들을 대신해 집안의 대소사를 처리하고 학문에도 정진했던 보통의 인물이었다.

　문제는 16세기 조선 사회의 일반 양반가에서 종법이 아직 정착되어 있지 않았다는 데 있었다. 종법은 아들, 특히 장남을 통한 가계 계승의 원칙 위에서 실현될 수 있었다. 당시 조선에서는 장남이 자식 없이 죽었을 때 관습적으로 그의 부인이 총부로서 제사를 관리하고 가계 계승자를 선택할 수 있었다. 반면 법전의 규정은 그 권리를 장남의 남동생에게 부여하였다. 그런데 가계 계승자에게 돌아가는 상속 몫은 이 시기에 점차 늘어나고 있었다.

　유유의 부인 백씨가 가짜 유유의 진위를 적극적으로 가리지 않고 그의 아들까지 데려온 것은 상속과 가계 계승에서 불안한 위치에 있었던 자신의 처지를 고려한 행위였다. 다만 백씨는 여기에서 만족하지 않았다. 그녀는 비록 가짜였지만 하나의 안전판이었던 남편이 감옥에서 사라지자 시동생 유연을 살인자로 무고하여 마침내 죽음에 이르게 하였다. 백씨는 후일 도덕적으로 큰 비난을 받았으나 유연의 재판 당시 책임자는 그녀의 말을 수용하였다.

유연의 재판에 영향을 준 또 다른 인물은 그의 자형 이지였다. 국왕 명종과 가까워 총애를 받았던 종친 이지는 일반적인 미덕과는 어긋나게도 처가의 재산 상속에 관심이 많았다. 처남 유유가 가출하고 장인 유예원이 죽은 뒤 그는 가짜 유유를 내세워 처가 재산 일부를 손에 넣으려 하였다. 균분 상속의 관행에 따라 죽은 부인의 몫이 처가로부터 올 것이지만 그는 그 이상을 탐냈다.

자식이 없으면 처가에서 상속받은 재산을 장모의 조카인 유연에게 돌려주어야 하는 심륭도 처가의 재산 향배에 관심이 많았다. 심륭은 국왕의 외척으로 당대 최고 권력가의 한 사람이자 유연 재판의 책임자였던 심통원과 가까운 친척 사이였다. 이지 역시 심통원과 인연이 있었다. 이들 사이의 직접적인 연관 고리는 확인되지 않으나 심통원은 유연의 친형 살해를 기정사실로 받아들이고 그를 고문하여 허위 자백을 받아냈다.

유연은 결국 강상죄인의 혐의를 뒤집어쓰고 능지처참되었다. 그의 누명은 사림으로의 권력 교체가 전면적으로 이루어졌던 선조 대에 밝혀질 수 있었다. 사림의 공적이었던 심통원이 실각하고 유연 사건에 대한 재조사가 논의되는 가운데 진짜 유유가 나타나면서 이지가 주범으로 인정되었다. 공모자 채응규의 자살과 춘수의 증언이 이어지는 가운데에서도 이지는 자신의 죄를 수긍하지 않았으나 가혹한 신문과 고문을 이기지 못하고 죽음을 맞았다. 국왕과 정치권력의 교체로 그를 비호해 줄 사람도 더는 존재하지 않았다.

종법이 일상에서 뿌리내리기 시작한 17세기, 늦어도 18세기 이후라면 유연 사건은 발생하지 않았을지도 모른다. 이 집안의 장남 유치는 아들을 얻지 못하고 죽었지만 아마도 양자를 들여 가계를 이어 나갔을 것이다. 이때 유유, 유연 혹은 유유의 부인 백씨는 가계 계승과는 관련 없는 인물이 된다. 가계 계승자에게 더 주어지는 상속 재산도 장남의 양자에게로 돌아갈 뿐이다. 상속에서 딸의 몫은 줄어들다 점차 사라지므로 이지는 처가 재산에 그다지 관심을 두지 않았을 것이다.

따라서 이지의 욕망과 유연의 죽음은 균분 상속의 틀이 유지되는 가운데 가계 계승자의 몫이 늘어나고 있었던, 하지만 아직 종법은 뿌리내리지 않았던 시대의 소산물이었다. 조선 왕조 초창기부터 강조되었던 부계 중심의 가족, 친족 질서와 종법의 실천은 17세기 후반 이후에야 왕실을 넘어 일반 양반가에까지 확산되어 나갔다. 이때 개별 양반가의 상속 재산 규모는 오랜 균분 상속으로 크게 하락하고 있었다.

딸들에 대한 차별과 아들들에 대한 우대를 거쳐 장남 우대로 상속 관행이 바뀐 것은 경제력 하락을 경험한 당대인들의 전략적 선택에 따른 것이었다. 여기에 종법이라는 강력한 이데올로기의 외피가 덧씌워졌다. 부모의 의지가 반영된 별급 등의 상속은 과거에 급제한 자식에서 가계를 잇는 자식으로 그 중심이 이동하기도 하였다. 입신 양명 이상으로 가계의 영속에 대한 관심이 커진 것이다. 유연을 가르쳤던 이문건은 일찍이 학문에 관심 없던 아들이 대를 이을 손자를 남긴 것을 다행으로 여겼다.

이데올로기의 영향은 갈수록 커져 조선 후기 사회는 법전의 규정과는 달리 장남에 대한 우대 상속을 내면화하였다. 상속 문서를 만들지 않고 아버지의 유언으로 대신하더라도, 더구나 그 내용이 법에 어긋나더라도 자녀들은 분쟁을 일으키지 않았다. 장남은 상속상의 우대를 받는 대신 가계 계승과 제사에 대한 책임을 감내해야 했다. 상속에서 완전히 배제되지는 않았던 차남들은 장남의 근처에서 상호 협력하며 살아나갔다.

조선의 장자 우대 상속은 유럽의 장자 상속과는 다소 차이가 있었다. 유럽은 지역에 따라 다양한 상속 관행이 존재했는데 귀족들은 일찍부터 장자 상속제를 확립하였다. 장자 상속제는 분명 자산의 집중과 유지에 유리한 측면이 있었다. 하지만 상속에서 배제된 나머지 자녀들에게는 매우 가혹한 것이기도 했다. 장남이 아닌 아들들은 장남의 호의에 의존하여 생활하거나 성직자, 군인, 상인 등 새로운 삶을 선택하였다.

오랜 전쟁과 대립, 부유한 귀족의 사치로 경제력 확대가 절실했던 유럽과 달리 조선 사회는 안정되어 있었고 검약을 미덕으로 여겼다. 유럽 귀족에 비해 특권이 약했던 조선의 양반은 가문의 존속과 일상의 유지를 넘어서는 부의 확대나 축적에 민감하게 반응하지 않았다. 그들은 형제, 부계 친족과 함께 같은 촌락에 거주하며 과거를 준비하고 유교 지식인으로 살아가기를 희망했다. 장남이 아닌 아들들의 생활 방식도 별반 다름이 없었다. 여유가 있는 농민들 역시 양반의 삶을 모방하면서 신분 상승은 물론 부계 공동체의 형성과 장기 지속을 염원하였다. 조선의 장자 우대 상속은 이러한 삶의 방식과 조화를 이루면서 확산되었다.

장남을 우대하는 관행은 근대 이후로도 오랫동안 지속되었다. 아버지의 권위는 장남에게 이어졌고 그는 상속에서 절대적으로 유리한 위치에 있었다. 오늘날에 와서야 개별 가계의 경제력이 급속하게 성장하고 가부장적 이데올로기의 외피가 얇아지면서 다시 균분 상속으로 돌아가게 되었다. 물론 장남 우대라는 오랜 상속 전통과 균분의 부활 속에서 갈등을 겪는 집들도 있겠지만 장남 우대 상속은 조만간 역사의 뒤꼍으로 사라질 것이다.

상속을 포기하고 자유롭게 떠났던 유유와 같은 인물은 그때나 지금이나 흔하지 않다. 하지만 부모로부터의 상속은 물론 처가의 재산 향배에도 관심을 가졌던 이지나 심륭 유의 인물은 앞으로 더 늘어날지도 모를 일이다. 유연을 보통의 인물이라고 한 것은 그의 시대에 부모들이 일반적으로 기대했던 바를 실천하려고 노력했기 때문이다. 입신양명이 그 가운데 하나였으며, 근래에도 그 본질은 크게 바뀌지 않았다.

다만 오늘날 많은 부모는 자녀들로부터의 봉양에 대한 기대를 줄이고 있다. 아들과 손자를 통한 가계의 영속을 염원하지도 않는다. 그러므로 당연하게도 상속의 반대급부였던 부모에 대한 봉양이나 제례의 주관과 같은 책임의 무게는 더 없이 줄어들고 있다. 반면 이제는 그 에너지와 재화를 대부분 교육을 통한 성취에 쏟아붓고 있다. 이 과정에서 상속에 따른 책임과는 별개로 부모의 기대에 부응해야 한다는 부담은 줄어들지 않았다.

부모의 재력이 때로는 자녀의 성취에 큰 영향을 주기도 한다. 이러한 현상이 보편화하여 태어나면서 획득된 조건이 개인의 성취를 좌지우지한다면 그것은 신분제 사회와 다름없다. 물론 양반이 지배했던 조선에서도 그들 내부의 경쟁은 치열하여 여러 세대에 걸쳐 부를 거머쥐거나 관료를 배출했던 집안은 거의 없었다. 아마도 오늘날 역시 부나 사회적 지위의 장기적 대물림은 쉽지 않을 것이다.

소수만이 자유로운 신분제 사회로의 회귀를 원하는 사람은 거의 없겠지만 따지고 보면 그 소수도 자신들의 지위를 유지하기 위한 경쟁에 지쳐 자유롭지만은 않았다. 언젠가는 그들도 또 다른 누구에게 자신의 자리를 내어주어야 했다. 오늘날 가계의 영속이라는 염원을 거두어들이는 대신 부모들이 상속을 통해 기대하는 것은 무엇일까? 누군가는 부나 권력의 창출, 혹은 그것의 장기 지속을 바랄지도 모르겠으나 이 또한 희망일 뿐이다.

역사는 그것을 잘 보여 준다. 아버지로서 유예원의 기대와는 달리 이 집안은 상속 갈등으로 몰락에 직면했다. 한때 성공한 관료였던 이문건의 희망과는 달리 아들, 손자는 학문적 성취를 이루지 못하였다. 이러한 사례들은 무수하게 찾을 수 있다. 오늘날 부모들은 적어도 자신의 경제력을 통해 자녀 세대만이라도 성공, 성공까지는 아니더라도 안정적인 삶을 이어 가기를 원할지도 모르겠다. 하지만 그것을 위해 쏟는 에너지마저 너무나 커 보인다. 그 과정에서 좌절하거나 그러한 경제력조차 가지지 못한 이들은 미래로 향한 문을 일찌감치 닫아 버릴지도 모를 일이다.

대다수의 사람들은 부모로부터 귀속된 경제적, 문화적 자산보다 스스로 만들어 낸 성취가 더 존중되어야 한다는 사실을 부정하지 않는다. 따라서 개인에게 상속되는 부를 사회에서 일정 부분 환수하는 시스템은 더욱 강화될 것이다. 그것은 직계 자손 밖으로 자신의 상속 재산이 넘어가는 것을 엄격하게 금했던 조선시대에 비해 오늘날이 더 발전한 사회라는 것을 보여 주는 하나의 징표이기도 하다. 더불어 과거 급제나 가계 계승과 같은 조선시대 사람들의 상속에 대한 반대급부와는 또 다른 가치 기준이 마련될 필요도 있다. 그것이 개인이나 가족 차원을 넘어선다면 이 사회는 무수한 개인들의 명멸에도 불구하고 더 오래 지속될 수 있을 것이다.

참고문헌

『경국대전經國大典』

『대명률大明律』

『사마방목司馬榜目』

『선원록璿源錄』

『선원계보기략璿源系譜紀略』

『안동권씨성화보安東權氏成化譜』

『여지도서輿地圖書』

『전주이씨익현군파보全州李氏翼峴君派譜』

『조선왕조실록朝鮮王朝實錄』

『주자어류朱子語類』

『중추원조사자료中樞院調査資料』

『청송심씨족보靑松沈氏族譜』

『패림稗林』

「권목남매화회문기權霂男妹和會文記」

「권의자녀팔남매분재기權檥子女八男妹分財記」

「유경렴화회문기柳景濂和會文記」

고상안,『태촌집泰村集』

권득기,『만회집晚悔集』

권시,『탄옹집炭翁集』

권응인,『송계만록松溪漫錄』

권필,『석주집石洲集』

김시양,『부계기문涪溪記聞』

김장생,『사계전서沙溪全書』

김평묵,『중암집重菴集』

노수신,『소재집穌齋集』

박동량,『기재잡기寄齋雜記』

박세채,『남계집南溪集』

송규렴,『제월당집霽月堂集』

송시열,『송자대전宋子大全』

송준길,『동춘당집同春堂集』

우하영,『천일록千一錄』

유중교,『성재집省齋集』

유희춘,『미암일기眉巖日記』

유희춘,『미암집眉巖集』

윤국형,『문소만록聞韶漫錄』

윤선도,『고산유고孤山遺稿』

이덕무,『청장관전서靑莊館全書』

이덕형,『한음선생문고漢陰先生文稿』

이륙,『청파극담靑坡劇談』

이문건,『묵재선생문집默齋先生文集』

이문건,『묵재일기默齋日記』

이상정,『대산집大山集』

이시발,『벽오선생유고碧梧先生遺稿』

이이,『석담일기石潭日記』

이이,『율곡전서栗谷全書』

이익,『성호선생전집星湖先生全集』

이재,『도암집陶菴集』

이정형,『동각잡기東閣雜記』

이항복,「유연전柳淵傳」

정약용,『목민심서牧民心書』

조극선,『야곡집冶谷集』

조임도,『간송집澗松集』

최립,『간이집簡易集』

하항,『각재집覺齋集』

성균관대대동문화연구원,『경상도단성현사회자료집(1)』, 2003.

이수건 편,『경북지방고문서집성』, 영남대 출판부, 1981.

정구복 외 편,『조선전기고문서집성-15세기편』, 국사편찬위원회, 1997.

한국정신문화연구원, 「윤인미남매화회문기尹仁美男妹和會文記(1673)」,『고문서집성 3 - 해남 윤씨편 정서본-』, 1986.

한국정신문화연구원, 「박의훤분급문기朴義萱分給文記(1602)」,『고문서집성 3 - 해남윤씨편 정서본-』, 1986.

한국정신문화연구원, 「임소사분급문기林召史分給文記(1608)」,『고문서집성 3 - 해남윤씨편 정서본-』, 1986.

한국정신문화연구원, 「김진별급문기金璡別給文記(1565)」,『고문서집성 6 - 의성김씨천상각파 편(Ⅱ)-』, 1990.

한국정신문화연구원, 「김두년분급문기金斗年分給文記(1570)」,『고문서집성 32 - 경주 경주손 씨편-』, 1997.

한국정신문화연구원, 「손경처강씨별급문기孫暻妻康氏別給文記(1562)」,『고문서집성 32 - 경 주 경주손씨편-』, 1997.

한국정신문화연구원, 「이광영별급문기李光榮別給文記(1579)」,『고문서집성 33 - 영해 재령이 씨편(Ⅰ)-』, 1997.

한국정신문화연구원, 「이함동복화회문기李涵同腹和會文記(1592)」, 「이함남매화회문기李涵 男妹和會文記(1619)」,『고문서집성 33 - 영해 재령이씨편(Ⅰ)-』, 1997.

한국정신문화연구원, 「이함유언李涵遺言(1627)」,『고문서집성 33 - 영해 재령이씨편(Ⅰ)-』, 1997.

한국정신문화연구원, 「김명열전후문서金命說傳後文書(1669)」,『고문서집성 2 - 부안 부안김 씨편-』, 1998.

한국정신문화연구원, 「무오칠월초일일 별득우반전민화회성문戊午七月初一日 別得愚磻田民 和會成文(1678)」,『고문서집성 2 - 부안 부안김씨편-』, 1998.

한국정신문화연구원, 「사노복만분급문기私奴卜萬分給文記(1540)」,『고문서집성 41 - 안동 주 촌 진성이씨편(Ⅰ)-』, 1999.

한국정신문화연구원, 「이후영깃급문기李後榮衿給文記」,『고문서집성 49 - 안동 법흥 고성이 씨편-』, 2000.

한국정신문화연구원, 「유중여분재기柳重呂分財記(1798)」, 『고문서집성 58 – 안산 진주유씨 편-』, 2002.

한국정신문화연구원, 「이언적깃급문기李彦迪衿給文記(1553)」, 『고문서집성 65 – 경주 옥산 여 주이씨 독락당편-』, 2003.

한국정신문화연구원, 「고운처성씨깃급문기高雲妻成氏衿給文記(1580)」, 『고문서집성 65 – 경 주 옥산 여주이씨 독락당편-』, 2003.

한국정신문화연구원, 「정공징칠남매화회문기鄭公徵七男妹和會文記(1552)」, 『고문서집성 65 – 경주 옥산 여주이씨 독락당편-』, 2003.

한국학중앙연구원, 「김세진칠남매화회문기金世珍七男妹和會文記(1689)」, 『고문서집성 86 – 서산 대교 경주김씨편-』, 2007.

한국학중앙연구원, 「박유처손씨별급문기朴瑜妻孫氏別給文記(1620)」, 『고문서집성 82 – 영해 무의공종택-』, 2008.

한국학중앙연구원, 「임욱화회문기任勗和會文記(1729)」, 『고문서집성 89 – 아산 선교 장흥임씨 편-』, 2008.

강제훈, 「朝鮮初期 宗親職制의 정비와 운영」, 『한국사연구』 151, 한국사연구회, 2010.

계승범, 『중종의 시대, 조선의 유교화와 사림운동』, 역사비평사, 2014.

고동욱, 「중세 말 영국 바넷 장원에서의 상속관습과 재산권의 분배」, 『서양중세사연구』 1, 한국 서양중세사학회, 1997.

宮嶋博史, 「『안동권씨성화보』를 통해서 본 한국 족보의 구조적 특성」, 『대동문화연구』 62, 성균 관대대동문화연구원, 2008.

권내현, 「조선 초기 노비 상속과 균분의 실상」, 『한국사학보』 22, 고려사학회, 2006.

권내현, 「조선후기 입양의 범위와 시점에 대한 분석」, 『대동문화연구』 6, 성균관대대동문화연구 원, 2008.

권내현, 『노비에서 양반으로, 그 머나먼 여정-어느 노비 가계 2백 년의 기록』, 역사비평사, 2014.

권내현, 「내재적 발전론과 조선 후기사 인식」, 『역사비평』 111, 역사비평사, 2015.

권내현, 「17~19세기 조선의 재산 상속 관행 – 종법과 경제력 변동을 중심으로 - 」, 『한국사학보』 70, 고려사학회, 2018.

권내현, 「성장과 차별, 조선 후기 호적과 신분」, 『대동문화연구』 110, 성균관대대동문화연구원, 2020.

김용만, 「朝鮮時代 均分相續制에 관한 一研究 – 그 變化要因의 歷史的 性格을 中心으로-」,

『大丘史學』 23, 대구사학회, 1983.

김건태, 「18세기 초혼과 재혼의 사회사 -단성 호적을 중심으로-」, 『역사와 현실』 51, 한국역사연구회, 2004.

김건태, 『조선시대 양반가의 농업경영』, 역사비평사, 2004.

김경숙, 「조선후기 光州 全義李氏家의 재산상속」, 『사학연구』 99, 한국사학회, 2010.

김명자, 「16~17세기 河回 豐山柳氏家의 宗法 수용 과정」, 『대구사학』 96, 대구사학회, 2009.

김범, 「조선시대 사림세력 형성의 역사적 배경」, 『국학연구』 19, 한국국학진흥원, 2011.

김성갑 외, 『소송과 분쟁으로 보는 조선사회 -조선사회를 보는 또 다른 눈을 찾아서-』, 새물결, 2017.

김영석, 「추국의 의미 변화와 분류」, 『법사학연구』 48, 한국법사학회, 2013.

김영연, 「「이생송원록」을 통해 본 「유연전」과 유연 옥사 담론」, 『국문학연구』 38, 국문학회, 2018.

김우철, 「조선후기 推鞫 운영 및 結案의 변화」, 『민족문화』 35, 한국고전번역원, 2010.

김윤정, 「朝鮮中期 祭祀承繼와 兄亡弟及의 변화」, 『조선시대사학보』 20, 조선시대사학회, 2002.

김윤정, 「霞谷 鄭齊斗의 宗法 시행과 禮論」, 『인천학연구』 9, 인천학연구원, 2008.

김진영, 「「유연전」에 나타난 조선 중기의 사회변화와 지향의식」, 『어문연구』 84, 어문연구학회, 2015.

김현영, 「16세기 한 양반의 일상과 재지사족 -「묵재일기」를 중심으로-」, 『조선시대사학보』 18, 조선시대사학회, 2001.

나탈리 제먼 데이비스, 양희영 옮김, 『마르탱 게르의 귀향』, 지식의 풍경, 2000.

노꽃분이, 「유연전의 구성적 특징과 서술의식」, 『한국고전연구』 창간호, 계명문화사, 1995.

마크 피터슨, 조혜정 역, 『儒敎社會의 創出 -조선 중기 입양제와 상속제의 변화-』, 일조각, 2000.

문숙자, 「朝鮮前期 無子女亡妻財産의 相續을 둘러싼 訴訟事例」, 『고문서연구』 5, 고문서학회, 1994.

문숙자, 「義子女와 本族간의 財産相續分爭 -1584년 鶴峯 金誠一의 羅州牧判例 분석-」, 『고문서연구』 8, 고문서학회, 1996.

문숙자, 『조선시대 재산상속과 가족』, 경인문화사, 2004.

박경, 「16세기 유교적 친족질서 정착 과정에서의 家婦權 논의」, 『조선시대사학보』 59, 조선시대사학회, 2011.

박미해, 「16세기 양반가의 가족관계와 家父長權 -柳希春의 眉巖日記를 중심으로-」, 『고문서연구』 21, 한국고문서학회, 2002.

박정재, 「조선 璿源錄에 기재된 宗親의 통혼 양태와 그 의미」, 『고문서연구』 52, 한국고문서학회, 2018.

박진, 「조선 초기 王親婚과 王室 妾子孫에 대한 사회적 인식」, 『한국사학보』 48, 고려사학회, 2012.

박진, 『朝鮮前期王室婚姻研究 -『璿源錄』에 보이는 國王後孫의 通婚범위와 嫡庶차별-』, 고려대박사학위논문, 2014.

박현순, 「분재기를 통해 본 15~16세기 사족층의 주택 소유와 상속」, 『역사와 현실』 84, 한국역사연구회, 2012.

배상훈, 『조선의 상속 관행에 관한 연구 - 17~18세기 삼남지방 분재기 사례를 중심으로 - 』, 고려대박사학위논문, 2008.

백승종, 『상속의 역사』, 사우, 2018.

백승종, 『신사와 선비』, 사우, 2018.

백지민, 「17세기 전계소설의 창작 동인과 서사전략 - 「유연전」과 「강로전」을 대상으로」, 『한국고전연구』 34, 한국고전연구학회, 2016.

손경찬, 「조선시대 신분확인 소송 - 「안가노안安家奴案」-」, 『법학연구』 26-4, 경상대법학연구소, 2018.

손병규, 「17, 18세기 호적대장의 사노비 기재 실태 - 경상도 단성현 권대유가 노비를 중심으로-」, 『고문서연구』 24, 한국고문서학회, 2004.

손병규, 「조선후기 상속과 가족형태의 변화 - 丹城縣에 거주하는 安東權氏 가계의 호적 및 족보 기록으로부터」, 『대동문화연구』 61, 성균관대대동문화연구원, 2008.

손병규, 「13~16세기 호적과 족보의 계보형태와 그 특성」, 『대동문화연구』 71, 성균관대대동문화연구원, 2010.

송하준, 「관련 기록을 통해 본 「유연전」의 입전의도와 그 수용태도」, 『한국문학논총』 29, 한국문학회, 2001.

신상필, 「사건의 기록과 '傳'양식의 새로운 가능성 - 「柳淵傳」을 중심으로」, 『동방한문학』 39, 동방한문학회, 2009.

신해진, 「柳淵傳의 惡人 형상과 그 행방」, 『어문연구』 54, 어문연구학회, 2007.

심재우, 「죄와 벌의 사회사」, 한국역사연구회 웹사이트 http://www.koreanhistory.org

심재윤, 「중세 영국 농민의 상속관습과 개방농지제 - 분할상속론 비판을 중심으로-」, 『서양중세사연구』 11, 한국서양중세사학회, 2003.

엠마뉘엘 토드, 김경근 옮김, 『유럽의 발견 - 인류학적 유럽사』, 까치, 1997.

유희수, 『낯선 중세』, 문학과지성사, 2018.

이성임, 「16세기 朝鮮 兩班官僚의 仕宦과 그에 따른 收入 - 柳希春의 《眉巖日記》를 중심으로」, 『역사학보』 145, 역사학회, 1995.

이성임, 「16세기 양반사회의 "膳物經濟"」, 『한국사연구』 130, 한국사연구회, 2005.

이성임, 「16세기 宋德峰의 삶과 성리학적 지향」, 『역사학연구』 45, 호남사학회, 2012.

이수건, 「퇴계 이황 가문의 재산 유래와 그 소유형태」, 『역사교육논집』 13·14, 역사교육학회, 1990.

이수건, 「朝鮮前期의 社會活動과 相續制度」, 『歷史學報』 129, 역사학회, 1991.

이수봉, 「유연전연구」, 『호서문화연구』 3, 충북대호서문화연구소, 1983.

이순구, 「朝鮮中期 家婦權과 立後의 강화」, 『고문서연구』 9·10, 한국고문서학회, 1996.

이순구, 「조선 전기 '딸에서 며느리로' 정체성 변화와 재산권-경주 양동마을을 중심으로-」, 『여성과 역사』 23, 한국여성사학회, 2015.

이승연, 「18세기 전후 주자학의 지역적 전개에 관한 일 고찰 - 정만양·정규양 형제의 『의례통고』를 중심으로」, 『동양사회사상』 18, 동양사회사상학회, 2008.

이승연, 「조선에 있어서 주자 종법 사상의 계승과 변용 - '時祭'와 '墓祭'를 중심으로」, 『국학연구』 19, 한국국학진흥원, 2011.

이영춘, 「宗法의 원리와 한국사회에서의 전통」, 『사회와 역사』 46, 한국사회사학회, 1995.

이정수, 「조선후기 盧尙樞家의 재산변동과 농업경영」, 『지역과 역사』 29, 부경역사연구소, 2011.

이정철, 「선조대 동서분당 전개의 초기 양상 - 이이를 중심으로-」, 『민족문화』 43, 한국고전번역원, 2014.

이헌창, 「조선 후기 자본주의맹아론과 그 대안」, 『한국사학사학보』 17, 한국사학사학회, 2008.

이헌홍, 「實事의 소설화 - 유연전을 중심으로」, 『한국고소설의 조명』, 아세아문화사, 1990.

장동우, 「『經國大典』 「禮典」과 『國朝五禮儀』 「凶禮」에 반영된 宗法 이해의 특징에 관한 고찰」, 『한국사상사학』 20, 한국사상사학회, 2003.

전경목, 『愚磻洞 - 고문서를 통해서 본 우반동과 우반동 김씨의 역사』, 신아출판사, 2001.

전경목, 「分財記를 통해서 본 分財와 奉祀 慣行의 변천 - 부안김씨 고문서를 중심으로」, 『고문서연구』 22, 한국고문서학회, 2003.

전경목, 「여용빈의 『유술록』을 통해본 조선 후기 수옥의 실태와 체옥의 원인」, 『정신문화연구』 37-1, 한국학중앙연구원, 2014.

전미경, 「『오만과 편견』의 역설적 비전: 장자상속제의 문학적 재현」, 『근대영미소설』 20-2, 한국 근대영미소설학회, 2013.

정구복, 『古文書와 兩班社會』, 일조각, 2002.

정긍식, 「16세기 첩자의 제사 승계권」, 『사회와 역사』 53, 한국사회사학회, 1998.

정긍식, 「「柳淵傳」에 나타난 相續과 그 葛藤」, 『법사학연구』 21, 한국법사학회, 2000.

정긍식, 「〈柳淵傳〉에 대한 형사법적 고찰 - 16세기 형사절차의 일례 -」, 『又凡李壽成先生華甲 紀念論文集』, 동논문집간행위원회, 2000.

정긍식, 「16세기 財産相續과 祭祀承繼의 실태」, 『고문서연구』 24, 한국고문서학회, 2004.

정석종, 『朝鮮後期 社會變動研究』, 일조각, 1983.

정수환, 「16세기 영해 무안박씨의 매매와 분재를 통한 가계경영 전략」, 『인문학연구』 27, 제주대 인문과학연구소, 2019.

정시열, 「默齋 李文楗의 『養兒錄』에 나타난 祖孫 葛藤에 대한 一考」, 『동양고전연구』 50, 동 양고전학회, 2013.

정인혁, 「「유연전」의 시점과 플롯 연구」, 『어문연구』 30, 한국어문교육연구회, 2002.

정진영, 「19~20세기 전반 한 '몰락양반'가의 중소지주로의 성장과정 - 경상도 단성현 김인섭가 의 경우」, 『대동문화연구』 52, 성균관대대동문화연구원, 2005.

정진영, 「19세기 중반~20세기 초반 在村 兩班地主家의 농업경영 - 경상도 단성 金麟燮家의 家作地 경영을 중심으로 -」, 『대동문화연구』 62, 성균관대대동문화연구원, 2008.

정충권, 「「유연전」과 「화산중봉기」 비교 연구」, 『고전문학과 교육』 11, 한국고전문학교육학회, 2006.

제인 오스틴, 김종현 역, 『오만과 편견』, 태동출판사, 2010.

조도현, 「「柳淵傳」의 文學的 特性과 그 意味」, 『인문학연구』 34, 충남대인문과학연구소, 2007.

조윤선, 「英祖代 남형·혹형 폐지 과정의 실태와 欽恤策에 대한 평가」, 『조선시대사학보』 48, 조선시대사학회, 2009.

조은숙, 「『묵재일기默齋日記』에 나타난 자녀교육과 갈등의 형상」, 『문학치료연구』 39, 한국문 학치료학회, 2016.

최경민, 「유럽의 상속제와 자본주의의 상호 연관성 연구 - 티무르 쿠란Timur Kuran 논지에 대 한 비판적 검토 -」, 중앙대석사학위논문, 2014.

카이윙 초우, 양휘웅 역, 『禮教主義』, 모노그래프, 2013.

콘스탄스 브리텐 부셔, 강일휴 역, 『중세프랑스의 귀족과 기사도』, 신서원, 2005.

한국고문서학회편, 『조선의 일상, 법정에 서다』, 역사비평사, 2013.

한효정, 「16세기 한 양반가 부인의 재산축적과 소유의식 -慶州孫氏家門 和順崔氏를 중심으로-」, 『고문서연구』 36, 한국고문서학회, 2010.

홍성표, 「중세 영국 농민층의 가족제와 여성의 재산권」, 『역사교육』 58, 역사교육연구회, 1995.

Barbara English and John Saville, *Strict Settlement: A Guide for Historians*, The University of Hull Press, 1983.

Jack Goody, Joan Thirsk and E. P. Thompson, *Family and Inheritance; Rural Society in Western Europe 1200~1800*, The Cambridge University Press, 1976.

Timur Kuran, *The Long Divergence; How Islamic Law Held Back the Middle East*, Princeton University Press, 2010.

미주

1) 鄭肯植, 「「柳淵傳」에 나타난 相續과 그 葛藤」, 『법사학연구』 21, 한국법사학회, 2000.

2) 『명종실록』 권30, 명종 19년 3월 20일.

3) 이문건과 『묵재일기』에 관한 기본적인 정보는 김현영, 「16세기 한 양반의 일상과 재지사족 -『묵재일기』를 중심으로-」, 『조선시대사학보』 18, 조선시대사학회, 2001 참고.

4) 이문건, 『묵재일기』 7책, 가정 35년(1556) 4월 19일.

5) 이문건, 『묵재일기』 8책, 가정 36년(1557) 7월 23일.

6) 「이생송원록」을 보면 연에게는 사泗라는 동생이 한 명 있는 것으로 기록하였는데, 결혼 전에 사망하여 족보에 오르지 못한 것으로 보인다.

7) 족보에는 최수인崔守寅이 아닌 최인수崔寅秀로 되어 있다. 여기에서는 당대의 기록인 「유연전」과 「이생송원록」에 따라 최수인으로 표기하였다.

8) 『중종실록』 권61, 중종 23년 4월 15일.

9) 『명종실록』 권23, 명종 12년 11월 24일.

10) 『명종실록』 권27, 명종 16년 4월 18일.

11) 『선조실록』 권22, 선조 21년 윤6월 1일.

12) 일례로 1436년(세종 18) 장인을 살해한 이귀생이란 인물의 처벌을 들 수 있다. 이귀생의 죄는 참형에 해당하지만 '사람을 죽여 당연히 사형시켜야 할 자가 무릇 병이 심하면 논의하고 아뢰어 임금이 재결한다.'고 한 법률 조문에 따라 조정의 논의가 필요했다. 이귀생이 심질을 앓고 있었기 때문이다. 조정의 논의는 사형과 감형으로 나뉘었는데, 세종은 사형에서 한 등급을 감하여 처벌하도록 결정하였다.

13) 『현종실록』 권21, 현종 14년 9월 9일.

14) 『숙종실록』 권1, 숙종 즉위년 11월 29일.

15) 이문건, 『묵재일기』 9책, 가정 40년(1561) 9월 11일.

16) 이문건, 『묵재일기』 2책, 가정 24년(1545) 윤1월 3일 ; 4책, 가정 27년(1548) 1월 13일.

17) 이문건, 『묵재일기』 5책, 가정 30년(1551) 7월 20일.

18) 이문건, 『묵재일기』 5책, 가정 31년(1552) 11월 19일.

19) 이문건, 『묵재일기』 7책, 가정 34년(1555) 윤11월 26일.

20) 『명종실록』 권18, 명종 10년 4월 3일.

21) 16세기 양반들의 선물 증여 행위에 대해서는 이성임, 「16세기 양반사회의 "膳物經濟"」, 『한국사연구』 130, 한국사연구회, 2005 참고.

22) 이문건, 『묵재일기』 7책, 가정 35년(1556) 4월 4일.

23) 한국정신문화연구원, 「김진별급문기金璡別給文記(1565)」, 『고문서집성 6 - 의성김씨천상각파편(Ⅱ)-』, 1990.

24) 착명着名은 이름 글자를 변형하여 기록한 것이고 서압署押은 특별한 글자를 변형하여 기록한 것이다. 수결手決이라고도 하는데 일종의 서명이다. 착명은 주로 성과 항렬자를 제외한 이름 글자로 만들었다. 서압은 일심一心, 정正, 무사無私 등 좋은 의미를 가진 단어를 변형하여 만들었다. 엄밀함을 강조하거나 위조를 방지하기 위해 상속 문서에는 착명과 서압이 모두 사용되기도 하였다.

25) 문숙자, 『조선시대 재산상속과 가족』, 경인문화사, 2004, 69쪽.

26) 문숙자, 위의 책, 78쪽.

27) 이문건, 『묵재일기』 1책, 가정 15년(1536) 6월 9일.

28) 이문건, 『묵재일기』 1책, 가정 15년(1536) 6월 13일.

29) 조은숙, 「『묵재일기(默齋日記)』에 나타난 자녀교육과 갈등의 형상」, 『문학치료연구』 39, 한국문학치료학회, 2016.

30) 정시열, 「默齋 李文楗의 『養兒錄』에 나타난 祖孫 葛藤에 대한 一考」, 『동양고전연구』 50, 동양고전학회, 2013.

31) 조은숙, 위의 논문, 132쪽.

32) 이문건, 『묵재선생문집默齋先生文集』 권7, 「양아록養兒錄」.

33) 이성임, 「16세기 宋德峰의 삶과 성리학적 지향」, 『역사학연구』 45, 호남사학회, 2012.

34) 박미해, 「16세기 양반가의 가족관계와 家父長權 -柳希春의 眉巖日記를 중심으로-」, 『고문서연구』 21, 한국고문서학회, 2002.

35) 유희춘, 『미암일기眉巖日記』, 병자(1576) 1월 30일, "吏判姜公士尙 欲於瓦署別坐之望 擬光雯 以爲未知資級有無 且尹寬中以親子弟 而時未付職 不可不先 遂擬寬中瓦署 副望 而未受點".

36) 조선에서는 중국식 친영을 완전하게 시행하지는 못하였다. 결혼식은 오랜 관습대로 처가

에서 하되, 처가에서 머무는 기간을 점차 단축시켜 나갔다. 이를 반친영半親迎이라고도
한다.

37) 권내현, 「조선 초기 노비 상속과 균분의 실상」, 『한국사학보』 22, 고려사학회, 2006.

38) 「유경렴화회문기柳景濂和會文記」(1580, 담양 모현관 소장).

39) 『경국대전』 권5, 형전刑典 사천私賤, "未分奴婢 衆子女平分 承重子加五分之一 如衆
子女各給五口 承重子給六口之類".

40) 한국정신문화연구원, 「김명열전후문서金命說傳後文書」(1669), 『고문서집성 2 - 부안 부
안김씨편-』, 1998.

41) 권득기, 『만회집晩悔集』 권4, 잡저雜著, 「이생송원록李生訟冤錄」.

42) 『안동권씨 성화보』에 대해서는 宮嶋博史, 「『안동권씨성화보』를 통해서 본 한국 족보의 구
조적 특성」, 『대동문화연구』 62, 성균관대대동문화연구원, 2000 ; 孫炳圭, 「13~16세기 호적
과 족보의 계보형태와 그 특성」, 『대동문화연구』 71, 성균관대대동문화연구원, 2010 참고.

43) 『세종실록』 권88, 세종 22년 3월 8일.

44) 『성종실록』 권130, 성종 12년 6월 21일.

45) 김건태, 「18세기 초혼과 재혼의 사회사 - 단성 호적을 중심으로-」, 『역사와 현실』 51, 한국
역사연구회, 2004.

46) 영해 재령 이씨가의 상속에 대해서는 문숙자, 앞의 책, 181~210쪽 참고.

47) 『경국대전』 권5, 형전刑典 사천私賤.

48) 유희수, 『낯선 중세』, 문학과지성사, 2018, 80쪽.

49) 종친직의 정비 과정과 그 내용에 대해서는 강제훈, 「朝鮮初期 宗親職制의 정비와 운영」,
『한국사연구』 151, 한국사연구회, 2010 참고.

50) 박진, 「조선 초기 王親婚과 王室 妾子孫에 대한 사회적 인식」, 『한국사학보』 48, 고려사학
회, 2012.

51) 종친의 혼인 양상에 대해서는 박진, 『朝鮮前期王室婚姻研究-『璿源錄』에 보이는 國王
後孫의 通婚범위와 嫡庶차별-』, 고려대박사학위논문, 2014 ; 박정재, 「조선 璿源錄에 기
재된 宗親의 통혼 양태와 그 의미」, 『고문서연구』 52, 한국고문서학회, 2018 참고.

52) 『명종실록』 권3, 명종 1년 1월 19일.

53) 『명종실록』 권3, 명종 1년 4월 25일.

54) 『명종실록』 권3, 명종 1년 2월 14일.

55) 『세종실록』 권84, 세종 21년 1월 27일.

56) 『세종실록』 권108, 세종 27년 6월 22일.

57) 『세종실록』 권109, 세종 27년 7월 6일.

58) 『단종실록』 권10, 단종 2년 3월 12일.

59) 『세조실록』 권2, 세조 1년 9월 5일.

60) 『세조실록』 권2, 세조 1년 11월 27일 ; 권3, 세조 2년 3월 18일 ; 권7, 세조 3년 3월 23일.

61) 『세조실록』 권13, 세조 4년 6월 29일.

62) 『세조실록』 권13, 세조 4년 8월 8일 ; 권14, 세조 4년 12월 20일.

63) 『세조실록』 권30, 세조 9년 5월 4일.

64) 『세조실록』 권31, 세조 9년 윤7월 4일.

65) 이계전은 한산 이씨로 고려의 유학자 목은 이색의 손자이다. 이 집안은 이후로도 번성했는
데, 이우의 증손자가 기인으로 이름을 남긴 토정 이지함이다. 이지함의 조카는 북인의 영
수로 영의정에 오른 이산해이다.

66) 『세조실록』 권42, 세조 13년 6월 10일.

67) 『성종실록』 권149, 성종 13년 12월 21일.

68) 『성종실록』 권40, 성종 5년 3월 25일.

69) 『중종실록』 권69, 중종 25년 9월 20일.

70) 『중종실록』 권69, 중종 25년 10월 6일.

71) 『중종실록』 권70, 중종 26년 3월 25일.

72) 한경의, 『치서집葘墅集』 권5, 「진사이공행장進士李公行狀」.

73) 「이생송원록」, 『전주이씨익현군파보全州李氏翼峴君派譜』에 이지는 1523년에 출생한 것
으로 기록되어 있다.

74) 『전주이씨익현군파보全州李氏翼峴君派譜』를 보면 이지와 유씨 사이에는 1543년에 태어
난 언순彦純이란 아들이 있다.

75) 『경국대전』 형전刑典 사천私賤, "未分奴婢 勿論子女存沒 分給".

76) 정구복 외 편, 「김광려남매분깃문기金光礪男妹分衿文記(1480)」, 『조선전기고문서집
성-15세기편』, 국사편찬위원회, 1997.

77) 문숙자, 「朝鮮前期 無子女亡妻財産의 相續을 둘러싼 訴訟事例」, 『고문서연구』 5, 고문
서학회, 1994 ; 「義子女와 本族간의 財産相續分爭 - 1584년 鶴峯 金誠一의 羅州牧判例
분석-」, 『고문서연구』 8, 고문서학회, 1996.

78) 『경국대전』 형전刑典 사천私賤, "無子女前母繼母奴婢 義子女五分之一 承重子則加三
分".

79) 이지와 같은 시대를 살았던 퇴계 이황 역시 첫 부인 김해 김씨, 둘째 부인 안동 권씨와의

혼인을 통해 재산이 많이 늘어났다. 1611년 이황의 장남 이준李寯의 다섯 남매가 재산을 나누어 가진 회회 문서에는 367명의 노비와 3,094두락의 전답이 등장한다(이수건, 「퇴계 이황 가문의 재산 유래와 그 소유형태」, 『역사교육논집』 13·14, 역사교육학회, 1990). 이 재산의 대부분은 아버지 이준에게서 온 것이며, 그것은 다시 조부인 이황으로부터 유래한 것이다. 이황에게는 세 명의 아들이 있었는데, 둘째는 요절하였고 셋째는 서자였으므로 그의 재산 상당수는 장남 이준에게 상속된 것으로 보인다. 이준이 처가에서 받은 재산은 많지 않았기 때문에 결국 아버지 이황이 소유했던 노비와 토지가 꽤 많았다고 할 수 있다.

80) 『경국대전』 형전刑典 사천私賤.

81) 노수신, 『소재집蘇齋集』 권1, 시詩, 「야좌읍서 삼률夜坐泣書 三律」.

82) 결혼에서 여성의 재산권과 그것의 기여에 대해서는 이순구, 「조선 전기 '딸에서 며느리로' 정체성 변화와 재산권-경주 양동마을을 중심으로-」, 『여성과 역사』 23, 한국여성사학회, 2015 참고.

83) 유희춘, 『미암집眉巖集』 권4, 정훈庭訓 십훈十訓, "唯一弟名桂近 與之相愛 怡怡若古人姜被然 至將已早稻田 舉而與之 有二妹 爲萱堂所鍾愛 分財之時 田土奴婢之美者 悉以讓之 自取荒且愚者 因請自書其券以堅之".

84) 송준길, 『동춘당집同春堂集』 권21, 「선고청좌와부군행장先考淸坐窩君行狀」, "一家分財之日 擇田宅之便好者 奴婢之少壯者 分與弟妹 自執疲薄者曰 吾則此足爲生 及妻家分産亦如之".

85) 『인조실록』 권46, 인조 23년 8월 10일.

86) 조임도, 『간송집澗松集』 권5, 「희정당행장喜靜堂行狀」, "先生外舅郡守公早世 崔夫人嘗以其家産田僕分與子女 子女皆會 崔夫人送人要先生 先生曰 取婦家財非吾志 且彼家自與其女 我何與焉 竟不往".

87) 이이, 『율곡전서栗谷全書』 권17, 「온성부사증판서서원군윤공신도비명穩城府使贈判書瑞原君尹公神道碑銘」, "嘗與妻兄弟分財 終日醉睡 不發一言 券成 只押署而歸".

88) 최립, 『간이집簡易集』 권2, 「증영의정행북병사이공신도비명贈領議政行北兵使李公神道碑銘」.

89) 『명종실록』 권32, 명종 21년 4월 13일.

90) 김장생, 『사계전서沙溪全書』 권9, 「송강정문청공철행록松江鄭文淸公澈行錄」. .

91) 『단종실록』 권4, 단종 즉위년 11월 5일.

92) 송규렴, 『제월당집霽月堂集』 권7, 「정릉참봉송공묘갈명 병서靖陵參奉宋公墓碣銘 幷序」.

93) 이덕무, 『청장관전서靑莊館全書』 권44, 「뇌뢰낙락서磊磊落落書」 9, 채덕형蔡德馨, "貧甚

339

或勸君向婦翁求分財 君笑曰 奈何爲人子壻 而爭其財乎".

94) 「유연전」에는 정백貞白으로, 「이생송원록」에는 경백景白으로 나와 있다.

95) 『청송심씨족보靑松沈氏族譜』.

96) 『가정삼십사년을묘삼월초칠일사마방목嘉靖三十四年乙卯三月初七日司馬榜目』(국립 중앙도서관 古6024-166).

97) 『선조실록』 권12, 선조 11년 3월 20일.

98) 박동량, 『기재잡기寄齋雜記』, 「역조구문歷朝舊聞」(『대동야승大東野乘』에 수록).

99) 박동량, 『기재잡기寄齋雜記』, 「역조구문歷朝舊聞」(『대동야승大東野乘』에 수록).

100) 이정형, 『동각잡기東閣雜記』, 「본조선원보록本朝璿源寶錄」(『대동야승大東野乘』에 수록).

101) 『여지도서輿地圖書』 경상도慶尙道 대구大丘 명환名宦.

102) 이문건, 『묵재일기默齋日記』 9책, 가정 40년(1561) 7월 26일.

103) 대구 사람 서형은 『사마방목』을 보면 1558년 진사시에 합격하였으나 『명종실록』에는 생원 으로 잘못 기재되어 있다.

104) 서시웅은 대구에 거주하였고 1555년 진사시에 합격하였다.

105) 이문건, 『묵재일기』 7책, 가정 36년(1557) 1월 4일.

106) 고상안, 『태촌집泰村集』 권4, 「효빈잡기效嚬雜記」 총화叢話.

107) 『명종실록』 권30, 명종 19년 3월 20일.

108) 『세종실록』 권93, 세종 23년 6월 25일 ; 『세조실록』 권22, 세조 6년 12월 16일.

109) 『단종실록』 권6, 단종 1년 4월 27일.

110) 전경목, 「여용빈의 『유술록』을 통해 본 조선 후기 수옥의 실태와 체옥의 원인」, 『정신문화 연구』 37-1, 한국학중앙연구원, 2014.

111) 『성종실록』 권286, 성종 25년 1월 24일.

112) 『성종실록』 권44, 성종 5년 윤6월 24일 ; 『광해군일기』 권101, 광해군 8년 3월 10일.

113) 김성갑 외, 『소송과 분쟁으로 보는 조선사회 - 조선사회를 보는 또 다른 눈을 찾아서-』, 새 물결, 2017, 25쪽.

114) 조선의 소송 절차에 대해서는 한국고문서학회 편, 『조선의 일상, 법정에 서다』, 역사비평 사, 2013, 93~107쪽 참고.

115) 박계현은 유유와 유연 사건이 진행 중이던 1564년(중종 19) 대사간에 임명되었다(『명종실 록』 권30, 명종 19년 2월 17일).

116) 추국의 의미, 종류, 내용 등에 대해서는 정석종, 『朝鮮後期 社會變動硏究』, 일조각, 1983 ;

김우철,「조선후기 推鞫 운영 및 結案의 변화」,『민족문화』 35, 한국고전번역원, 2010 ; 김영석,「추국의 의미 변화와 분류」,『법사학연구』 48, 한국법사학회, 2013 참고.

117)『명종실록』 권33, 명종 21년 윤10월 15일.

118)『명종실록』 권27, 명종 16년 8월 6일.

119)『명종실록』 권33, 명종 21년 12월 30일.

120)『명종실록』 권34, 명종 22년 6월 28일.

121)『선조수정실록』 권1, 선조 즉위년 9월 1일.

122)『명종실록』 권31, 명종 20년 11월 18일.

123) 심재우,「죄와 벌의 사회사」, 한국역사연구회 웹사이트 http://www.koreanhistory.org 참고.

124) 조윤선,「英祖代 남형·혹형 폐지 과정의 실태와 欽恤策에 대한 평가」,『조선시대사학보』 48, 조선시대사학회, 2009.

125) 조윤선, 위의 논문, 2009.

126)『명종실록』 권31, 명종 20년 9월 8일.

127) 박세채,『남계집南溪集』 권83,「유선생조인전柳先生祖訒傳」,"當柳淵之獄 衆皆謂淵弑兄 先生保其不然曰 吾見淵爰書 以此知其冤 從十二年獲淵兄關西 時人始服先生有見也".

128)『세조실록』 권13, 세조 4년 8월 26일.

129)『성종실록』 권32, 성종 4년 7월 1일.

130)『중종실록』 권66, 중종 24년 8월 17일.

131) 조선 왕실의 종법과 왕위 계승의 혼란에 대해서는 이영춘,「宗法의 원리와 한국사회에서의 전통」,『사회와 역사』 46, 한국사회사학회, 1995에 잘 정리되어 있다.

132) 윤선도,『고산유고孤山遺稿』 권3, 소疏 예설 상례說上 ; 윤휴,『백호전서白湖全書』 권15, 서書,「답허미수答許眉叟」.

133)『경국대전』 예전禮典 봉사奉祀, "若嫡長子無後 則衆子 衆子無後 則妾子奉祀 嫡長子只有妾子 願以弟之子爲後者聽 欲自與妾子別爲一支 則亦聽 良妾子無後 則賤妾子承重 凡妾子承重者 祭其母於私室 止其身".

134) 한국정신문화연구원,「이광영별급문기李光榮別給文記(1579)」,『고문서집성 33 - 영해 재령이씨편(Ⅰ)-』, 1997.

135) 김윤정,「朝鮮中期 祭祀承繼와 兄亡弟及의 변화」,『조선시대사학보』 20, 조선시대사학회, 2002, 125쪽.

136) 정긍식,「16세기 첩자의 제사 승계권」,『사회와 역사』 53, 한국사회사학회, 1998.

137) 김윤정, 앞의 논문, 113쪽.

138) 『경국대전』 예전禮典 입후立後, "嫡妾俱無子者告官 立同宗支子爲後".

139) 한국정신문화연구원, 「이함동복화회문기李涵同腹和會文記(1592)」, 「이함남매화회문기 李涵男妹和會文記(1619)」, 『고문서집성 33 - 영해 재령이씨편(Ⅰ)-』, 1997. 1619년에는 1592년 분재에서 빠진 것을 다시 나누었다. 이 문서의 분재 내용은 문숙자, 앞의 책, 199쪽 을 참고하고 수치를 일부 바로잡은 것이다.

140) 『중종실록』 권41, 중종 15년 12월 22일.

141) 『중종실록』 권93, 중종 35년 3월 4일.

142) 16세기 총부권에 관한 논란은 이순구, 「朝鮮中期 冢婦權과 立後의 강화」, 『고문서연구』 9·10, 한국고문서학회, 1996 ; 박경, 「16세기 유교적 친족질서 정착 과정에서의 冢婦權 논 의」, 『조선시대사학보』 59, 조선시대사학회, 2011 참고.

143) 『명종실록』 권17, 명종 9년 9월 27일.

144) 『명종실록』 권17, 명종 9년 9월 27일.

145) 박현순, 「분재기를 통해 본 15~16세기 사족층의 주택 소유와 상속」, 『역사와 현실』 84, 한 국역사연구회, 2012.

146) 한국정신문화연구원, 「이함유언李涵遺言(1627)」, 『고문서집성 33 - 영해 재령이씨편(Ⅰ)- 』, 1997. "亡兄早世 其嫂未爲冢婦 承重家舍田民 次長以 父敎是 矣身傳給 家舍已爲 己物 而兄嫂無家 借居爲如乎".

147) 이순구, 앞의 논문, 2015.

148) 한국정신문화연구원, 「이언적깃급문기李彦迪衿給文記(1553)」, 『고문서집성 65 -경주 옥 산 여주이씨 독락당편-』, 2003.

149) 입양 대상자에 대해서는 권내현, 「조선후기 입양의 범위와 시점에 대한 분석」, 『대동문화 연구』 6, 성균관대대동문화연구원, 2008 참고.

150) 훈구와 사림 구분의 모호성, 사림의 형성과 그 성격에 대해서는 김범, 「조선시대 사림세력 형성의 역사적 배경」, 『국학연구』 19, 한국국학진흥원, 2011을 참고할 수 있다.

151) 『명종실록』 권29, 명종 18년 11월 12일 ; 권29, 명종 18년 12월 12일.

152) 『명종실록』 권30, 명종 19년 7월 13일.

153) 『선조수정실록』 권2, 선조 1년 5월 1일.

154) 유중교, 『성재집省齋集』 권41, 『가하산필柯下散筆』, 「통정대부승정원동부승지증가선대 부사헌부대사헌정공묘지명병서通政大夫承政院同副承旨贈嘉善大夫司憲府大司憲鄭 公墓誌銘并序」.

155) 후대의 족보에는 유연이 서울에서 정엄과 교류했다는 내용이 들어 있으나 당대의 기록에서 확인하지는 못하였다.

156) 김평묵, 『중암집重菴集』 권46, 묘갈명墓碣銘, 「양촌정공묘갈명楊村鄭公墓碣銘」.

157) 『선조실록』 권7, 선조 6년 8월 1일.

158) 『선조실록』 권5, 선조 4년 10월 27일.

159) 이 사건의 처리와 여파에 대해서는 이이, 『석담일기石潭日記』 상권, 만력삼년萬曆三年 (1575) 을해乙亥 칠월七月 기사에 자세하게 나와 있다.

160) 재령 사건과 동서 분당의 연관성에 대해서는 이정철, 「선조대 동서분당 전개의 초기 양상 - 이이를 중심으로-」, 『민족문화』 43, 한국고전번역원, 2014 참고.

161) 『선조수정실록』 권9, 선조 8년 7월 1일. 이외에도 이 사건은 『석담일기』를 비롯해 여러 자료에 기록되어 있다.

162) 윤국형, 『문소만록聞韶漫錄』.

163) 『선조실록』에는 정엄이 1570년에서 1571년 사이 유유를 순안에서 목격한 것으로 나와 있다. 이는 그가 저술한 『문소만록』과 「유연전」의 1560년과는 차이가 있다. 직접 만난 것이 두 차례인지, 실록의 기록이 오류인지는 명확하지 않다. 이 글에서는 『문소만록』과 「유연전」에 따라 1560년으로 간주한다.

164) 『선조실록』 권14, 선조 13년 윤4월 10일 무신.

165) 『선조실록』 권14, 선조 13년 윤4월 10일 무신.

166) 권응인, 『송계만록松溪漫錄』(『대동야승大東野乘』에 수록).

167) 고상안, 『태촌집泰村集』 권4, 효빈잡기效嚬雜記 총화叢話.

168) 「유연전」에는 흔개欣介로, 「이생송원록」에는 흔가欣哥로 되어 있으나 동일 인물이다. 이 글에서는 흔개로 통일하였다.

169) 『선조실록』 권14, 선조 13년 윤4월 10일.

170) 『세종실록』 권154, 지리지 평안도 용강현.

171) 송시열, 『송자대전宋子大全』 권72, 서書, 「여이택지與李擇之 병진십월칠일丙辰十月七日」.

172) 『효종실록』 권19, 효종 8년 9월 25일.

173) 『명종실록』 권10, 명종 5년 10월 5일 ; 권13, 명종 7년 3월 9일.

174) 『명종실록』 권32, 명종 21년 1월 19일.

175) 『패림稗林』 안가노안安家奴案. 이 소송의 전개에 대해서는 손경찬, 「조선시대 신분확인 소송 -『안가노안安家奴案』-」, 『법학연구』 26-4, 경상대 법학연구소, 2018 참고.

176) 『예종실록』 권2, 예종 즉위년 12월 10일.

177) 『중종실록』 권21, 중종 9년 11월 12일.

178) 한국정신문화연구원, 「고운처성씨깃급문기高雲妻成氏衿給文記(1580)」, 『고문서집성 65 -경주 옥산 여주이씨 독락당편-』, 2003.

179) 한국정신문화연구원, 「정공징칠남매화회문기鄭公徵七男妹和會文記(1552)」, 『고문서집성 65 -경주 옥산 여주이씨 독락당편-』, 2003.

180) 「이생송원록」에서는 유연의 형제를 치, 유, 연, 사 등 모두 네 명으로 기록하고 있다. 사는 「유연전」에 등장하지 않고 족보에도 실리지 않아 성인이 되기 전에 죽은 것으로 보인다.

181) 한국정신문화연구원, 「김두년분급문기金斗年分給文記(1570)」, 『고문서집성 32 - 경주 경주손씨편-』, 1997.

182) 한국정신문화연구원, 「손경처강씨별급문기孫暻妻康氏別給文記(1562)」, 『고문서집성 32 - 경주 경주손씨편-』, 1997.

183) 이지가 언제 죽었는지는 논란이 있다. 윤국형이 선조에게 유유의 생존 사실을 알린 때가 기묘년인 1579년 겨울이었다. 이때 채응규와 춘수를 서울로 압송하였고, 이지에 대한 신문도 시작되었다. 따라서 여러 자료에서는 1579년에 이지에 대한 재조사가 이루어진 것으로 보고 있다. 그런데 『선조실록』에서 이지에 대한 조사와 그의 죽음을 기록한 것은 1580년 윤4월 10일이었다. 재조사와 처리가 1580년 초나 봄까지 이어졌을 가능성도 있는 것이다. 족보에는 이지의 출생 연월이 기록되어 있는데, 사망일은 연도 없이 6월 6일로 나와 있다. 1579년 겨울에서 1580년 윤4월 사이에 그는 분명 죽었으므로 6월은 무엇을 근거로 했는지 알 수 없다. 정확한 사망 연도를 알기는 어려운데, 이 글에서는 실록에 기록된 시기에 근거하여 1580년으로 간주하였다.

184) 이수봉, 「유연전연구」, 『호서문화연구』 3, 충북대 호서문화연구소, 1983.

185) 이헌홍, 「實事의 소설화-유연전을 중심으로」, 『한국고소설의 조명』, 아세아문화사, 1990.

186) 노꽃분이, 「유연전의 구성적 특징과 서술의식」, 『한국고전연구』 창간호, 계명문화사, 1995.

187) 신상필, 「사건의 기록과 '傳'양식의 새로운 가능성 -『柳淵傳』을 중심으로」, 『동방한문학』 39, 동방한문학회.

188) 김시양, 『부계기문涪溪記聞』.

189) 이덕형, 「한음선생문고漢陰先生文稿』 권10, 「여이자상서與李子常書」.

190) 「유연전」과 「이생송원록」의 경합에서 「유연전」의 담론이 채택되는 과정은 김영연, 「「이생송원록」을 통해 본 「유연전」과 유연 옥사 담론」, 『국문학연구』 38, 국문학회, 2018 참고.

191) 이시발, 『벽오유고碧梧遺稿』 권7, 만기謾記 ; 이익李瀷, 『성호사설星湖僿說』 권12, 인사

문인사門 ; 우하영, 『천일록千一錄』 권9, 잡록雜錄, 「유연전후서柳淵傳後序」.

192) 송하준, 「관련 기록을 통해 본 「유연전」의 입전의도와 그 수용태도」, 『한국문학논총』 29, 한국문학회, 2001.

193) 권득기, 『만회집晩悔集』 권4, 「부여경상사술고서附與慶上舍述古書」.

194) 하항, 『각재집覺齋集』, 행록약行錄略.

195) 『광해군일기』 권121, 광해 9년 11월 23일.

196) 『광해군일기』 권121, 광해 9년 11월 24일.

197) 권시, 『탄옹집炭翁集』 권11, 한거필설閑居筆舌, 「붕우견경지朋友見警識」.

198) 문학 연구에서는 백씨를 이지의 음모에 적극적으로 가담하고 관련 증거를 조작한 악인으로 간주하기도 한다. 신해진, 「柳淵傳의 惡人 형상과 그 행방」, 『어문연구』 54, 어문연구학회, 2007 참고.

199) 「권의자녀팔남매분재기權檥子女八男妹分財記(1549)」(예천 저곡 안동권씨 춘우재고택 문서, 국학진흥원 소장).

200) 한국정신문화연구원, 「고운처성씨깃급문기高雲妻成氏衿給文記(1580)」, 『고문서집성 65 -경주 옥산 여주이씨 독락당편-』, 2003.

201) 孫外餘他의 금지에 대해서는 문숙자, 앞의 책을 비롯해 상속을 다룬 많은 연구에서 이미 언급하였다.

202) 「유경렴화회문기柳景濂和會文記(1580)」(담양 모현관 소장).

203) 권필, 『석주집石洲集』 권7, 칠언절구七言絶句, 「제유연전후題柳淵傳後」.

204) 이시발, 『벽오선생유고碧梧先生遺稿』 권7, 「만기謾記」.

205) 윤국형, 『문소만록聞韶漫錄』.

206) 권응인, 『송계만록松溪漫錄』(『대동야승大東野乘』에 수록).

207) 이익, 『성호사설星湖僿說』 권12, 인사문人事門, 「유연전柳淵傳」.

208) 종법에 대한 설명은 이영춘, 앞의 논문을 참고하였다.

209) 정약용, 『목민심서牧民心書』 권9, 형전육조刑典六條 청송聽訟.

210) 정약용, 『목민심서牧民心書』 권9, 형전육조刑典六條 청송聽訟, "制法如是 故 王子大君 之家 元勳大賢之家 國舅駙馬之家 大臣正卿之家 不過數世 其本宗微弱 又過數世 香 火不繼 家遂以滅 皆制法之過也 若匹夫庶人 上無所承 下無所傳 祭不過父母 宗不過 昆弟者 是不成爲家 凡不成爲家者 平均其材(財) 未爲不可 牧遇此訟 可依國典".

211) 『중종실록』 권36, 중종 14년 7월 7일.

212) 『중종실록』 권36, 중종 14년 7월 14일, 7월 17일.

213) 『명종실록』 권12, 명종 6년 8월 12일.

214) 김명자, 「16~17세기 河回 豊山柳氏家의 宗法 수용 과정」, 『대구사학』 96, 대구사학회, 2009.

215) 장동우, 「『經國大典』 「禮典」과 『國朝五禮儀』 「凶禮」에 반영된 宗法 이해의 특징에 관한 고찰」, 『한국사상사학』 20, 한국사상사학회, 2003.

216) 『중종실록』 권23, 중종 10년 10월 23일, 11년 1월 25일 ; 권24, 중종 11년 2월 20일.

217) 『중종실록』 권27, 중종 12년 1월 20일.

218) 17, 18세기에 걸쳐 활동한 정제두鄭齊斗도 종손을 세우고 선조인 정몽주의 사당과 영당을 중수하였으며, 폐치되었던 여러 선조의 묘제를 매년 실시하도록 하였다(김윤정, 「霞谷 鄭齊斗의 宗法 시행과 禮論」, 『인천학연구』 9, 인천학연구원, 2008).

219) 한국학중앙연구원, 「박유처손씨별급문기朴瑜妻孫氏別給文記(1620)」, 『고문서집성 82 – 영해 무안박씨(Ⅰ): 무의공종택-』, 2008.

220) 이익, 『성호선생전집星湖先生全集』 권53, 「병곡사당기丙谷祠堂記」.

221) 이익, 『성호선생전집星湖先生全集』 부록 권1, 가장家狀, 묘갈명墓碣銘.

222) 이정수, 「조선후기 盧尙樞家의 재산변동과 농업경영」, 『지역과 역사』 29, 부경역사연구소, 2011.

223) 『주자어류朱子語類』 권90, 예禮7 제祭, "古者宗法 有南宮北宮 便是不分財 也須異爨 今若同爨固好 只是少間人多了 又却不齊整 又不如異爨".

224) 카이윙 초우, 양휘웅 역, 『禮敎主義』, 모노그래프, 2013, 216쪽.

225) 김경숙, 「조선후기 光州 全義李氏家의 재산상속」, 『사학연구』 99, 한국사학회, 2010.

226) 전경목, 「分財記를 통해서 본 分財와 奉祀 慣行의 변천 – 부안김씨 고문서를 중심으로」, 『고문서연구』 22, 한국고문서학회, 2003.

227) 이수건 편, 「유숙전중문기柳橚傳重文記(1684)」, 『경북지방고문서집성』, 영남대출판부, 1981.

228) 한국학중앙연구원, 「김세진칠남매화회문기金世珍七男妹和會文記(1689)」, 『고문서집성 86 – 서산 대교 경주김씨편-』, 2007, "子孫處定給奴婢 雖非國典 而自是吾先世家法 故母主亦欲遍給於孫子長成者處 而未及焉".

229) 이승연, 「조선에 있어서 주자 상법 사상의 계승과 변용 – '時祭'와 '墓祭'를 중심으로」, 『국학연구』 19, 한국국학진흥원, 2011.

230) 조극선, 『야곡집冶谷集』 권5, 「노은동종중입약서魯隱洞宗中立約序」.

231) 한국정신문화연구원, 「김명열전후문서金命說傳後文書」(1669), 『고문서집성 2 – 부안 부

안김씨편-』, 1998. 이 문서에 대해서는 조선 후기 재산 상속을 분석한 다수의 연구자가 언급하고 있다.

232) 한국학중앙연구원,「김세진칠남매화회문기金世珍七男妹和會文記」(1689),『고문서집성 86 - 서산 대교 경주김씨편-』, 2007.

233) 한국정신문화연구원,「이후영깃급문기李後榮衿給文記」,『고문서집성 49 - 안동 법흥 고성이씨편-』, 2000.

234) 정구복,『古文書와 兩班社會』, 일조각, 2002, 16~26쪽.

235) 한국정신문화연구원,「무오칠월초일일 별득우반전민화회성문戊午七月初一日 別得愚磻田民和會成文(1678)」,『고문서집성 2 - 부안 부안김씨편-』, 1998.

236) 전경목,『愚磻洞 - 고문서를 통해서 본 우반동과 우반동 김씨의 역사』, 신아출판사, 2001, 128~129쪽.

237) 이 수치는 친득親得, 도망, 별급 노비 등을 제외하고 계산한 것이다. 한국정신문화연구원,「윤인미남매화회문기尹仁美男妹和會文記(1673)」,『고문서집성 3 - 해남윤씨편 정서본-』, 1986.

238) 이성임,「16세기 朝鮮 兩班官僚의 仕宦과 그에 따른 收入-柳希春의《眉巖日記》를 중심으로」,『역사학보』145, 역사학회, 1995.

239) 일례로 경상도 단성의 유력 가문 출신으로 사간원 정언을 지내기도 했던 김인섭金麟燮은 관직에서 물러난 뒤 농업 경영에 적극적으로 참여하였다. 이 집안은 재지 지주로서의 기반을 상실했다가 김인섭 이후 서서히 중소지주로 성장해 나갔다. 무관 출신이었던 노상추 역시 귀향 후 농업 경영을 직접 지휘하였고 면화, 담배, 인삼과 같은 상품 작물 재배에도 관심을 기울여 경제력을 확대하였다. 정진영,「19~20세기 전반 한 '몰락양반'가의 중소지주로의 성장과정 - 경상도 단성현 김인섭가의 경우」,『대동문화연구』52, 성균관대대동문화연구원, 2005 ;「19세기 중반~20세기 초반 在村 兩班地主家의 농업경영 - 경상도 단성 金麟燮家의 家作地 경영을 중심으로-」,『대동문화연구』62, 성균관대대동문화연구원, 2008 ; 이정수,「조선후기 盧尙樞家의 재산변동과 농업경영」,『지역과 역사』29, 부경역사연구소, 2011.

240) 이신일의 두 자녀가 1664년 화회를 통해 물려받은 노비는 모두 43명이었으나 그 전에 이미 별급으로 10여 명이 넘는 노비를 상속받았다.

241) 이 집안의 분재기는 이수건 편,『경북지방고문서집성』, 영남대 출판부, 1981에 수록되어 있고 문숙자, 앞의 책에서 내용 분석이 이루어졌다. 여기에서는 필요한 부분만 별도로 발췌 계산하였다.

242) 조극선, 『야곡집冶谷集』권5, 「노은동종중입약서魯隱洞宗中立約序」.

243) 「권목남매화회문기權霖男妹和會文記」. 이 문서의 내용에 대해서는 마크 피터슨, 조혜정 역, 『儒教社會의 創出 - 조선 중기 입양제와 상속제의 변화-』, 일조각, 2000, 68~70쪽 참고.

244) 이상정, 『대산집大山集』권52, 「운곡처사조공행장雲谷處士趙公行狀」.

245) 이재, 『도암집陶菴集』권45, 「숙인안동김씨묘지淑人安東金氏墓誌」 "當兄弟析居也 淑人曰宗家貧 無以奉祭 何用分財 一物不以自私".

246) 경제력 변동과 종법이 상속에 미친 영향에 대해서는 권내현, 「17~19세기 조선의 재산 상속 관행 - 종법과 경제력 변동을 중심으로 - 」, 『한국사학보』70, 고려사학회, 2018의 내용을 정리하여 서술하였다.

247) 『경북지방고문서집성』및 문숙자, 앞의 책, 201~210쪽.

248) 한국정신문화연구원, 『고문서집성 49 - 안동 법흥 고성이씨편-』, 2000 및 문숙자, 앞의 책, 229~242쪽.

249) 김경숙, 앞의 논문, 123쪽.

250) 성균관대대동문화연구원, 「노비전답분깃문기奴婢田畓分衿文記(1690)」, 『경상도단성현 사회자료집(1)』, 2003. 이 자료의 분석은 손병규, 「17,18세기 호적대장의 사노비 기재 실태 -경상도 단성현 권대유가 노비를 중심으로-」, 『고문서연구』24, 한국고문서학회, 2004, 「조선후기 상속과 가족형태의 변화 -丹城縣에 거주하는 安東權氏 가계의 호적 및 족보 기록으로부터」, 『대동문화연구』61, 성균관대대동문화연구원 참고, 2008.

251) 김경숙, 앞의 논문, 131쪽.

252) 이륙, 『청파극담青坡劇談』, "處士成聘壽眉叟 與弟弘文校理聘年仁叟 文雅齊名 兄弟姊妹凡十餘人 父母死 三年之喪畢 會兄弟而分財 眉叟見物之有色者則曰與某 奴之有實者則曰給某 其破碎罷劣者則曰此父母之意也 我其爲之 以妹李庭堅之妻無家 又欲以本宅與之 諸弟固諫曰 父母家舍 當傳之長子 眉叟日均是父母之子 我不可獨有家也 卽出所有綿布 爲庭堅家之買資 仁叟亦出家財助之".

253) 전경목, 앞의 논문, 2003, 263쪽.

254) 딸에 대한 상속분이 문서에 기재되지 않았는데, 실제 상속에서 완전하게 배제되었는지는 확인할 수가 없다.

255) 한국학중앙연구원, 「임욱화회문기任勗和會文記(1729)」, 『고문서집성 89 - 아산 선교 장흥 임씨편-』, 2008.

256) 한국정신문화연구원, 「유중여분재기柳重呂分財記(1798)」, 『고문서집성 58 - 안산 진주유씨편-』, 2002.

257) 한국정신문화연구원, 「박의훤분급문기朴義萱分給文記(1602)」, 『고문서집성 3 - 해남윤씨 편 정서본-』, 1986.

258) 한국정신문화연구원, 「임소사분급문기林召史分給文記(1608)」, 『고문서집성 3 - 해남윤씨 편 정서본-』, 1986.

259) 권내현, 『노비에서 양반으로, 그 머나먼 여정 - 어느 노비 가계 2백 년의 기록』, 역사비평사, 2014.

260) 한국정신문화연구원, 「사노복만분급문기私奴卜萬分給文記(1540)」, 『고문서집성 41 - 안동 주촌 진성이씨편(Ⅰ)-』, 1999.

261) 나탈리 제먼 데이비스, 양희영 옮김, 『마르탱 게르의 귀향』, 지식의 풍경, 2000. 이하 마르탱 게르와 관련된 서술은 이 책에 의거하였다.

262) "If a man died without making any arrangements for the inheritance of his real property that is intestate by English law the eldest son succeeded to everything, to the exclusion of the younger children, and even of the widow. If there were no sons, the real estate was divided equally among the daughters." Barbara English and John Saville, *Strict Settlement: A Guide for Historians*, The University of Hull Press, 1983.

263) 엠마뉘엘 토드, 김경근 옮김, 『유럽의 발견 - 인류학적 유럽사』, 까치, 1997.

264) 콘스탄스 브리텐 부서, 강일휴 역, 『중세프랑스의 귀족과 기사도』, 신서원, 2005, 132쪽.

265) 프랑스에서 귀족의 수는 1300년경 전체 인구의 1.8퍼센트, 1500년경 1.5퍼센트, 루이 14세 (재위 1643~1715) 시대 1퍼센트 미만, 프랑스혁명 시기 2퍼센트 미만이었다고 한다(유희수, 앞의 책, 183쪽). 영국의 귀족 수는 훨씬 적어 잉글랜드의 경우 수십 개 가문에 불과했다. 장미전쟁 후 헨리 7세(재위 1485~1509)가 소집한 귀족회의에 응한 가문은 29개였다(백승종, 『신사와 선비』, 사우, 2018, 79쪽).

266) Jack Goody, Joan Thirsk and E. P. Thompson, *Family and Inheritance; Rural Society in Western Europe 1200~1800*, The Cambridge University Press, 1976. p.377.

267) 콘스탄스 브리텐 부서, 앞의 책, 136~138쪽.

268) 제인 오스틴, 김종현 역, 『오만과 편견』, 태동출판사, 2010. 이하의 내용은 이 번역본을 참고하여 작성하였다.

269) 백승종, 앞의 책, 78~79쪽. 독일에 대해 엠마뉘엘 토드는 앞의 책, 133쪽에서 "수적으로 다수이자 빈곤한 편이었고 불안에 사로잡혔으며 전통적으로 유럽 용병의 대부분을 충원한 소귀족의 세계였다"고 평가했다.

270) 『오만과 편견』을 상속의 관점에서 분석한 연구로는 전미경, 「『오만과 편견』의 역설적 비

전: 장자상속제의 문학적 재현」, 『근대영미소설』 20-2, 한국근대영미소설학회, 2013 참고.

271) 제인 오스틴의 생애와 작품에 대해서는 https://www.britannica.com/biography/Jane-Austen 참고.

272) 『중추원조사자료中樞院調査資料』, 경상남도·경상북도 관내 계·친족관계·재산상속 개황보고慶尙南道 慶尙北道 管內 契 親族關係 財産相續 槪況報告(명치 44년(1912) 1월 5일) 재산상속개황財産相續槪況.

273) 김건태, 『조선시대 양반가의 농업경영』, 역사비평사, 2004, 246~256쪽.

274) 앞의 『중추원조사자료中樞院調査資料』 경상북도 상주군 사례에서는 "적녀에게는 지급하지 않는 사람이 많고, 시가의 빈부에 따라서 약간 급여하기도 하지만 정해진 것은 아니다."라고 하였다.

275) 위의 책, 경상북도 안동군 사례.

276) 위의 책, 경상남도 진주군 사례.

277) 이승연, 「18세기 전후 주자학의 지역적 전개에 관한 일 고찰-정만양·정규양 형제의 『의례통고』를 중심으로」, 『동양사회사상』 18, 동양사회사상학회, 2008, 237쪽.

278) 하층민의 성장과 양반 모방에 대해서는 권내현, 2014, 앞의 책 참고.

279) 권내현, 「성장과 차별, 조선 후기 호적과 신분」, 『대동문화연구』 110, 성균관대대동문화연구원, 2020.

280) "In the period when western Europe but not the Middle East generated modern organizational forms, the former was far more hospitable to inheritance practices designed to keep property intact across generations." Timur Kuran, *The Long Divergence; How Islamic Law Held Back the Middle East*, Princeton University Press, 2010.

281) 심재윤, 「중세 영국 농민의 상속관습과 개방농지제-분할상속론 비판을 중심으로-」, 『서양중세사연구』 11, 한국서양중세사학회, 2003. 영국 농민의 장자 상속에 관해서는 이 외에도 홍성표, 「중세 영국 농민층의 가족제와 여성의 재산권」, 『역사교육』 58, 역사교육연구회, 1995 ; 고동욱, 「중세 말 영국 바닛 장원에서의 상속관습과 재산권의 분배」, 『서양중세사연구』 1, 한국서양중세사학회, 1997 참고.

282) Jack Goody, Joan Thirsk and E. P. Thompson, 앞의 책, 192쪽.

283) Timur Kuran, 앞의 책, 78~96쪽. 티무르 쿠란의 논지에 대한 비판으로는 최경민, 「유럽의 상속제와 자본주의의 상호 연관성 연구-티무르 쿠란(Timur Kuran) 논지에 대한 비판적 검토-」, 중앙대석사학위논문, 2014 참고.

284) 이헌창, 「조선 후기 자본주의맹아론과 그 대안」, 『한국사학사학보』 17, 한국사학사학회,

2008.

285) 조선후기 근대로의 이행에 대한 논쟁에 대해서는 권내현, 「내재적 발전론과 조선 후기사 인식」, 『역사비평』 111, 역사비평사, 2015 참고.